潘军文集

第贰卷

中篇小说·短篇小说卷

文化艺术出版社
Culture and Art Publishing House

大学二年级（1980年，合肥）

上大学前夕（1978年秋，怀宁）

第一次到北京（1979年夏）

第一个书房（1985年秋，合肥）

女儿两岁（1988年夏，合肥）

潘军文集

| 在机关（1988年10月，合肥）

和陌生人喝酒　（短篇小说）

潘军

1997年11月，我在南京一家影视机构邀请，着手一部电影的创作。事先说好，写什么和怎么写，他们都不干预。而主任世儿害怕船，这部影片将由我自己执导。他们只希望我们拍好一个"有意思的故事"，对我的话乎无不再些难。然而我不感到轻松，事实上，我自己把自己架起来了。以往的经验告诉我，这样的合作从一开始就在哪怕。我得到了一个大约的自由，却戴上了实在的枷锁。一周下来，我发现我想写的故事几乎全都没有意思。我的信心在慢慢丧失，甚至想把对方预付的款子退回去。

我当时住在西城区南孔七路的枝工业招待所。这个位置后淡汉近之消，交通便利。向南走二百米就是东安门外大街，有个地铁站。通常的情况下，我都是步地铁去西单购物，我不

"潘军小说文本"书影

《潘军文集》第二卷
目 录

中篇小说

白色沙龙 ………………………………………………………… 3
省略 …………………………………………………………… 38
南方的情绪 ……………………………………………………… 72
蓝堡 …………………………………………………………… 107
流动的沙滩 ……………………………………………………… 137
爱情岛 ………………………………………………………… 168
情感生活的短暂真空时期 ……………………………………… 192
三月一日 ……………………………………………………… 217

短篇小说

悬念 …………………………………………………………… 245
陷阱 …………………………………………………………… 254
那年春天和行吟诗人在一起的经历 …………………………… 260
白底黑斑蝴蝶 ………………………………………………… 267
蓝堡市的撒谎艺术表演 ………………………………………… 275
小姨在天上放羊 ………………………………………………… 283
纪念少女斯 ……………………………………………………… 287
寻找子谦先生 …………………………………………………… 293
九十年代的获奖作品 …………………………………………… 301
去茂名的路上幻想一顶帽子 …………………………………… 311
花袭 …………………………………………………………… 318

潘军文集

第贰卷

中篇小说

白色沙龙

1

我头一回见到达宁就断定他是个混蛋。可他说达宁这两个音节若放在英语里就纯粹是"亲爱的"、"心肝"一类的意思。于是我就唤他"亲爱的混蛋"或者"混蛋的心肝",他坦然接受。

达宁的父亲是位下台养老的高干。究竟高到什么程度连达宁也无法说清。这老人天生怕热,执意要住本城最高点。但是碰上断电或者电梯发毛病时他就极大地表现出思考犯了片面性错误的懊恼。而达宁头痛的是当初设计这房子的人为什么不可以在晾台上装一架辘轳。达宁的母亲由于职业信仰对卫生高度重视,她说我宁可过露天生活也不忍看见家中有煤球一类的杂物。她要求有关部门考虑一下她的生活理想,于是才有了楼顶平台上的那个尖尖的铁屋。但问题依然没有解决。达宁历来以丢三落四显示自己的存在,为此他每周至少要同其妈反目两次。唯一的选择是他与杂物的位置对换。"你放心,"他对老头说,"一断电我就下来把你搀上搀下。"老头就相当感动,把铁屋钥匙掏出并且要求道:

"不许在里面胡来。"

"什么叫胡来?"

老头只挤了一下眼。据后来达宁说这一细微表情使他对老头青春期的童贞产生了极大的怀疑。

那时我在下面一个什么局里当见习干事。有一天,大概就是达宁弄到铁屋那天,他给我挂来了长途。他张口就说我必须马上调过去,因为有了个属于我们的铁屋。我问如何才能过去,他说照顾夫妻关系什么的。"记住,这理由最硬!"他说,"结婚证我替你借。"这事越扯越乱,我就说:"达宁,拜拜吧!"这句话碰巧被我的上司听见,立即问我:"恋爱了?别瞒,你说达宁可就是亲爱的?宋美龄总是这么喊老蒋的嘛!"我于是以达宁的名义打了调动报告。但是没有批准。上司说:"人才难得呀!好不容易才弄到个大学生。你可以把你那位达宁调过来嘛,这地方不比市里差,鱼至少每斤便宜七八毛。"

其实我之所以要调走是因为这地方什么都便宜,连人也便宜七八毛。

后来皇甫正式出任于希的秘书。他把我的能耐放大几十倍介绍给担任重要职务的于希同志。不久一纸调令下达。

我去省城的那天早晨,天气极好。同事们捧着茶杯来送我,他们像平时那样同我讨论奖金与福利问题。这使我极端心花怒放——我巴望自己的去留之于他们像见到一片叶子落下那么自然。我搭的是便车。我的行李先几日办了托运,所以有手去握那些被茶杯温暖了的手。这个程序刚完毕,上司出现了。他丘陵般的体魄极容易区别于其他。上司沉重地走向我,像来认领一具无头尸体似的悲哀流了一脸。他突然提高嗓门说:"上面太不像话!尽挖墙脚!这样的人才我们是要用的!"

我到的时候,达宁像个举世无双的刽子手正依照二郎的设计抡着板斧咣咣当当地补开一个窗户什么的。达宁一贯对二郎崇拜得五体投地。二郎是我们班公认的秀才。他那炉火纯真的作弊手段远远超出社会的意识范围。二郎说这些窗户多样而不统一完全符合现代美学原则。皇甫始终对这一串举动保持缄默,只仰脸盯着二郎,想让对方相信他是尊重这美学实践的。第二天我陪达宁去裁玻璃。由于尺寸变化无穷所以那位精瘦的女师傅温柔地骂我们是疯子。达宁说这下长见识了,长了25年总算听到了这个评价。后来他又提出买窗帘什么的。我说等学会了胡来再买不迟。他说完全对,窗帘后面一般都是胡来。

有一天皇甫突然说不该把这屋子都涂成白的。虽然干净但看了很伤感,总觉得是走进了太平间似的。达宁说他一生最大的缺陷就是不会走路，有时下班还摸不到家门。"现在好了，"他说，"高高的楼上白云飘，一目了然。"二郎说绝对不是白云而是白旗，窗户和弹孔一样的形状。

"一面弹痕斑斑的白旗。"二郎说。

"难道举手了还遭打？"我说。

2

关于机关达宁有过精辟的描述。他说，是驴粪蛋。起初我对这一描述视为荒唐，等有一天我亲眼瞧见驴那玩意儿时我才以为达宁是大手笔。

区别机关的大小，内行人知道标志是门的出入是否方便。越不易进的门就越意味着机关越大。我妈说进这个门见我一面不比唐僧上西天取经轻松多少。可是有位朋友曾大为羡慕地对我说，别人进那个门顶顶费事而你们到了门口武警便立刻行礼。我说这是弥天误会，那些武警对我抬抬小臂并非是企图行礼而是要我出示证件。我哪怕每天出入一百回，他们也照样是证件证件个没完。我生来记性就坏因此常常忘带证件于是就常常和钥匙、伞一类东西搁到一堆让别人来认领。但是他们能在零点几秒内识别那些像鸭头似的小车是谁谁谁的。所以皇甫在这方面人格得到了极大的维护。人们一只眼睛看清了于希同志的同一时刻，另一只眼睛也瞟到了皇甫。他是我们班唯一的老三届种子，是班长兼学习委员兼三门课代表。我一直坚信：如果将地球割一块交给皇甫，他完全能将它收拾成一件高档工艺品。

我报到那天，皇甫陪我办完一切手续然后领我去见于希同志。临进门时他低声说："注意点儿。他问你就答，不问不答。"我说这有点像过堂，区别是双方皆为好人。

我首次见到于希同志是大学三年级下学期。他当时好像是个什么部长，被请来向全校师生作关于思想方面的报告，他不带一页稿纸却能讲上两个钟头并且毫不重复。最令人激动的是这位当时年仅42岁的高干能把大道理与小道理掺在一起讲。

于希同志明显地大了一圈。他递给我一支香烟。趁他埋头点火时我把过滤嘴抠了。我抽不惯带嘴的烟。

这次谈话大约进行了一刻钟。于希同志的口表能力有增无减。至于谈了些什么我当天下午就记不上来了。

我说过，我记性不行。

我的办公室整齐地摆着六张式样一致色彩一致距离一致方向一致的办公桌。因此第一印象我觉得是进了裁缝铺。很长时间以后我把这个感觉告诉了处长老肖，他连拍大腿说："是这么回事。我们就是干量体裁衣、缝缝补补的活儿。"老肖除掉背有点弯外完全可以去电视台当节目主持人。我正式上班的那天，老肖向我介绍了我们这个机构的职能和作用。那会儿他说："总之，当好首长的参谋、助手和哨兵。"

"哨兵……负责首长的身家性命？"

"不不，那是保卫处、警卫班的任务。我们是及时掌握思想动态。这很重要。"

"你还会写小说吧？"有一次老肖突然问道。

"写着玩。"

"有那么简单？小说不像材料，全凭硬想。作家，多不容易的事。"

其实我写小说纯粹是因为无聊。福克纳看到舍伍德·安德森只消上午写写小说其他时间便用于喝酒聊天于是就决定去当个作家什么的。我是白天昏头昏脑而夜里又没有女人吊膀子所以才提笔玩玩。几年前我弄出一篇大概是关于一个少女领着一条牡狗半夜钻进原始森林的故事，不久我被称作表现异化主题并且手法上深得加西亚·马尔克斯三昧的青年作家哄上文坛。我接受第一位记者采访的前五分钟沉着地坐在抽水马桶上把《百年孤独》的前言部分浏览了一遍，因为那时我还不知道有位写小说的叫加西亚·马尔克斯。

老肖你别以为我是在吊你口胃。你要是写小说就会明白了。我就是为玩而写，想怎么写就怎么写。别的我一概不管。那是评论家的事。他们会一套一套地替你说，直到完全把你说糊涂为止。

我坐的位子是原先皇甫坐的，靠门。于是斜对面文印室里老牌打字机的旋律绕我起伏。听说那里面先后到了三台静电复印机但寿命总和不过半年。那两位姿容妙曼的打字员整天噼里啪啦地对着干，把我整得要死。有一回我闯进去准备大喊大叫，可她们都像情人似的对你微笑。

3

达宁在电台文艺部充记者。所谓文艺部无非是个脏得出奇的磁带仓库。那伙人像耗子似的每天在里面钻八小时。达宁说这完全是天意所决，他就是鼠年产的崽。这混蛋整天蟒一样地缠着我。上午我总共接了七个电话就有六个是他的。最后一次电话他要我晚上去白色沙龙。"不是周末再聚吗？今天才……"我没说完他就把电话挂了。

黄昏时落了小雨。我最见不得这种嗲声嗲气的雨，而诗人总愿意拿它比作淡淡的惆怅什么的。我想想还是把伞放下了。我讨厌走路时手里拿个什么玩意儿，无论是书还是刀。我就喜欢把手插在裤袋里走。

刚上大街，路灯就亮了。起初几分钟灯像烧过头的炭，过后又是色眯眯的。我顶着这下流的光往前走。一连几家商店正放着立体声流行歌曲。那几位为人还不算熟知的歌星越唱越放荡。有一首曲子说是献给老山英雄的，抖得好凶，但我坚信这腔调英雄听了腿准打软。这条街有一截在拆迁，先竖起来的几幢楼都没个顶，因为等款子有了还得加。人不多，汽车却呼啦啦地不断。城市又残废又疯狂。十字路口新近搞成的人行天桥王八似的趴着，而晚报上已公布它为本城八景之一。我踏过去就想小便。可是这条街上公共厕所仅一处，造型美观大方胜过公园的亭阁水榭。进这空间解大手得掏钱买纸，因此设计者从经济效益出发把小便池压缩成一条裤带长。那个把关的半老女人完全是个性变态者，你不买纸她就通过镜子监视你可在作弊。

突然断电了。大街像个隧道。当黑暗溶化后人声便如潮般层层叠叠地在周围涌起。断电是本城特色之一。二郎说这时刻人最容易丧失理智，我想是这么回事。但狗不。狗总把蠢事放到光天白日之下干，倒蛮坦白。不像我边上的二位，一断电男的就把手朝女的颈口下塞并且还拿本杂志挡着。火柴烧尽烟还没点着，我把烟揉了。我想起了她。不过她对我失去兴趣也是很久很久以前的事了。

雨还在下……

到了场我才知道今天是达宁的生日。

达宁说他有两个生日。他父母记的是阴历八月，他记阳历九月。"好像拿破仑·波拿巴是九月生的。"他说。

"阿道夫·希特勒也是。"我说。

天晓得是不是。我至少有五六年没过什么生日了。我记性不行。

25支蜡烛插在空啤酒瓶里，烧出一片辉煌。光自下面来因此我们脸上都像被削掉几块似的让人一见倾心。我们什么也不吃，只喝啤酒。我们都能喝。二郎说啤酒是最有效的思想工作，喝了就嗝气。皇甫说今天是达宁生日，最好拣开心的事谈。我们就委托皇甫说几句大吉大利的话。皇甫要我说。他认为我是个出口成章的家伙。但是不知从何时起任何话一经我舌头弹出味就馊了。这种隆重场面该前排就座的只有皇甫，因为他年长并且气质也十分对路。皇甫思索许久，终于说："达宁，祝你长寿！"二郎说不如干脆直呼达宁万岁的好。达宁把手一挥说人固有一死或重于泰山或轻于鸿毛。我说生也如此。达宁就说："那么我生来就轻于鸿毛，死后亦然。"二郎说皇甫正好相反，生死都挨着泰山，如今已是第三梯队队员了。皇甫听了就不大自在，说："第三梯队又何足挂齿呢？我的确是庸常之辈。即使有点进步，也是……""皇甫，"二郎说，"在这地方不必那么歪曲自己。狗娘养的会拿你的头去讨封！"见二郎有点发毛，我说："还是继续谈泰山鸿毛吧，这似乎是个哲学问题。"

达宁说既然话题属于哲学范畴就无需再谈，因为哲学这玩意儿是专教人使坏的。

后来我们不再说什么。我们围着圆桌坐着。25支蜡烛沿着桌边排开烧出一个发抖的光环和老耶稣脑门上的那个差不多。

4

那天晚上我撬啤酒瓶没留神使泡沫跑到了二郎脸上。二郎一动不动像个接受割礼的家伙那么优美地闭着眼。二郎对什么意外都能做到脸不改色心不乱跳这我早就领教。当初我们插队的地方相距不远。有一天我队民兵拿下了邻乡的一个偷山芋的叫二郎，悬梁一天一夜不吃不喝但口哨照样吹得激动人心。上午我去二郎那里，见面他就说啤酒沫子喷到他脸上很不好受。"当时我像是挨了一耳光，"他说，"女人手打的。"我问是不是因为他的脸给女人手打惯了的缘故才有这种感觉。他作思考状。

　　我说过，二郎是个奇才。他可以叫人一日之内三次肯定他也三次否定他。本来他分配在一家颇有名气的文学杂志社当编辑。这个职业之于他就像钢琴之于肖邦一样的合理。他立志要以刊物为堡垒同文坛败类们血战到底，然而一枪未开他却跑到什么经济研究中心去了。我敢拿头颅担保那时二郎对经济的理解如同阿Q对爱情的理解。可是不久社会上就吹风说我省经济学界又升起了一颗代号为二郎的新星。对此我又不觉奇怪，在朦胧诗兴起的年头排在北岛舒婷这一拨人后面的就有个小子叫二郎。我至今弄不清二郎为什么离开那个中心而赴工人文化宫出任首席导演。其实他到职的那天他就开始讨厌这个职业了。他说所谓导演无非是把男人女人随便编排而后逐一捉弄的意思。大概就在这时期，二郎断然和毕加索私奔了。

　　二郎的画据说是已经达到了一个很高的档次。我很喜欢也很不懂。但我不得不承认二郎的每一次改行都使他的名气扩大一圈。我不希望二郎以画画为终身职业，因为已经有会这门手艺的机器人了（凡机器人会干的生物人最好就别碰）。二郎说只有做官才是终身职业，可惜又没有做官的机器人。我说这个理想一旦实现那么地球就顷刻报销。世上没有比把以权谋私、腐化堕落一类的码子输入机器人而后成批生产的事更可怕了。

　　二郎决定在30岁诞辰那天举办个人画展。

　　我不止一次地申明过，我写小说的动机和目的都是为了玩。即使明年的12月10日我立在斯德哥尔摩音乐厅那个铺着猩红色天鹅绒的台子上去接受一笔被称作诺贝尔文学奖的不义之财，我也会这么讲。但是这种活生生的内心表白总叫一些高雅博学之士理解成作家个性或者文人怪癖。如果我不承认，他们就说是形象大于思维。倒是我的那些同事极有涵养。他们从来不在我面前提小说什么的。仅一回，我来了798.30元的稿费，赢得了诸君的几分钟重视。他们无不羡慕我以1.70元之差逃脱了个人所得税。我就以大难不死的表情接受了同志们的祝贺并且深致谢意。

"注意点！"皇甫说，"几个臭钱值得搞个满城风雨么？"

"是收发那小子穷喊出去的！"我说。

"有人说你笔头子硬，但这不是恭维，接下来他们会说你不务正业！"

"我上班从没写过他妈的小说，不信问老肖去。"

"但他们可以认为你不热爱本职工作，否则你不可能写出一批批的小说。他们坚信一心不能二用。"

"我一心不仅可以二用还可以三用甚至四用五用，要算账就逮我娘老子好了！"

"如果业余时间也想想工作那不更好吗？他们会这么说。"

"难道在交配时也想想工作？"

这个城市是以出产一种臭油干子闻名于海内的。有钱也难买口福。无论如何这笔钱得花掉。当然烧掉或者被人扒掉更好。这或许能拍着那几个心底无私天地宽的同志去做个好梦。可惜我也缺钱。我说过这是不义之财。作家无疑是骗子，骗人骗生活还嫌不过瘾还要骗钱，然后去添高档电器或者再结一次婚或者攒够份子设立个基金奖金什么的给自己进阴曹捐一道门槛以示万古流芳。

我的钱历来和手纸放一起，这样方便。

5

每天上班前都要乒乓乱忙一阵。拖地，打开水。我们这个大院大概就缺少个打开水的地方因此必须到外面去。那会儿门就显窄因为一边是进来的各式进口轿车占3/4另一边是出去打开水的队伍占1/4。有一回我打开水与皇甫正撞上。他刚送于希同志去机场，见到我便下了车接着就伸出手要握。我疑心这家伙有点变态。我们一天至少见十次面可他还坚持搞这些久别重逢的动作。于是我说："你是不是想同我搞 homosexuality

（同性恋）？"他大为震惊，凑到我耳朵边上骂道："狗杂种！"这里的人都叫他"小皇"。

我总想迟到。可是谁叫这屋里偏偏有位老肖呢？自他投身革命，几十年如一日没有请过半天事假当然更谈不上犯迟到的错误。老肖善坐并且保持着一种姿式，我就惊叹不已。而他一天坐下来居然还能如溜冰般飘逸，就更让我叹为观止了。我难免不产生点懊悔。我在下面的时候从来没有正儿八经地坐过八小时。对面街上有个书店，我天天要钻进去两回胡翻一气。我那个科长对此不以为然。这并非出自他的修养与开明而是他经常要利用这八小时去买菜或者拉煤气罐。他每次离开办公室都要把茶杯续上新水然后拿掉盖子让热气不断升腾。再就是随便打开一期《红旗》并在上面搁一支红蓝铅笔。最后一道工序是将抽屉拉出半截。这一切布置好他就大步流星地开路了，下班的前一刻他一边系裤带一边笑容满面地与大伙打招呼。

今天我到的时候办公室还只有老肖。他刚泡好茶，在等报纸看。见我来了他照例说声"早呀"。我就笑了。我说你老肖这么喊很有点问题，你每天比谁都早可你却说别人早呀早的，这岂不是挖苦？"哦……"他立刻欠起身，"你听见别人这么议论过么？"我说没有，但是否也有人这么想过我不敢保证。老肖沉重地坐下来说："谢谢你提醒了我……"

于希同志来到我们办公室，全体起立。他每回来都要谈好久。他不落座大家也就不坐。所以每次我都及时地给腰部找一个支点。

于希同志传达了省委负责同志的指示精神，说是要搞一次调查，看看农民这几年日子过得够哪个档次。"这可是省委负责同志第一次直接给我们下任务呀！"他强调指出。他要求我们拿出第一流的成果。"具体的事待会儿你们与小皇谈。"他说。他从不谈具体。（我发现官越大就越不谈具体，这叫宏观控制。）于希同志断事向来利索。以后的几十分钟他向大家介绍了昨夜的梦境。他说他眼睁睁地看着抽水马桶冒泡，很快大小便泛起漫得一地都是。他说他急得浑身是汗有劲使不出有话讲不了。可是后来在大小便中又突然开了鲜花，越开越多。"这是什么意思呢？"他说，"我百思不得其解。"这是上午的事。

老肖夹着笔记本准备去找"小皇"。我拦住他。我觉得像老肖这等年纪的人去让皇甫那小子指手画脚一番委实残忍。"我去吧，"我说，"回来就向你汇报。"老肖就犹豫着，但还是同意了。临出门又吩咐我："好好记！"

当时皇甫正一手按着红色电话机一手拿着高倍放大镜在研究地图什么的。这俨然决胜于千里之外的混账形象叫我气不知打哪儿喘。我大方地把手递过去。他准备来握的前一秒想起了那天在门口的情形便像碰到女人敏感区似的缩回。

"注意点！"他说。

你他妈的一见我面就是注意点注意点！你再这么搞我可得起诉了。他说现在这事就够让我注意点。他说于希同志是向处负责人老肖下达任务所以应该是老肖上这儿来，然后再由老肖向我们几个传达。"这是程序，"他说，"你来，别人会问你算老几？"

"算他爹。"

我随老肖下去。老肖一反常态地把自己打扮成西方议员或者董事长什么的。见我张着嘴看他，他就说："可别以为我装派头呀。"他说他这料子只能在下面穿。有一次他随于希同志出席北京的一个会议他就穿着现在这料子，结果很多人拿他当于希。当夜他就把料子脱了。

我们在地区只停一天。我本想多住，老肖说还是直接下到县里好。因为这儿吃包伙，全贴差旅补助还得倒掏两块。"要是随于希同志下来当然不在乎。"他说，"至少分管书记得出面接待。"

我们就下到县里去了。刚住下，书记县长们就来了并且陪我们吃饭。菜的数量与质量皆比地区翻倍且每天只须掏五毛钱一斤粮票。回来过磅，陡增两斤半。那几天老肖的背硬是直了些。

后来我们进山了。那地方到处是山叫你分不清东南西北而且每分钟都能听到鸟叫。我听到鸟叫就想躺下来。插队那会儿，鸟这东西不晓得飞到哪里去了。我很久没听到鸟叫了。

有一天傍晚我跑到山洼里大喊大叫了一阵。我想听听回声到底有多响。

老肖也这么做了一回。

我们刚离开起点站时老肖就在考虑调查报告了。他说大的框架无外是基本情况、存在问题和几点建议。他认为小说与材料的区别除掉小说是硬想出来的之外还在于小说是自下而上而材料恰恰相反。

调查报告自然由我写。我讨厌写这类东西就像讨厌擦皮鞋讨厌排队讨厌半夜起来小便一样。但我还是写了。按老肖的要求写了。我知道这材料即使出自马克思之手老肖也是得改，于是就花了一个晚上一遍完工，交了出去。老肖倒很宽容，口口声声称我文字怎么怎么干净条理怎么怎么逻辑性。他只把"不能简单划一"改成"不搞一刀切"把"不能流于形式"改成"不搞花架子"把"不能浮光掠影"改成"不能走过场"把"要大胆而谨慎地探索"改成"要摸着石头过河"。

"意思虽差不多，"他解释说，"但目前上面的提法是这样的。你看呢？"

我笑笑。

6

无论什么装束对于二郎都非常完美。他吃东西的时候你怎么看他都是个罕见的美哉少年。可在抽烟时你只须瞥他一眼就能获得一个标准的流氓印象。我从不同他去伙做一件事。因为从这件事刚刚出现雏形起我就开始上当了。他欠我的情分太多所以我伺机整他就合乎道德和精神文明。我整他往往都是上帝在暗中替我使劲。那回的啤酒沫子走了个S形也还是溅到他脸上去了。但是他后来说的话又让我悲哀。我觉得像二郎这样的小白脸送去给女人打委实有点儿可惜。这几天我不知怎么回事老想到女人什么的。旅社里那个小姑娘每天来收拾房间我都想在她身上任何一个部位捏捏。我想我该去看看医生。我倒是真去了一回。接待我的医生活像英格丽·褒曼，她的手一触及我的皮肤我就感到身上有几个地方同时发痒。她看过我的舌苔又叫我张嘴发"啊"音节。我的嘴一时张不到她所要求的地步，她就示范给我看。我看到上面一排皓齿中间有片韭菜。我就不感到痒了。我只去了一回。

二郎的作品几乎都冠以"创作第 X 号"。他说之所以这么干主要是受老鲁迅的感染。鲁老得意的诗都叫"无题"。达宁在这时候就极大地表现出高雅，仰脸注视着手势滔滔的二郎口水淌到颈下也不愿揩。二郎把米勒列宾之流臭得一文不值却让塞尚梵·高们腰缠万贯。当然他最敬仰的还是毕加索。他说唯有毕加索才算纯种艺术家，因为唯有他把艺术当做谎言。

"你他妈的就晓得在外行面前摆毕加索老狗的鸟威风！其实毕加索是什么，你也不懂。"达宁说。

"能懂的就算不上毕加索了。"二郎说，"谎言本来就是难懂的。"

皇甫欣赏的是二郎作画时的风度。他说那时二郎的头发就像钢琴师的手指，节奏明快美不胜收。这个评价使二郎醉了好几天，以后他作画就完全像个泼妇。二郎很多画都是在白色沙龙里即兴完成的。他创作欲恶性膨胀时他就直接把锡管颜料往画布上挤，然后用指甲乱刮。

他就用这种画法完成了《空间》。

有一天我突然想起了她。我记得那是很久以前的事了。是两列擦肩而过的火车，当时我贴着窗口，她也贴着窗口。我们都看到了对方在望着自己。我们都没避开。像事先约好的。我们都没看清楚对方但我以为我们相爱了。

列车匆匆而过。

爱也匆匆而过？

后来我在一个像童话插图一样的城市里见到了她。我跟着她走了许多路。我终于说：

"还记得吗？那回在火车上……"

"你是……你是谁？"

"火车匆匆而过，你忘了？"

"你到底是谁？"

"你……真的忘了？"

"啪！"

"空间？"

"空间。"

"我看不出这算个什么鸟空间。你说说看。"
"空间本来就是无法解释的。"
可是达宁指着《空间》说它很接近女性生殖器官形状。"就是，蛮像的。"他说，"我在医书上翻到过那东西。"于是二郎就在烟雾里大叫："知我者，混蛋也！"他说按照老弗洛伊德的理论，任何空间都是女性生殖器官的伟大象征。

大概是因为《空间》的精辟理解，达宁多次诚恳地要求我写一部爱情启示录。我说这类东西闭眼都能拾到，可他坚持说拾来的东西只启示别人如何胡来。

于是我对他谈了我的罗曼史。

我说我最初严格保持着青年导师般的深沉。我对与我初吻的那个差不多还是孩子的姑娘没有说过一句下流话。我这么做是想让她对我产生一点神秘感，就像夜里总觉得天上要落下什么似的。但是后来她看破了这一层，知道我是个除了会写几块文章外连面条也下不好的男人，就含泪舍我而去。我的第二次恋爱破产的起因是关于孩子的生养问题。她说她生我养各负其责。可我看到邻居那位小伙子由于喜得千金连续 19 个晚上不曾合眼，后来被锻炼得像马一样的能站着睡上八小时，我就肌肉发颤。于是我们友好地"拜拜"了。我的第三次恋爱纯属闪电式的新潮风格。她在进登记处时对我说希望婚后我别拿她当妻子待。她说她只想过情人生活，和则合二为一不和则一分为二。这种伟大的辩证法使我在一分钟之后把我们关系降低了三级。我的第四次恋爱是在我体内荷尔蒙翻倍的时期开始的。她的魅力在于她随便让我乱动，只要我每次都给她献点信物什么的就行。可是上帝拯救了我，一场大火将我烧得只剩下一条短裤。我的第五次恋爱……

"你他妈的到底爱几次了？"
"如果你混蛋有兴趣，我可以再来五次。"

那天晚上我们谈了很久。二郎说中国只有一个虚构的男子汉，叫阿Q。因为唯独此君一语道破爱情真谛并且敢于跪下来讲。皇甫的意思是，婚姻是笼子，男女都是鸟，没进去的拼命朝里飞，进去了的又拼命朝外飞。我们中间，就皇甫有个沪产老婆和一个虹样的女儿。据说皇甫常常在三更头上精光赤条地被老婆踹到床下。他的过敏性鼻炎由此发端。这么一直谈下来，达宁就忧心忡忡。他说如果只谈恋爱不搞结婚是最好不过的，因为最卓越的女人一旦扒光衣服就与最普通的女人毫无差别。

我回到小旅社时，一伙服务员正挤在走廊上看电视，像是个电视剧什么的。我口渴至极，可这会儿水瓶全体倒悬也休想灌满杯子。于是我跑到洗脸间对着自来水龙头咬了两分钟。那个小服务员见我这样就激动不已，说我好像刚刚在电视里死去的那个海盗。我说我之所以喝冷水是因为房间里没有热水而不是企图扮个海盗来撩拨女孩子家的心弦。她大概还没有走出她那个世界，眼珠亮亮的一口一声海盗海盗。我就说那海盗是演员扮的，没准儿一卸妆那家伙就成了太监。

7

我上厕所解大手总得带本书。我性子急。不这么干我一天至少要解三次大手。我喜欢带爱情小说上这个典型环境来。二郎说我这是在亵渎爱情。皇甫第一次见到这情形就又说："注意点。谁知道你在这里看了多久呢？"他最见不得我上班时手里拿本书游来游去。他说他入党时最主要的意见就是因为手里总捧着与机关业务无关的书，比如《人是机器》什么的。

那么什么是与机关业务有关的书呢？难道是像阿根廷那个叫博尔赫斯的老家伙所说的"沙之书"？一本无头无尾的书。他只记得有一页上刻印着一个面具。他说那本书是无限的如果一旦燃烧起来怕也是无限的。

皇甫的肠胃一直不怎么样。老肖说这是职业病。"当秘书的，十有八九都这样。出外就餐，首长一丢筷子秘书就得放碗；首长一般都饭量小而秘书基本上是大肚罗汉，因此挨饿是常事。这是一。熬夜替首长突击准备讲话稿也是常事，夜里吃不到热的甚至根本就没什么可吃——烟除外，毫不奇怪。这是二。有这两条，你的肠胃即使是不锈钢做的也不顶用。"老肖是当秘书的出身自然讲的是行话。他说他患有十二指肠球部溃疡外带慢性胃炎。

据说于希同志在从医时医道是极好的。尽管曾先后有19人死于他手但皆属当时国内不治之症。这一点有众多专家的最后诊断鉴定可稽。于希同志的名声几乎都是死于他手的人传播出去的。他们在咽气的前一分钟全都做出最大的努力紧握着于希同志的手并且一律热泪盈眶。他们心里明白于希同志虽没能救活他们的命但依然是恩人——于希同志给了他们减轻死亡前剧度痛苦的药吃,给他们打麻醉针。这个美丽的传说致使我多次萌生出死在于希同志手中的崇高理想。

于希同志在到职演说中首先强调指出,今后任何人不许喊他的职务,直呼其名。他说我们的干部无论职务高低都是人民的勤务员。大家就很兴奋,兴奋之余又觉得为难。不过这个顾虑很快就打消了,因为于希同志上班后就逐一促膝谈心。最后他都要问:"有什么不好解决的困难吗?有就说,我尽最大努力!"大家心潮澎湃但无人愿谈困难。大家说:"谢谢领导关心。"于希同志说:"关心人是最大的政治嘛!"可是有一天一个蓬头垢面的妇人闯进他的办公室,劈头就是一句:"没良心的!"

我总觉得皇甫的肠胃问题除了职业原因外还与他时常在半夜精光赤条地被老婆踹到床下罚站有关。他说不排斥这个可能。他说我们互不理解以至周末完事后互相认为自己是失足青年。我说既然到了这个水平不如脱钩的好。"现在不是时候,"他说,"在机关干,最叫人不痛快的就算这类事了。"我说一对不痛快的人硬要睡到一起去炮制痛快似乎也不怎么雅观。他坚持说现在不是时候。

第二天,皇甫病了。不是肠胃病。不知道是什么病,只是每日24小时都在发烧。他住进了本市最高级医院中的最低级病房。

他梦中老是断断续续地发出三个音节。

微雨是从昨夜开始的。我没有打伞。我站在屋檐下听雨的声音。雨声很小很小,几乎没有声响。我淋湿了。不知不觉地淋湿了。我一直以为那乳白色的是路,淹了我的脚才知道是水。我身上全是水。我总忘记带伞。我等了很久以为天晴了身上的衣服会干。其实昨夜就下起了微雨。我意识到下雨时我的衣服和身体都已经湿了。雨一直在下。我实在没料到这么好的天气会下雨。气象部门也没料到。当然也有人料到了。他们凭直觉就知道黄昏后会有一场微雨趁人没带伞的时候降下。

不知明天可还会有雨？我总记不起带伞。

于希同志从外地开会回来得知皇甫住院的消息便驱车赶到。当时皇甫正处在头脑发热阶段，于希同志就向我了解病情。

"大便可有了？"

"一天三到五次。"

"稀便么？"

"硬的。"

"消化不良吧？"

"他两天没吃。"

于希同志很严肃地看着皇甫，两分钟后他充满信心地说："问题不大。大便有了，就好。"

"次数是否多了点？"我问。

"他的气力不够，所以一次大便要分几次拉。这在逻辑上是可以成立的。"他说。

8

我一进办公室老肖就迎上来。伸着双手像是要从我手里接过什么。他说小皇的病怕一时难得好，因为至今弄不清是什么病。我说我也弄不清。我还说每时每刻发烧使皇甫的脸色比他健康的时候要好看不少。

"所以，"老肖说，"于希同志打算借你用一阵子。"

我心里大叫了一声。我说我还不是组织同志做这项工作极不合适因为带"密"的东西太多。

"这没关系的。况且是临时性的。"老肖说。

我说我记性不行。

"于希同志态度很坚决，决定下了怕不好再动。"老肖说。

我没有可说的了因为下级服从上级个人服从组织。

后来我到楼顶平台上去了。这儿风大，我冷得像个麻花。我缩在一个背风的角上,眼前正是一片昏黄。那太阳只剩下一个帽檐形状。我就看着它沉入云底,而这时候周围全是浑浑沌沌的。我最见不得这种辨不清的天色,我想我妈。她老人家生我据说是费了不少工夫。她是不情愿我典当给专人使用的。

"我真没讲过梦话?"
"没有。"

皇甫就又躺下了。他躺在这张床上好几天了。那个专门打针的护士有一次告诉我这是一张很不吉利的床,先后睡过三个人都死了。"他们都很年轻。"她说。她问皇甫可曾结过婚。我说结过并且有了个女儿。我还说皇甫的妻儿回上海去了。皇甫不许通知。那护士感到很不理解同时要求我灵活掌握情况。"万一⋯⋯得立即拍电报通知病人家属。"她说。她不止一次地讲过皇甫很漂亮。可是她这么一分析就使我魂不守舍,我仿佛觉得已有一只冰冷的手等着我去握。我以后每次进那个病房心就想往皮肤外面跳。皇甫睡得笔直,洁白的被单裹得很紧。我总是先把什么东西碰响,等那个白色的包裹松动一下后我才往前走几步。不过有一回,那是很久以后的事,我揭开被单看见皇甫正拿着小镜子在拔胡子。

我到于希同志这边上班的第一天,我就意识到他的生命概括了我的生命。比如说,他每次上厕所解大手前在我面前把粉红色的卫生纸搓得嗤啦响,我就立即感到直肠和膀胱压迫得无比厉害。我就随他去了。他也很激动。他说他先后配过三位秘书还从未有谁在解手的问题上能同他达到默契的。接着他叹息道:"肠胃功能很不理想。"我很觉奇怪。我没想到于希同志也会有这个与职务不相称的缺陷。"这都是吃多了野食的缘故。"他说。我犹豫着,终于憋不住地问他所谓"野食"是否有特定的含义?他狐疑地看我一眼,明白过来就哈哈大笑。"你们文人哪,比猫还敏感。"他说,"我能有那么大的胆么?何况我是快50岁的人了⋯⋯"又说一遍文人比猫敏感。他说"野食"即在外吃饭的意思。具体包括三个方面:一是上面来人,他陪别人——比他职务大的人吃饭;二是他下去,别人——比他职务小的人陪他吃饭,三是⋯⋯(讲到这一点他脸上便布置起有分寸的痛苦与有礼貌的羞涩融在一起的表情)他说他与老婆关系比较紧张，因此很少在家里吃饭。我问他老婆可就是上回打上门来揪他领子骂他"没良心的"那位？他说："那是前妻。"我就很迷惑。他很快看出这点，就解释说："因为大孩子，得给生活费，给到18岁。工资一调，生活费就得浮动。给多了后妻吵，给少了前妻就……你不都看见了吗？所以说我们的法律还不健全。"

皇甫一周要照一遍X光做一回心电图称一回体重。他不怎么吃东西但体重总是呈上升趋势。半个月下来他长了三斤。但是体温总徘徊在38℃。大夫说这种情况是极其罕见的。他们在厕所里总是大发牢骚，说这种莫名其妙不轻不重的病拖长了会使他们威望扫地。他们好几次暗示皇甫可以回家休息观察。皇甫明白这意思就把头一歪，呼吸又开始粗短起来。

我也很急。于希同志出席会议太多而且逢会必讲。我甚至一天写过三份讲话稿。于希同志强调不打无把握之仗因此要求我必须掌握个提前量。如果他星期六讲话那么他会对我说稿子最迟星期三要拿出来，他得熟悉熟悉。他的确是为了熟悉才这么说。他的记忆力极端健全，五千字的稿子他两天就熟悉到能不带稿子一字不漏地表达并且还配有恰到好处的手势。他很少带稿子讲话。我很少不写讲话稿。

我唯一的企盼是皇甫早点儿出院。如果他再不出院我怕也会住院的。他长三斤正好是我丢的。可是我又不想让那个专门打针的护士失望。我从来没听到过女人夸皇甫漂亮。后来我也觉得皇甫是个漂亮的男人。我怕皇甫一离开医院就会变成乞丐或者灾民。他不住院的时候美学原则是尽可能地让大众一眼就识出他的无能和卑微。

我没把皇甫拔胡子的事说出去。

大家都说我适应力很强。还说我聪明因为我随便当当就像个秘书。他们说能当好于希同志的秘书是很不简单的。于希同志年富力强对各方面都要求严格且讲究质量，何况秘书晋官已成为一种伟大理论正付诸实践，所以秘书不是任何人能当的或者能顶替的。他们都这么说。他们还说了许多。我忘了。我记忆力越来越糟糕。我只觉得立体的累附在身上。我写信告诉我妈说我很累。她回信说："人本来就不都是猴子变的，多数是牛变的。"二郎说这话很见功底。达宁说照我妈的意思中国人应该是西班牙牛变过来的才对,因为只有西班牙牛不仅勤劳而且勇敢。"中国没有这个种。"二郎说,"中国的牛都是奶牛。"

我又想她了。我相信我是爱过她的。
这些年我一直在找她。
我曾经找到过她可是她把我忘了。
我不相信这是真的。

9

皇甫住院的第三天下午我抽了他一巴掌。我下手很重。除此之外我从来没有打过比我年纪大的人。可是经我一打皇甫的脸色立刻像个健康者。后来他说我这个举动貌似野蛮其实是很文明的。他说他打心眼里谢谢我。也就是这回那个专门打针的护士第一次对我说皇甫很漂亮。

当时我扶着皇甫去上厕所。他坐在马桶上咬牙切齿。他说:"奇怪。"我问什么奇怪。他说:"怎么于希同志叫别人给他取包裹呢?以前这类事都是我去的……奇怪……"我说这算不上奇怪。他说:"天知道那是什么包裹?我明明没有走远,他却叫别人替他取……"我摸摸他的额头,并不烧得厉害,就说这事很正常。

"正常?"他从沉思中抬起脸,"不,不这么简单……"
我就抽了他一巴掌。我下手很重。

天黑得极快。刚过五点外面就灰蒙蒙一片。天这个样子我就支持不住,想离开会场。这个一般性的总结表彰会毫无意思,可于希同志说:"不去不礼貌吧?"并没有安排他讲话,他坐在台上抽烟喝茶提提领子隔一段时间作出个思考状。我写了个条子托会务人员交给他,我得先走。他看看条子又看看表然后侧过身子把目光递给我,等确认我看清了他便小幅度地做了个吃的动作。这使我记起了昨天是发薪的日子。我能猜到于希同志腮下又有几道指痕。我摇摇头就转身走了。

华灯初上。我并不感到饿,却像乞丐似的乱逛。后来我去理发。那个理发师只需几分钟就让我大吃一惊。我后悔不该同意他把胡子推了。我回到小旅社，迎头遇到小服务员，她倒退三步后嘻嘻地笑。

我也笑笑，没说什么。我不想说什么是怕她上当。她这个年纪的人最容易上当。她读过我的一些小说。凡我含笑写出的章节她都含泪去读。她说我是个心狠手辣的家伙，总是让花好月圆的爱情横生枝节或者让一方突然死去。"你吃醋，"她常说，"你生怕好了人家！"我说是这么回事。我绝不允许任何人跑到我小说里来结婚。

"这才像太监呢！"她说，拍着手走了，小腿甩得很有劲。

有一天半夜里我被人喊醒去接电话，说是医院来的。我以为皇甫时候到了浑身乱抖半天不敢抓话筒。打电话的是那位专门打针的护士，她说皇甫不见了，不等我做出反应她就开始在电话里小哭，一面哭一面说皇甫很漂亮。我说下落不明的人往往都是漂亮的。她说她很担心。"他不会死，"我说，"因为有人说他很漂亮。"她轻轻地笑了。我答应帮她去寻找皇甫。我说我知道那家伙上哪儿了。

"谢谢你……"她说。

"谢谢你。"我说。

其实对于皇甫无须打针，我告诉她，说他漂亮或者抽他一巴掌就足够他活的了。男人差不多只要这两方面。

我走上大街。

那个黑色的方尖碑正在燃烧。

10

河面上泊着两只船和半截桥墩。二郎说把这两样东西摆到一起旨在构成一种情势和张力。这张画是很久以前画的，只画了一半。他说再画下去也还是一半。

据说皇甫要动一动。最初我把这意思告诉他时他浑身一颤，脸上泛起印第安人独有的那种迷人的咖啡色。他把我拖到厕所里，问我听谁这么说的。我说好像谁都这么说。

"上帝……怎么会吹这个风呢？"他说。

我说这很自然。你皇甫是首长秘书又是第三梯队不动你这号人动谁?可是第二天他住院了。

这期间关于皇甫动一动的传说不仅有而且响亮。连我替于希同志打临时工的事也成为皇甫动一动的佐证。我当然痛不欲生所以我那天夜里找到皇甫就破口大骂他是个狗杂种。我甚至怀疑当初皇甫把我找来是一个预谋。这时候二郎说:

"动一动?这可不是动老婆想动就动!真他妈的动你,压根儿就透不出一丝风,文件下来连鬼也会大吃一惊。现在呢?风声一出去人眼就充血了,手就痒痒了,于是就抓笔写关于揭露告发一类的东西,干你这狗娘养的!于是有一天干部处长把你找到暗屋里,把一叠狗屁人民来信一抖再抖,脸上挂出帮不了忙的样子对你说:我们的确想给你动一动呀,可是你看这些反映……你无言以对,还得千恩万谢。这叫既当婊子又树牌坊!"

他打了个手势。皇甫说这手势很优美,像暗示谁去把什么东西宰掉。

第二天皇甫出院了。

然而敬爱的于希同志由于解释不清的原因离开了这个被他把持两年零六天的部门。说是明升暗降。欢送会十分隆重。大家回顾了于希同志主持工作期间的光辉历程,把这段时间里积累的对于希同志的感情毫无遗漏地注入麦克风。可是这套扩音设备性能相当低劣,几乎每个人说出的腔调都不像是自己的。不过大家始终保持着声情并茂,连那几盆塑料花也感动得热泪盈眶。

于希同志自然也很激动。他把面前的奶油瓜子挨个仔细嗑完,然后站起来即兴作了他有生以来最为壮美的演讲。他说真正的英雄不是他而是同志们,虽然同志们是在他领导下开展工作的。他说了很多"同志们"。具体说的什么我忘了。但我相信是足以催人泪下的,因为鼻音极重。

这天下午,办公室出了安民告示:

液化气已到,除领导同志的派车运送外,其余自行处理。敬请原谅。

办公室负责人贴完告示，搓着手说："于希同志这罐气如何是好呢？"

河本来是绿的，那天夜里二郎把它改成红色。这之前他做了个后来被皇甫评价很高的手势。达宁说每次二郎碰这幅画手就像中风似的，颜料甩得满地都是。

我陪皇甫去给于希同志送最后一罐液化气。他家门锁着。我们把液化气摆在门口，就走了。那时天气已开始发灰。皇甫估计会有一场微雨。他说微雨很不好对付，打伞嫌麻烦不打伞就会淋湿。我说最好的办法是随它去。

后来皇甫要我帮他收拾收拾。"于希同志离开了，我没有必要再坐原来的位子。"他说，"这是常识。"

当夜皇甫就把桌子搬回了大办公室。我问是否应该同老肖打个招呼？他说老肖会明白的。第二天一早，我看见老肖对着皇甫的桌子沉思，就想去解释两句。这时老肖说小皇的确是成熟了。这意思是说皇甫此举极其明智。老肖同时也替皇甫感到惋惜。"要是于希同志还在……"他感叹道（这口气像是于希同志谢世已久了），"那么，小皇一定是大有可为前途无量的！"我没吱声，随手抓起一个墨水瓶扔出窗，几秒钟后听到一声响，像孩子梦哭。

"诸位，横在你们面前的是一条河。你们想从它上面跨过去。对岸是一个神奇的世界。于是一个声音在召唤——把我竖立起来吧，你们从我身上踏过去！这是桥的声音。但是另一个声音也说它会让你们到河那边去，这是船的声音。于是引起了争鸣。桥说它的价值如何之大。船不否定这些，只提出一个问题：遇上地震怎么办呢？桥不屑地说自己属于当代最先进的设计能抵挡八级地震。那么九级地震呢？船沉着地问。如果在施工中严格要求，九级地震我或许也能抗过，桥说。船微笑着，说马克思主义历来主张理论联系实际、主张实事求是而不相信什么'或许'，况且还有十级地震哩！桥说果真如此这座古老而美丽的城市连同它拥在怀里的生命都会变成一堆废墟！船哈哈大笑，说这是悲观主义论调因为至少它肚里的人还活着……"二郎说到这里也哈哈大笑起来。我们都跟着哈哈大笑。大概就在这个时刻,天亮了。

微雨是从昨夜开始的。我忘了带伞他们也忘了。我们就这么体面地给淋湿了。可是我们都不愿带伞,不愿给头顶上的天打一个黑色的或者其他颜色的补丁。所以我们都淋湿了。我们不想跑因为前面还是微雨。我们淋湿了就不再相信头上还下着微雨。

其实微雨是昨夜静悄悄地开始的。

11

都说新首长不久就会到职。似乎已成习惯,凡一任新首长来临之前大家都心律不齐。据传新首长和于希同志不乏相似之处,他们都是男性都长得不丑并且都是学医的出身。其实我们这单位除要求大家自觉避孕外与卫生不发生任何关系,可管事的基本上都是医生。我一生出来就怕医生。世界上最高明的医生无非是把健康人当做病人弄。任何人随便什么时候只要往医生面前一坐,他就会潇洒地给你开处方。好像不这样他就不配叫医生。

在医生眼里除他们之外都是病人。

(她是医生么?)

我找到她时她看我的眼光就像医生看待病人的眼光,后来她打了我一耳光并且大声地喊警察可是我不相信她是医生因为她很年轻。

又断电了。

又点蜡烛。

又喝啤酒。

好像啤酒只能在断电的时候喝。"这餐酒是肯定要喝,不这么干就不足以平民愤。"二郎说,"为了皇甫的出院和下台。"

皇甫就做了个大义凛然的表情,举起杯环视一周然后说:"大家的情谊……我领了……"迟迟不喝。

二郎把皇甫的酒拿到手,立得笔直地说:"愿昨天的小皇含笑于九泉!"说完把酒举过头顶,再一滴滴地洒下。

达宁开始感叹了,说现在不兴考状元,如果有这么回事,那么状元公必属皇甫无疑。"中了状元不仅加官晋爵而且招为东床,皇甫一切问题就都解决了。"他说,敬皇甫的酒。

皇甫只顾喝酒。他喝了几杯我忘了。可他一口气也没嗝出来。后来他一个人走到外面平台上去了。外面很黑。我知道啤酒不会醉人但还是想出去看看。二郎拦住我说:"放心,这号种子就是拿枪逼着也不会跳楼。"

那条河本是绿的。

谁把它弄红了?

我以为啤酒是不会醉人的。可是皇甫的确是给啤酒弄醉了。他肠胃不好,不会嗝气。

今天皇甫在走廊上截住我,往厕所里一拖,问我昨夜他是怎么醉的?我说弄不清,因为我也醉了。

"你也醉了?"

"我怎么就不能醉呢?"

"你肯定是在我之后醉的。那你肯定听到了我的胡说。我说什么了?"

"我在你之前醉的。"

"不可能不可能。我记得你说我的领带……像一道伤口……"

"这就说明我已经醉了。"

我遇到那个专门打针的护士。她说她去看过皇甫,就一回。"怎么回事呢?"她问我,"他一出院怎么就……不那么漂亮了?"我说这可能是错觉所致,或者是皇甫并不漂亮你却以为是漂亮或者是皇甫本来就漂亮你却以为是不漂亮。她立刻显出悲哀,她说这两种错觉她都接受不了。"我希望他本来就漂亮我也以为他漂亮。""这就不是错觉。""可事实是他一出院就不怎么漂亮了。""那就只好等他再次住院。"

都说新首长快来了。昨天说今天来。今天又说明天会来。事实上至今没来。

12

临下班前达宁来了电话，说今夜只要我还活着就一定要去白色沙龙。我问是否因为他马上要死想立下遗嘱什么的才这么看得起我，他连说"Yes"。

我到时，皇甫正凝视着手舞足蹈的二郎，脸上像刚杀过人似的庄严。二郎说黄昏前那个充满绝对雄性的壮观乃他平生登峰造极的眼福。当时达宁如同杜丘一般金鸡独立于这座16层大厦的最边缘，背向苍天面朝父母大喝一声："再来转化，我就滋溜下去！"

我听得没头没脑但绝不怀疑这是虚构。我问达宁究竟是为什么事企图杀身成仁。

"因为提拔。"他说。

我把达宁的事曾讲给一位专门从事三流电影文学创作的朋友听。他听后第一个感觉就是不真实。"不愿被提拔已经是够不真实的了，"他说，"因为不愿被提拔而采取那种动作性强烈的方式予以抗拒，就连鬼也认为是假的。"但是他的创作欲有增无减，没过几天又打上门来。他说他因为冲动只抓住了灵感却把人物纠葛弄糊涂了。他连提几个为什么。

"为什么以前不提拔达宁？"

"因为他老子下了台。"

"为什么又突然提拔达宁？"

"因为他舅舅转业回来马上要当部长。"

13

这个时期二郎一直在为画展奔波，喜怒无常简直就像发情的母狗。我最难受的是他动不动就把手伸进艺术得不能再艺术的头发窝里，做出卢梭或者伏尔泰一类的表情。二郎的头发如同他的职业一样变幻无穷。他在那个所谓的经济研究中心当差时理的是平头。我第一次见到这个混账发型冷汗顷刻流遍全身。我以为这狗杂种刚从号子里出来。而他说：

"平头总给人以憨厚朴实之印象,当然这无疑是作弊。"我说拿头去作弊是否显得太大方了?不过作弊之于你二郎只是普通生活手段。他说:"不,是普通生存手段。"

二郎的手伸进发窝只显出腕而没有指头。像断肢。好几次他都摆这种姿势,久了就狗一般地喘气。他极少喘气,所以一喘气我就很紧张。我觉得过不了多久会有谁来将二郎绑走。他像大师一样地抖着罗圈腿,仿佛许多光荣都要抖落出来,再从罗圈腿之间爬过去。

皇甫总是夜间去探访于希同志,竖起风衣领子朝阴影里钻。有一回被警卫人员拿下了,以为是刺客,幸亏兜里有个证件什么的才没有往局子里送。警卫人员质问,既然是来看首长的,为何不走大路偏在暗里动?皇甫无言以对只表示下不为例。这件事一直成为皇甫的精神负担,他只对我说了并希望通过我打听打听可曾有其他人知道。"如果让新首长知道,就糟了!"他说。

新首长还没来。然而关于他的传说日益增多。几乎每天都有人要发布一两点这方面的新闻。今天上午有人说新首长非常器重人才,根据是他原先的单位落实知识分子政策成绩辉煌跃居全省前茅。下午又有人进一步证实说:"一年之内就有18名知识分子入党,七名提拔到处以上领导岗位,其中两名是副厅级!"

皇甫听了这些就羞答答地笑,好像两名副厅级中有一名是他。可是老肖说这些消息水分太多。"扯淡,"他说,"副厅级得经常委定呢!常识嘛……"于是皇甫就出去了。我问老肖皇甫是否还会当私秘?老肖说这个可能性很小。"当然,小皇的能力是绝对没问题的。"他说,"可是一仆总不能侍二主呀?这也是常识。"

有一天我和二郎上街,刚上公共汽车就有人照着二郎的脸抽了一巴掌,非常脆。我想不到女人的手会打出这么响的耳光。

"流氓!"她说。

"我……怎么你了?"二郎说,"我让你先上车,你……"

"手放干净些!"

"我手怎么了?"

"你拽我辫子！你还不撒手？流氓！"

车内有人跟着喊"流氓"，噢声四起。

其实她的辫子夹在车门里。她发现了便红着脸说"对不起"。二郎说了声"别客气"就出其不意地还了她一巴掌——事实是像调情似的摸了一下她脸。于是骄傲和尊严在几秒钟内调换了位置，有人对二郎尖呼一声"好汉！"接着大家又噢噢起来……

二郎跳下车就使劲吐了口痰。

罚款五角。

二郎掏出一块钱照那张皱脸扔过去，又使劲吐了一口，说："不用找了！"

看见皇甫在厕所门口绕来绕去，我就知道这家伙有什么要紧的话想讲。于是我说如果要讲的话很长就换个地方。我实在忍受不了那个铺满瓷砖的空间里产生的非正常气味。

"换个地方？"他笑笑，"这地方谈心就只能钻厕所！"

我很惊奇。皇甫这么讲话在这个地方似乎还是头回。我怀疑他吃错了什么药。我们就进了厕所。皇甫麻利地坐到马桶上，又指指边上的一只叫我坐下。我说这种勾当就此一回了，下次再干就是他妈的王八！我坐下了，还做出一副若有其事的样子。

"听说了吗？"皇甫说。

"听说什么了？"

"第三梯队取消了。内部已来了通知。"

"哦。"

"我早就有一种预感……看来，下一步……"

"下一步考虑离婚吧。"

很久以前我的一位朋友死了。是在一条很宽很直的公路上给车撞死的。（他很年轻）他也是开车的，都说他开得很好。可是他还是给撞死了。他的身体莫名其妙地给肢解了，有一只手还和方向盘粘在一起，怎么也扳不开。

这是个悲惨的故事。我妈多次叫我把它写出来。我没有写是因为这个故事只有血没有色彩。其实我错了。（血怎么不是色彩呢？）现在我认为可以写的时候又觉得情节（姑且算是情节吧）太单调，无非是叙述了一次普通的车祸。很长时间以后，我发现我又错了。

14

皇甫告假去上海了。一周前他老婆来了封挂号信，完全的兵临城下口气，似乎暗示：倘若皇甫再不就他们的问题做出决断，那么她会胡弄个孩子出来放在皇甫的名下。但是无论如何也应该感谢她，我想，她成全了自己也成全了皇甫。达宁说其实离婚也应该举行个典礼什么的，理由是当事者如结婚时一样的喘气。二郎感叹的是皇甫的尊严被老婆剥夺了，因为至少从陈世美算起，离婚历来是由男人发起的。

皇甫同老肖谈了。老肖很吃惊，说一点迹象也没察觉到。老肖对这类事很关心。他每年接受来自官方的类似"五好家庭"的表彰，可是我听说他与老婆已分居多年。

老肖告诫皇甫宁可在财产上吃点亏也不要使事情扩大化。"你是组织同志，姿态应该高些。"他说。

"谢谢领导关心。"皇甫说。

我们几个送皇甫上了火车。那个专门打针的护士也来了，站在不大显眼的一根柱子下，认真地看着皇甫。我是通过皇甫的眼睛看见她的。可是皇甫始终不过去同她打招呼。于是我用胳膊碰碰皇甫，说："你是组织同志，姿态应该高些。"皇甫做了个不知所措的表情。最后一遍汽笛拉响了，她突然跑过来抱住了皇甫。达宁吓了一跳，在我的背后敲了一下，问究竟皇甫和谁离婚？我没吱声，隔着雾气仔细地去看皇甫吻了她。

后来响起了优美的苏格兰民歌《一路平安》。

我们是在列车行走中相识的。我们的目光相遇可是我们都没有看清对方的面目。

但我认为我是爱上她了。

我的直觉告诉我她是值得我去爱的。

我信直觉。

我说过我的记性不行。我记不清在什么地方在什么事情上消磨了一个晚上，结果连末班车的最后时刻也一并忘了。我只好抄近路往回赶。旅社已经关门，我用力地敲。给我开门的是那个小服务员。她责备我不该这么晚才回来。现在的姑娘真有意思，你对她热一点她就企图包揽你的一切。我曾和一位姑娘接过吻，仅一次。第二次准备接吻时她就严肃地批评我不该抽烟，那口气好像我们早已是那么回事了。

"我屋里的灯怎么亮了？"

"你哥哥来了。"

"我哥哥？"

"嗯。蛮潇洒的。"

我知道我屋里是谁了。还能有谁呢？我倒是等着那狗日的这么晚来找我。这么晚来找我就意味着有求于我。这蛮好。我心里储存已久的类似复仇的兴奋顿时就化开了。我估计他是为钱来的。于是我进门就说钱和手纸都在床头柜里。

"钱？"他说，"不。钱买不到介绍信。没有介绍信就没有展厅。狗娘养的单位硬是不出面，说我本末倒置……"

"你本来就是不务正业，这不错。"

"我说过导演是个缺德的职业！"

"你把空间比成女人性器官未必有德。"

"那是象征！懂吗？况且别人是看不出来的，只会认为那红兮兮的一团是太阳，黑糊糊的一片是山岗或者天空……好了，我奔走了好长时间，展厅就是落实不了。你他妈的可不能见死不救！"

我问怎么个救法。（我很快活，我还没尝过救人的滋味。）

他说于希虽然明升暗降但毕竟还是大官。这种屁大的事于希打个招呼不会不起作用。"本来这事该由皇甫出面，可是他回去打离婚了。"他说，"只能指望你了。"说完他深情地看着我。

我说试试吧。

可是他得寸进尺，又提出请于希为画展剪彩。"这好，规格就高些。"他说，声音渐平下去。于是我也深情地看着他。

皇甫来了长途，说会谈是在极其友好的气氛中进行的。他要我把这些告诉老肖。我问是否应该通知新华社发消息？他骂我是狗杂种。

不过我倒是把这些对那个专门打针的护士说了。她把嘴拢得很圆轻轻地说了个"哦"。后来她说她想不到皇甫会离婚，因为他一出院就不那么漂亮了。她认为离婚一般都是漂亮人干的。

"也许一离婚他就漂亮了。"我说。

"作者是你和小皇的同学？"
"当然也是朋友。"
"你们不是学中文的吗？怎么有同学搞画画？"
"这不奇怪，正如您由医生变成政治家一样。"
"你看，你们文人这么会联想。我不算什么，不过你那位朋友倒是蛮有才的。"
"比我有才。"
"你们都不错。人才难得呀，所以党中央三令五申地强调要尊重知识、尊重人才。不过，作为个人画展也得有个主办单位才合乎手续，否则不就宏观失控了吗？"

我邀二郎去本城第一流的剧院看来自地球那半边的一个交响乐团的首场演出。自从有了电视，剧院便成了棺材。票很好弄。我想在回肠荡气的旋律中把上午那个霉变的结果告诉二郎，这可能自然些。其实我这么做就意味着把一切都抖落出来了，还有什么可说的呢？

二郎只字不提画展。他似乎完全沉醉在旋律中。最后一首曲子是老贝多芬的王牌《命运交响曲》。一开始就阴森恐怖、寒气逼人。这时二郎侧过脸对我耳朵说，那"米米米多"根本就不是什么命运之神的叩门声，而是一个老贼的脚步声。

15

很长一个时期以来我想领个孩子养养。原因之一是我有一笔钱没地方花。当然我喜欢买书，可是买来的书基本上都堆在固定的场子。我懒得看。我记性不行看也白看。我甚至害怕读书——写书的人都希望或者强迫读书的人信服他们所以我害怕。我也逛商店。不过有一回我买了把牙刷只用了三天就光芒四射，只能改马刷了。原因之二是我很愿意为孩子去干点什么，他们是真的需要我。原因之三——这恐怕算主要原因了，领来的孩子不属于爱情的结晶所以我会全心全意地去喜欢他（她）。一提爱情我就肉麻。爱情是结婚的借口也是离婚的借口——这话像是谁说过的？

我希望皇甫把女儿夺来，然后给我。皇甫还会结婚也完全会再和别人生一个。这很容易。

那天晚上我们离开剧场后，二郎就雇了辆出租车把展品拖走了。"不能总让弹痕斑斑的白旗覆盖着毕加索的亡灵。"当时他这么说。他说得很轻快，我就觉得是减了刑。我和达宁都出了汗，二郎就说"谢谢"。他对我们说这个极文明的词还是头一回。后来他倒着跑到十字路口，仰脸朝上空看了一会儿。他头顶上亮着红灯，不过这时的红灯只作为一个符号。二郎就停在那个地方，招呼出租车开过去。

第二天早上达宁在电话里告诉我，铁屋上又多了个奇怪的窗户。

我在玩具专柜前停下来。我想给那孩子买个玩具。我停下来后才知道玩具这东西很不好买。济公因为抓周抓到了念珠才成为济公的。倘若抓到了刀没准儿就做了古代东方希特勒。布娃娃太俗。汽车不吉利。（我那朋友！）电子琴呢？二郎说电子琴全来自剽窃。对的。那么……

"有航天飞机吗？"

"没有。"

"怎么会……没有呢？"

"等着你造。"

那个红灯亮了很久。达宁说他按着表计算过，这个城市的红灯都比绿灯亮得久。二郎钻进出租车又伸出一只手做了个"V"接着就势打了个脆脆的榧子。这以后他就失踪了。有一天黄昏，达宁一脚蹬开我的房门然后说了一串"他妈的"。我立即被传染上。我说：

"什么他妈的？"

"我倒他妈的霉了！"

"倒他妈的什么霉？"

"瞧见他妈的女人屁股了，他妈的！"

达宁说他昨夜找到了失踪的二郎并且瞧见了女人的屁股。"他妈的门缝!"他说,"他妈的灯!"

突然想到"挑战者号"罹难。伟大的克里斯塔·麦利考夫与那个黄白相间的火球融为一体,形成一条扭曲的"Y"形的白烟飘在卡纳维拉尔上空……
可我还是想为孩子买航天飞机。

"完了完了,全他妈的完了!"达宁说,"我现在见到所有的女人都觉得她们光着他妈的屁股!我简直不敢出门了。"
"那就上吊吧。"
"不,我投河。"
他宣布:决定去漂长江。
新首长还是没到职。据说他腹部有个硬疙瘩,组织部门考察时没有掌握这一情况,他没说。等任职通知正式下达后他说了。他说他做过医生能掂量出这个硬疙瘩的轻重,当然不会影响工作的。可是他至今没到职。有人见到他去做了同位素扫描什么的。他住院了。可能还会转院。
这些话我是在厕所里听到的,所以我不大怀疑是杜撰。我也问过老肖,他没说什么,只笑笑。这段时间我们很悠闲,除撕撕牛皮信封用用订书器翻翻报纸外就那么坐着。大家好像都在想下一个电话可能是自己的。电话铃一响,每个人都把头一抬。
皇甫才走几天,可我觉得似乎是离开几年。若不是老肖常在我身边提及"小皇"什么的,我真以为他作古了。下班时,老肖从后面跟上来,把我拉到对面街上说:"给小皇挂个长途,问事情可办了。要是没办妥,就叫他停办,立即回来。"他口气蛮急。
"有这必要么?"
"唉,小道消息害死人!"他说,"文件下来了,第三梯队还是要搞的嘛!你看,现在小皇办这种事……多麻烦!我也有责任,工作太粗了……"
"第三梯队不要离婚的?"

达宁请求有关方面批准他加入国家漂江组织，吹了。人家不带他玩儿。于是他说：

"老子单漂！"

电话拨通，可我把话筒放了。我不希望皇甫将来也去做同位素扫描。他死在那个专门打针的护士怀里很合适。他只能死在那个位置上。

16

我遇见了二郎。当时他坐在一辆贴着金色菱形标志的超豪华"尼桑"里。在拐弯时减了速所以我们互相发现了。他边上坐着一位很好看的姑娘。车并没有停下来。二郎伸出手向我打了个榧子而后用中指和食指做了个"V"。我没来得及做任何手势。我记不清我可对他笑了。

我曾经告诉达宁，我想把皇甫的孩子领了——如果能判给他的话。（判?!）达宁立刻表示出一个极大的惊讶，然后说："除非把皇甫杀了！"

我想给皇甫写信。我要写的当然不只是关于孩子的事。结果是我在灯下白坐了一夜。是的，没什么可说。我们这个年纪的人谁也别想说服谁。我也说服不了自己。我本身就是个存在因此我没有必要去寻找任何颜色的标志提醒别人注意到这个存在。一位著名作家在接见我时曾诚恳地批评我的小说缺乏规范的训练。比方说我从来不去写我的人物是副什么面孔。"这就太过分了！"他说。他不知道我记性生来就孬，稍微复杂点的东西就记不住，况且是人脸。我连我的面孔是个什么样子也不大搞得清，我就只好胡写。可是一位同样著名的理论家却一口咬定这是一种极美的技巧。理由是这么干不仅拓展了欣赏者的视野并且从某种哲学高度看人的确是存在于虚无间。对此，我唯一的态度是沉默。我沉默是因为我实在没什么可说。

据晚报消息，二郎个人画展将如期举行。这次展览是由美协分会、团省委以及市工人文化宫三方面联合主办的。展出地点是在新近竣工的美术馆中央大厅。

"届时将由省委负责同志亲自剪彩。"晚报强调指出。

晚报还羞答答地披露：二郎的婚礼也同时举行。

我几乎是把二郎忘了。我的记忆里关于二郎的内容仅储存着：一个"空间"。一条由绿变红的河。一个榧子。一个"V"。

我记得有一回达宁对我的全部小说作了分析。他首先用电子计算器将小说中的人物作了统计。包括"我"在内一共是78个，其中非正常死亡的有36.5个。那半个死人就是"我"，因为无论怎么看那个"我"至少是个疯子。"怎么死的全是男人？"他很奇怪。我也感到不解。

很久以前我的一位当司机的朋友死了。是在一条很宽很直的公路上给汽车撞死的。其实他的车开得很不错。大家都说这起车祸相当古怪，谁也没想到车祸会发生在那么好的路段上。我的朋友死得很惨，他的尸体一塌糊涂就像没成型的豆腐。他剩下一只完整的手粘在方向盘上，谁也不能把他们分开。

我的朋友是在很久以前死的。他死得不明不白。

皇甫信中说那桩事在孩子身上搁浅了。他要孩子。她不要。可是孩子要她。她是妈。"孩子几乎每时每刻都在哭着喊妈……"他是这么写的。

这孩子真该我领！

"这回出去，"我对达宁说，"遇到航天飞机什么的，买一个。"

"航天飞机……你是说玩具？"

"给那孩子买的。"

"女孩玩这个合适吗？"

"我希望这孩子干航天。"

"干吗偏要做宇航员呢？"

"我也搞不清。"

这些日子二郎想必很忙。有几次我和达宁准备去帮他，比方刷墙、搬搬家具什么的，结果都被武警给挡了回来。二郎住在女方那边。熟悉那地方的人称它为"三道岗"。岗是站岗的意思。只有贴着金色菱形标志的小车儿才能进出自如。达宁后来又见到过那位曾经光了屁股做美妙动作的女子，她的腹部已呈现了弧形。据说二郎制造这个弧形完全出于灵感，否则那幢米黄色的小楼不会那么果断地包容他。所以女方十分崇拜二郎，因为以前的几位都是由于迟迟不敢对她下手才惨遭败北的。

不知是哪一个晚上我梦见太阳破了。就像一颗鸡蛋黄砸在玻璃上一样，黄黄稠稠的液体优美地流淌着。我记得我一丝不挂地从海里爬起来，望着天幕上那幅绝伦无比的图案。在我前面奔跑着一个金色的小女孩，正伸出双手等着那同样金色的液体经过她的指缝。我已经被越来越浓重的热浪蒸得晕头转向。我想爬回海里去，可这时海已经完全沸腾了。我像海参那样蜷伏着，口腔在喷发白色的烟。不久地球整个地红了，而那个小女孩还在奔跑，把双手并着伸向天空……

我醒来时外面正下着无声微雨。

微雨是昨夜开始的。

达宁是半夜启程的。当时天上没有一粒星星所以天地无界限。江水是黑色的，像哮喘病患者呼啦啦地乱响。达宁打扮得像个海盗，眼睛贼亮。他先乘船去上游然后下漂。

他要我把那个铁屋重新刷一遍漆。还刷白色。他坚持认为白色是世界上最纯也最杂的色相。

那时分整个城市在我们背后做着梦。黑色的方尖碑上的那个光点还在跳动。达宁出来时不肯关灯，因为这样他在江上就能瞧见它。船不久便在柔得如面一般的曲子中拉开了步子。我还立在原地，看那船由黑色的岛成为黑色的礁……

后来落下了这一年的第一场雪。

1986年10月22日初稿

1987年7月改毕

（原载《北京文学》1987年第10期）

省　略

A

　　我不止一次地说过我的记性不好。你说作家都是记忆力超群的家伙。我是作家这是事实。另一个事实是我的记性不好。我大概是中国唯一记性不好的作家。最能说明这一点的是眼下你正看着的这篇小说里将会出现几个人物以及故事发生的年代和背景我都没有把握说清。这或许重要或许不重要。

　　我边想边写。有个叫克洛德·西蒙的法国佬就是这么干的。他干得比我漂亮。我比他年轻。我不能准确地告诉你我的年纪。你可以认为我是年轻人也可以认为我是中年人。不过有一点得说：我是儿子。我的意思是说我的父母双双健在。我大概还有个弟弟，他自然永远比我年轻。现在你可能预感到这篇小说是关于我家里的故事了，这不错。

　　我家住在红门。关于红门我曾经有一篇文字作过比较详细的介绍。那篇东西就叫《红门》。发表在1986年11月号的《安徽文学》上。一提安徽你会马上想到那是个专门出产粮食和保姆的地方。你的潜台词是说那地方没文化。然而没有文化的地方专出大文化人：陈独秀、胡适、朱光潜……候补的是我。这个说法是否狂妄我们暂时不深入讨论。有位叫沈敏特的教授在读完我的中篇小说《白色沙龙》后花两个晚上写了一篇较长的评论，他对一位青年评论家说："安徽只有潘军才能写出这样的小说。"接下来还有一句："也只有我沈敏特才能写出这样的评论。"我当然很乐很快活。那天晚上我们谈了很久。我离开他家时月亮已经好白了。我看了看表。我的表没有秒针，似乎很久以前就停了的样子。所以说它只作为时间的道具。它现在表示着零点。零点不是现在的切点，我凭直觉肯定。我根据光的强弱明暗估计时间。当时我把手插在口袋里走着。那截路没有路灯地上也不平坦。我脚下时而碰到一个金属的东西。夜间听到这种响声是够瘆人的。我总觉得后面有人跟着我，于是就潇洒地吹起了口哨。在接近市区公路时我回了头。我发现一只大狗盘在离我顶多三米远的地方，两团磷火灿烂无比。它合了一下嘴。我这才知道那金属般声响实际上源于犬牙交错。这不是一只简单的狗。我并不埋怨狗对我的跟踪，我知道自己身上还有血腥。

我回到家时天已经亮了。我弄不清自己怎么在外面游了一整夜。我的脚始终没停，从沈宅至红门曲线距离充其量不过三公里。这个问题缠了我好久。

现在我在自己屋子里。我的屋子在北面。北面自然永远比南面暗一些也凉一些。我没有把窗帘打开。自然光通过窗帘复合时的紫色调是我所喜欢的。我每天在这里抽着烟构思点什么写点什么。不用说屋子很乱。更乱的是台子。我利用它制造小说。我的两旁各有一堆胡涂乱抹的稿纸。右边的可以兑钱左边的可以揩屁股。这张台子很气派，贴窗放着。前方并排摊开着五本大小不一的书，那上面留有蜥蜴的足迹和耗子的大便，有点像康定斯基的作品。我没碰过它们。

你写小说几年了？这话是西藏了不起的作家扎西达娃说的，在春天臭名昭著的"青创会"上。我说五年，其中至少有四年半是替别人写的。余下的近乎半年的时间我用来不为别人写。问题是我至今没写一个字。现在我已经开始了。劝我开始的不是扎西达娃。是K。

K是一位绝代佳人么？最好是。

秋天里我出去开了一个笔会。笔会这东西蛮不错，吃喝嫖赌都能见到。我就是在这个场合下认识K的。她至少是年轻漂亮。她是笔会组织者之一。当然她得向我要求点什么。对K这样的编辑你不可能不给第一流的稿子。但我有困难。我说我第一流的稿子还怀在肚子里。于是她说："开始吧。你应该开始了。"她语调平和楚楚动人。因此我决定把30年后才写的东西移到30年前来完成。我点了头。在这之前我替她看了手相。男左女右。她的右手红润柔软无疑是大吉大利的征兆。我说她结婚时想的是另一个男人。她连声说不对。其实我可能说对。K临出门时又说:"你开始吧。"

我就是这么开始的。我打算竭尽全力来写这篇小说。实际上这篇小说很久以前就开始了。

B

我在家里待好久了。外面的事情如何如何我不大清楚。我从电视里看到美国和伊朗在海湾摩擦。我觉得美国真他妈的叫人痛快也叫人痛恨,想揍谁就揍谁。我也偶尔看点娱乐性节目。每星期五有个"家庭影剧院"的栏目,要放一部故事片或者戏曲片。我喜欢《冒险的代价》。我不喜欢《战争与和平》还有山口百惠演的那些片子。

我本来住在朝南的一间屋子。我只在那里住了一晚。从第二个晚上起我就住在北面来了。原因很简单。我们家房子规格不错面积不小但是墙不隔音。我的两侧是我父母的卧室。那夜我在梦中被一个奇怪的声音惊醒(我至今弄不清是他还是她发出的)。可是第二天父亲在厕所里对我说:"梦里放规矩些。"说完他对我有分寸地笑着。也还是这天,母亲开始替我联系下大夫。

北面的屋子是我弟弟住的。第二个晚上我同他伙睡。他个头很高很魁梧。我穿鞋是一米七二。他的脚理直气壮地架在我两肩上。他是汗脚,气味像坏透了的卤汁。我以前也是汗脚,现在好了。我这个夜晚被折腾得够呛。我准备天一亮就骑到他身上揍他。问题是天亮了我发现床上只有一具身体。后来我在枕头下面找到了一个绿皮书,这无疑是他的日记。我随便翻了几页,觉得非常有意思。我在没什么可写的情况下就把他的文字抄几段下来。

×月×日

天气不错。这种天气得出去遛遛。无论如何我得着手去干那件事。现在不干一辈子也没法干。还不晚。

他究竟要去干什么事你关心我也关心。悬念。真他妈有魅力！关于弟弟，你喊他老 A，我无须多言。你们是朋友。我看见你同他常在一起打网球。我对网球的记分始终不懂，就像你不懂我的小说。两抵了。你会说写小说没什么了不起，编编故事吧。这绝对不错。你会慢慢觉得这篇小说故事本身没有意思，好玩的是编。不过你千万不要以为编只是潘军的事，其实也是你的事。我们得保持合作。这如同茶叶在我手里，水瓶让你提着，要想喝一杯就得往一块靠靠。我现在要郑重告诉你：老 A 的日记里有你。

×月×日

我去找了老 B，说我已经决定了：得干。老 B 在屋子里踱了几步，认为最好还是等等。理由是这个时期天气会出现反常现象。"前天夜里雷劈死了一个人，才 18 岁。"老 B 说。我奇怪的是老 B 未必不知道那件事最适合雨季去干。我们不是说过把它称作"雨季行动"吗？

弟弟的朋友一般我都认识。他们尊重我这个作家。但是我从来没听说过什么老 B。是他还是她？我想 B 的产生与汉语拼音有关。是汉字姓氏的声母。我记得弟弟有一位姓白的同学，不过她已经死去多年了。死因至今没有查清，警方只宣布处女膜完好无损。她是二月里死的。那年二月还有雪。这个夜晚我把弟弟几乎所有的朋友都回忆了一遍，结果很令人失望。老 B 是谁？我现在才觉得应该是你了。我希望你能提供所有关于老 A 的情况，尤其是他的去向和目的，这样我的小说才不至于被搁浅。

每天的黄昏我出去散步。离我家不远的地方是环城公路。围墙很高很结实。后门一般在这时候打开，暮色苍茫时关闭。我利用这个时间从后门经过走上环城公路。后门口靠着一个穿灰制服袖管里放着冷兵器的男人。我每次从他面前走过时他都要咳嗽一声。我沿环城公路走一截子就折进右边的小林子。我对植物学缺乏起码了解，因此我不能说出是什么样的林子。当然这是一片好端端的林子，四季常青没有落叶。树干都生得笔挺，间距错落有致。夕阳的余晖从缝隙中穿进来组织成的图案很不错。

我记不清是哪一天在这里碰见那个穿黄裙子的小姑娘的。说是小姑娘有点夸张讨好，实际上她不过五岁的样子。她有一头流水似的黑发散披在肩。她当然超出你想象的可爱。我们很谈得来这让我非常的愉快。我每天黄昏出来基本上是为了同她说几句开心的话。我们无话不谈。但是几次接触过后我产生了疑惑和惊讶。我不相信她只有五岁。地球上五岁的神童也不过是背背古体诗或者写写画画。然而我们讨论的几乎都是哲学的命题。比如这一次，我们谈到了时间。我说时间是一个圆。与地面相切的一点表示现在，右半弧是过去，左半弧是未来。她歪着头看我并且微笑。我心里虚了一下，接着说刚才那话本是一个叫叔本华的家伙说的（天晓得她是否知道叔本华）。但她说："要是这个圆在空中旋转呢？"之后是一串朗朗的笑。我觉得自己替老叔本华悲哀了几分钟。我想问她的年龄究竟有多大。话挤到牙缝我还是咽下了。她的姿态、她的表情、她的语调还有别的什么无不向我显示出她的生命阶段。我知道儿童是没法扮演的，别的都可以。

黄昏我必须出去走走。

C

一大早我被父亲唤醒。我猜他准又是弄到了一只鸟。应该是一只鹦鹉。他早就想这种鸟了。我父亲现在的职业是养鸟。他先后养过不下百种的鸟。这一带的人称他鸟先生。他珍惜这一称号为此感到自豪。他每天遛两趟鸟市，每周末晚上替本城养鸟训练中心讲授辅导课，钟点费超过一级教授。他的名字已经收入《世界名人辞典》和正在修订中的《中国名人大辞典》。如果你到动物学家部类查找他的辞目你会失望。"我怎么是动物学家呢？"他说，"至少是教育家嘛！"这不奇怪。弗洛伊德坚持认为自己是医生而后人都称他为心理学家。他的著作《日常生活中的心理分析》在一位名叫艾·巴·辛格的犹太人眼里不过是一篇小说。我想明智的态度是不谈这些。我是作家，因此我比较善于观察，因此我第一眼就断定锁在笼中的那只白鸟不是鹦鹉。

"不是鹦鹉？"父亲极端鄙夷地看我一眼，然后把鸟笼挂在晾台上。那白鸟跳了几下就尖叫一声："大！"父亲哈哈大笑，又回头问我："不是鹦鹉?"笑容淌到脖子上。

我父亲是江南人。那地方儿子唤老子一律叫"大"。我从父亲充满自信的眼神里联想到这一点。我能揣测此刻他心里无比激动因为弄到手的是一只温柔孝顺的鸟。我还能说什么呢？他是专家他是权威他是老子真理永远操在他手里。我缩着脑袋回到自己屋里，又听见那鸟叫了声"大"，似乎带着感情。我还听见父亲愉快地作了答应。

但我不相信那是一只白鹦鹉。这个结论是靠直觉下的。我宁可相信直觉。我也依靠科学。我为此跑遍本城所有的图书馆，查阅了所有的动物志或者鸟谱。鹦鹉应该属于鸣禽类但这只鸟的形态似乎是攀禽类的。白鹦鹉应该有一顶黄冠毛，然而这只鸟的冠毛也是白的，毫无杂色。类似这种对比我记了好几页纸。我感到吃惊。我吃惊的不仅仅因为这只鸟不是鹦鹉，更重要的是所有的资料里没有出现过这种鸟。我想这无疑是珍禽。这或许是世界上独一无二的伟大的鸟。歪打正着，我羡慕父亲的福气。我当然不会把我推论的这一切告诉鸟先生。以后父亲同我提起这只鸟我都缄口。

白鸟的"大"叫得很勤快。由单声叫到双声：

"大大！"

很久以前我从那座山上滚下来碰得头破血流一无是处不堪入目一头高大健壮的公牛从蒿草中窜出来扑向我它的一只蹄子踏住我的腹腔生殖器伸出来又收回去然后瞄着我的左眼撒了一泡好尿冲走了我的梦弄残了我的一只眼……

我依靠独眼过日子好些年了。我多次要求父母给我医治，他们都笑了。他们不相信我已经失去了一只眼。"不是好好的吗？"每次他们都这么说，认为我是恶作剧。我只好瞒着他们去看医生，结果引起了一场诉讼。给我看病的是本城著名的眼科大师。她说我变相地调戏她心怀叵测企图制造丑闻以致诋毁她的声誉。"分明是好眼却硬说是瞎子，阴谋！"她愤怒指控我。法院最后以罚金五百元的方式了结了这场官司。她用这笔钱到黑市上买了一瓶准科隆香水，这是后来你告诉我的。

可是我弄不清母亲为什么每天回来都要用手拭一下我的额头。我额头上的皱纹都是她拭出来的。我母亲是位有身份的女性。大家都说她地位极高。大家还说她徐娘半老风韵犹存。这种评价极不大方。我母亲非常年轻自然谈不上半老或者1/3老。这个前提成立就不能说是风韵犹存而是风华正茂甚至是含苞欲放。我不愿同她一起走路。她也不愿同父亲一道出门。因为这两种情况势必都会引起违背伦理道德的弥天误会。我希望她漂亮。但我不希望她年轻。我喜欢她满头润滑的青丝。我不愿意她没有一条皱纹哪怕是鱼尾纹。我这么说是因为我爱母亲。

今天我起得晚,从洗手间出来,母亲已经下班了。昨天夜里我被那只白鸟的尖啼搅乱了心绪。我于是就伏在灯下写字。我写了三页纸又描了三遍。这么做没意思或许有意思。我写的是你正在看的。我脸色不好,是那种令人乏味的菜色。这一点我很清楚。我洗漱时从镜里看到这张脸孔,丑陋已是一日不济一日(我的一只眼布满血丝一只眼没有)。我停在客厅里等待母亲来拭我的额头。这次她没有做,只是问:"还好吗?"

"好……"

"那就好。"

我不知道她指的是什么好。母亲的头发从我面前飘过时激起我伸手摸它一下的欲望。俄狄蒲斯情结。弗洛伊德这老狗。

以上这节是潘军杜撰的。潘军没有这么出息的父母。潘军的父亲是个小老头母亲患有20年的十二指肠球部溃疡每天要吐一次酸水。这些都是事实。这些事实毫无意思所以这一节就算 Pass 了。

D

第二天我收到了 K 的信,字体和她一样的娟秀。

信是这样写的:

我想你大概已经开始了,祝贺你。自从上次分手我的心律便紊乱了。我不是后悔让你看了手相。为什么你自然清楚。我不想再说什么了,你开始了吗?你应该重新开始。

你别乱想。你记住这个事实就不会乱想：K是母亲。她让我看过她女儿的照片。当然K的话也叫我手足无措。不是心虚。那个地方很不错。四面环山。山上长着青青的竹，风过时沙沙作响，竹影是极诱人的。那地方原是三线厂的遗址，后来地方上翻成了宾馆，叫泾川山庄。这名字很雅很清高。从泾川山庄到黄山和九华山都只需三小时的汽车，自然是开笔会的好场所。在这个笔会上我首次见到我喜欢的为数不多的老作家林斤澜。我读过他的《溪嫂》，觉得性感十足或者生命力旺盛。整个笔会开得非常活泼充满青春活力。开幕的那天是中秋节，于是举行了露天舞会。山里的月亮好白好柔和。这么好的月华下没有风流事似乎也好委屈。你又乱想了。我不规矩的是夜夜同几位作家朋友打牌赌香烟。我牌技不高但总共没输掉一千元。后来他们去九华山进行两日游。我没去。我没去不是因为我去过了而是因为我是安徽人。我估计60岁以前会上九华山十次。那是座文化山。

我留下来托的是整稿子的名义。这无疑让我的编辑朋友感动。其实两天内我一个字没写。我后来交出去的是随身带来的一个短篇旧稿。篇末日期来前我就处理好了，没有破绽。我真是太自信太自作聪明，K一眼便看出是诈。她也没去九华山。我很诧异。这个机会对于安徽以外的人来说是极难得的，可她一口咬定是去过了。我当时靠在沙发上抽烟，盯着纱窗上的一只红蜻蜓。这种蜻蜓不多见，老人都说是鬼。我发觉它表情很惆怅。这时候K进来了，吓我一跳。

我不打算把这两天的事情全写出来。我说过我记性不好。不过我得申明我与K的接触纯粹是哥们儿式的。我以人格担保。如果你说这是此地无银那就随你的便了。所以K的信让我迷惑。她说为什么我自然清楚，实际上我非常糊涂。接下来则让我一塌糊涂了：

你的要求我暂时无法满足。我想这么做是必要的，于你于我都有益。你说呢？

我说个屁！我什么时候向你提要求了？我管你什么必要不必要！K你别这么写，你这么干叫我如何向读者交待？我才不当一个名不副实的第三者干偷鸡摸狗的勾当哩！我不是说过我们才认识吗？

但是后来的一句话把我吓住了：

你的牙还痛吗？"灭滴灵"不能多吃，那样会伤白血球的！你应该把它拔掉。

她怎么知道我的牙不行呢？而且知道我的常服药是"灭滴灵"（我的牙是给虫蛀烂的。虫是糖滋生的。母亲从小就给我许许多多的糖吃）？

总之，K的信让我惶恐。这封信简直是可怕的梦魇。我当然不能保存它。于是我带了火柴钻进厕所，掩上门将信点燃。一时间焦糊味乱窜，但是信依然是雪白的，没有被火焰舔起一角。我顿时冒了冷汗。这时候我父亲推门进来了，为了不让我觉察出他的好奇，他两手提着裤腰。

"烧什么了？"

"没烧什么。"

"哪来的糊味？"

"是不是饭出毛病了？"

"饭？你才出毛病哩！"

我把信捏在掌心里躲过了父亲的眼。我实在是盲目乐观，我怎么能逃过他的眼呢？黄昏我散步回来，进门就发现父母凑在一起商量着什么。看见我来了他们就立刻分开，说天气很不错云彩实在美。但我从那只白鸟的表情上了解到他们刚才密谈的内容。它很忧心忡忡，我能听到它跳得杂乱的心律。

我们面对着站了很久。

我不知道把K的信如何处置。家里是藏不住的。虽然现在我不感到害怕了，但我还是不愿保存它。后来饥饿感帮助了我，我把它揉成一团吃了下去。我没觉得一点儿难吃。由此我的心绪得到了调整。当晚月色朦胧，我推开窗户把手伸进宇宙的腋窝，很惬意。微风掀动了窗帷，有阵大提琴的旋律断断续续地飘过。这个夜晚有一种新浴后的愉快附在我身体上。我自然贴切地要想想女人。我记得自己经历过爱情。我应该是像搂着大提琴一样地搂过女人的。爱情是个黑色的故事。我的意思是说爱情总在夜间悄悄进行，和杀人越货需要同样的自然环境。

E

×月×日

天真他妈黑！为什么光打雷不下雨呢？天哪，不下雨岂不活活把我晾住了！

明天可能有雨。

×月×日

没有雨。街上人都带着雨具。电话亭里那个白脸男人一直在抖动着钥匙。女人们在梧桐树下讨论今年的流行色。好像应该是咖啡什么的。

我邀老 B 进了"红蜡烛酒吧"。设备一律是西德的，服务员个个能讲几句英语。我们面对面地坐下，中间隔着一根红蜡烛。我们要了两杯咖啡。

我说："你不觉得这味儿不纯吗？"
B 说："不纯。好像不是咖啡。"
我说："是茶叶末子掺红糖熬的！"
B 说："好像还对了点别的什么。"
我说："不错，是对了别的……"
我们没喝下这东西。

×月×日

昨夜我又去找老 B。我抽多了烟咳嗽好吓人。敲了半天门。我说是我来了门才慢慢打开，露出老 B 自负的脸。"我以为是老人来了，"老 B 说，"老人来了不仅不能开门而且也不能开灯。"

我们再次商量"雨季行动"。我想不到老 B 这回痛快极了，说只要雨从天降就立刻开始：

后来我们唱起《毛毛雨》。毛毛雨是雨。当然老天作美能下一场倾盆大雨就更理想了,这意味着我们的"雨季行动"将获得巨大的成功。

苍天保佑!

你肯定会觉得我弟弟是位了不起的诗人。你也可以认为他是个了不起的强盗。共同点是了不起,我不懂诗但羡慕每一位诗人,觉得他们的劳动是相当潇洒的。我只羡慕了不起的强盗,比如普罗米修斯之类的。

有一年夏天我去江边洗澡,衣服被人掳走了。我的裤子口袋里放着一把梳子。是把非常漂亮的梳子。牙骨的。透明的。我用它给一位女性梳妆。这梳子是我从一口墓井里拾到的,只有三根齿,造型暗示着它的文物价值。这把梳子至今保存在我的记忆里。它很好记,只有三根齿。

以上这些是我今天理发时想到的。我不大理发。因为理发实际上是剃头。剃是很坚决的词。给我理发的是位女性,戴着口罩,因此眼睛很神秘。她说:"短点吗?"我点点头。电推子像一只巨蝇在我耳边盘旋好久,我知道出事了。我们说的是两码子事。我点头是希望她少剪多留。而她的短则表示少留多剪。于是这个"短"就对立统一到我脑壳上。我还得给钱。还得说谢谢。

我回家时发现父亲也在替那只所谓的白鹦鹉剃头。"这撮冠毛太难看了,"他说,"盛气凌人的。"父亲的平口剪无节奏地响着,我不得不想起那夜的犬牙交错。

"大!大大!"

父亲微笑着点点头,心满意足地捧着肚子。他退后一步审视着、欣赏着他的杰作。

"下周末就讲关于鸟的剃头问题吧。"我说。

"剃头?太俗。应该叫理发。"他纠正道。

那座山好陡好高一身的石头我给摔惨了我的血像墨泼到宣纸上很快渗开血挑逗了公牛的性欲它的蹄子把我钉在地上那硕大的生殖器从倒悬的富士山口里伸出粉红粉红带着起了泡沫的黏液那家伙越来越长越来越硬把石子抽得叭叭响后来又抽打我的身体那家伙满足不了就瞄着我的眼睛撒了一泡好尿我被烫得钻心在地上乱翻我从此就少了一只眼世界从此

就只有半片……

F

  记忆力越来越糟糕了。以前读过什么就能管好一阵子。看过一部片子精彩的台词想漏掉是困难的。还有细节。现在不行了。昨天晚上看了好莱坞鼎盛时期的作品《罗马假日》，全部印象只有两个名字：奥黛丽·赫本和格里高里·派克。老牌明星。我当然更喜欢赫本。那实在是仪态万方风情万种。这种美中国的明星临摹也走样。所谓气质。我进电影院时赫本已经在说话了。我从一位很实在很富贵的妇人面前擦过，坐下。后来她的胳膊肘老碰我的腋窝。我的兴趣在赫本身上。我想这是个了不起的情人。

  "不怎么样。"那妇人说。

  "还能怎么样？"我很自然地答了。我意识到这句话具有挑逗性。果然不多会儿那妇人对我打了个手势。打得很慢。我看清了。她把拇指塞在中指和食指之间并且有节奏地往前一拱一拱。我看明白了就离开了电影院。我知道她会跟着我出来。于是我闪到一根黑色电线杆后面。我在暗处。我看见她在亮处打转，用叠成块的手绢扇风。嘴像一道刚切开的伤口。这时候天落了小雨。我很快被淋湿了。那妇人退到屋檐下，后来同一个警察共打一把伞款款地走了。后来……没有后来。我记得像被钝器击了一下，脑门差点打开。

  我的记性永远不会变好了，我感到沮丧。可我的一位专攻气功的朋友把这桩事看得极其简单。他说："你每天花一刻钟，只想脐下三寸那块地方。"这是方法。他说这么做个把月记忆力便彻底恢复了。我就做了。我每天吃完午饭吸过一支烟，然后面壁端坐四肢放松去想那个本不该由我来想的地方。事实上我失败了。我做不到。我企图放松一下结果却加倍紧张起来。我发现秋天的那次笔会不该去。我渐渐对 K 与我的关系产生了怀疑。后来的事实表明我的怀疑理由是充分的。我是说后来，这里暂不谈。

  气温于下半夜开始降落。很猛。说是第几号台风登陆了，又说是受了 X 的影响，形成了寒潮和冷高压什么的。一觉过来，发现墨水也结了冰。

我当然不想也不能写点什么，就这么躺着。不久听到客厅里响起细碎的脚步声，知道是母亲下班回来了。门一关上，父亲马上就问：

"卞大夫怎么样？"

"联系好了。"

"什么时候来？"

"快了。他把手头那个小姑娘结束掉，就来。"

"最好尽快来，趁现在的气候。"

"那是。"

他们的声音越来越小我没法听见。我的膀胱酸胀到了极点。但我这个时候又不便出去。我不愿我的父母显窘。我也怕看见他们就我的问题所做的手势。这几天夜里我老听到外面有一串急促的脚步声和节奏分明的"嘭嘭"声。现在我认为后一种声音大概是砍树。我不能去细究去印证我的想法。我只有一只眼，看的东西多了会吃不消的。

中午我出去了一趟，想买件羽绒服。我这种身材比较适合穿这种款式的服装，像个球似的，滚到哪都行。我当然要顺便逛逛书市，好书全叫这些书贩子捋来了。他们给老弗洛伊德的著作做了广告，用红颜色写了个巨大的"性"再用黑颜色连着写出小几倍的"爱与文明"。不少人都在翻这类的书，表情好严肃好高雅。他们翻了一遍基本上都送回原处，不买的理由是没有插图没有彩色插图。在市府广场上，正展示首届文化节的一个内容：风味小吃。卖臭油干子的老头攥着半导体喇叭吆喝："香香臭臭臭臭香香又臭又香哪……吃了不得艾滋病哪……"果然宣传的效力很大。另一侧，一群人在阅读法制宣传栏。其实余光全集中在旁边的性病宣传栏上。后一个栏前没有正面立一个人。几幅彩色照片呈现出巨大的男女性器官的局部特写，万紫千红像断肢的剖面。两个女人扫过照片脸色变得阴郁。一位年迈的学者扶扶眼镜然后同一位妙龄女郎开始低声讨论通奸问题。人行道上，看自行车的老婆子俨然上帝势派目空一切四处乱转，肥厚的手掌里有一堆硬币。

我又到别的地方逛了。收费验血型叫我感了兴趣。我排队。等挨到我头上我又溜号了。我不想再看到自己的血。我冷得不行了,应该立即去买羽绒服。

"口袋太多了。"母亲这么评价我的羽绒服。
"没关系,我现在有的是时间……"这是我父亲的声音。
他们以为我睡死了。我从被缝里睁开我的独眼。我能看见他们的手全在我口袋里摸索着,几只硬币和一盒清凉油放在床沿上。羽绒服全部的口袋都翻了过来。像一只长满嘴巴的怪兽同时将软塌塌的舌头吐出。我知道父母这么做是出于习惯(他们总是在后半夜动手)。我佩服自己的聪明和机智,早早地把K给我的信吃进了肚里。我也觉得这些口袋是多余的,惹事的。我担心有一天我的父母会在某一只袋里摸出一把避孕套。

我甚至觉得这个季节不该买什么羽绒服。

现在我得回过头去说这天的黄昏。我当然还会碰见那个小姑娘。大概是我新穿了件羽绒服所以她没能一眼认出我。于是我喊了她。她躲在一棵树后面打量着我。我又喊了一声,她这才向这边跑过来,招着手。她的身体轻盈无比像一只金色蝴蝶。我却吃了一惊。
"你,你怎么还穿裙子?"
"我喜欢。"
"你不冷么?"
"冷?什么叫冷?"
你完全可以想象出我当时的精神状态。你肯定还记得这天的气温情况:室外至少是10℃。走遍地球你也不可能找到在这种气候下穿裙子的生命。可我亲眼所见。我理所当然地感到惊讶甚至感到害怕。此时此刻我面对着的是个奇怪的精灵。我简直有点毛骨悚然了,我得抽身离开。但我恰恰是抵御不了那条黄裙子的诱惑。它刺激了我的细胞,让我切实感受到了世界的色温……

G

还是这个夜晚。

我散步回来父母已用过了晚餐。我在厨房随便吃了点。父亲在调配鸟食,嫌我碍手碍脚,我知趣地往一旁挪了挪。我知道这些天父亲心情很沉重。他的白鹦鹉自从进了这个家就一直不吃不喝。起先父亲以为是它认生的缘故便不当回事。但是现在它还是那样。"想绝食吗儿子?"父亲说,"我可不喜欢捣蛋的孩子。"那鸟又"大大"地叫起来,父亲就又乐了。我想父亲会在它身上下功夫的。他已和一家声望极高的出版社签订了合同,表示拿出一部关于培育鹦鹉的专著迎接首届全球书展。

饭后我必抽烟。父亲制好鸟食兴致勃勃地走到晾台上。我忽然也来了兴致便跟了过去。那白鸟的食欲大约被鸟食的芳香刺激起来,一下把脖子挺出,两眼活活地转并且张了一下嘴。父亲好兴奋,手抖抖地小心翼翼地把笼门打开,鸟食就这么塞进去了。

可是鸟不再乱动。

"它大概不饿吧。"我说。

"不饿?它口水都下来了!"父亲白了我一眼。

我父亲说的是事实。那白鸟的唾液的确从嫩黄的嘴角淌了下来。但它还是不吃。父亲就急躁了,伸手把鸟的头颅往食缸里按。于是白鸟猛一挥爪子把食缸打翻,尖叫道"大!"

父亲叹了口气,背着手离开了。又说"白费了一粒麝香!"

我也觉得好蹊跷。

我刚吸完一支香烟,电话铃响了。电话是个好东西,我也比较喜欢接它。我不以为谁会给我打电话,但是一听对方的声音就知道这个电话只能我接(谢天谢地)。

是K来的电话。

这让我吃惊让我疑惑也让我多多少少有点兴奋。我从来不给朋友留我家的电话号码,因为我的电话百分之百地被窃听。K怎么会知道拨这个号?她去过邮局询问台?去也没用。我家的电话因为我母亲地位的缘故太需要保密了,询问台本身就不清楚。时间不允许继续判断,K说:

"我想见你。"

"见我……"

"你必须让我见见。"

"在什么地方见?"

"老地方。"

我感到"老地方"措词不当。在这个城市我同 K 根本就没接触过哪里谈得上什么老地方呢? K 甚至是第一次到本城来。我得弄明白可是对方已把话筒撂了。

头痛的问题是目的地不明。然而后来的事实证明这个问题并不头痛。

出门时天落了小雨。我没有带伞。我不希望这个道具引起我父母的注意。他们大概不会想到这种天气我没带伞也可以出远门。我同 K 通电话的时候,父母在卧室里交谈着关于杜绝一股思潮的问题。我离开家也是若无其事的样子。往何处走?这个问题我不想也没法多考虑。

我就这么随便走着。

时间对我来说已不重要。我没统计我在路上花了多少时间,只觉得该停的时候不走就是了。现在我停下了。我不知为什么偏要在这儿停下。这里已是一片废墟。这个地方原是一座巨大的酒坊,很久以前被一群恐怖分子炸毁了。爆炸的那个晚上的情景我还依稀记得,其时天空布满了蓝色的光焰,全城弥漫着酒香,市民们一律给熏醉了。于是这座城市被命名为醉城。也有人称其为蓝色火焰之城或者蓝堡。

微雨均匀地洒在我脸上,但我不感到难受。因为我在等待。周围黑黝黝的,借着闪电的光亮我看到几根烧焦的电线杆像断肢一样指向天空。很远的地方似乎有人在扔空罐头盒子,金属的声音在风中拐了个弯。我又想起那只大狗。我注视四野并没发现两团磷火。我想抽烟了。当我划着火柴时我看见 K 正款款往这边走来。她穿了一件紫红色的风衣。红的光波很长,我从她的体态很快就判断好了。

我们隔着一段距离站着。我吸第五口烟时听见她说:

"还记得这地方么?"

我指间的香烟掉在地上。K 的话不能不叫我费解。这是什么意思呢?这口气似乎暗示着一个悲剧的开始或者结束。我忘了自己当时是怎么支应过去的。我接着把话题扯到别的方面。我说天气好糟什么都淋湿了。

"童话没有淋湿。"她接过话头说。

这句话的意思我不想多琢磨。但是说这句话的人最早不是她。我记得这是我弟弟的一句诗,白纸黑字,那个绿皮本现在就放在我口袋里。弟弟是否算最早这我也不能保证。我只能保证我说不出这种句子。

我们不可能就这么站着。这个地方待久了叫人很沮丧。"我们走走吧。"K说。于是我们从废墟里走出来,走上一条公路。我们并肩走着。K又说:"开始了吗?"我正打算回答,突然一辆大卡车几乎是从天而降迎面扑来险些把我们碾碎。雪亮的灯光直射我们眼睛说明这是一次警告、一次阴谋。我们抱着一起滚到路边的水沟里又抱着一起站起来。

这个晚上我还能说什么呢?

自然回来好迟。家里的灯还亮着,这现象无疑是反常的。我没有直接敲门,先用我的独眼对着锁孔向里看看。我看见我父母正凑在一起商量着什么,父亲还做了个把什么家伙宰掉的手势,母亲首肯。我不想再看下去了。于是敲门。开门的是父亲,他没说什么我也没说什么。我径直朝我的屋子走去。到了门口我才发现,门上的那块毛玻璃被透明玻璃替换了。床头开关也被移到门外。我索性不开灯合衣倒在床上。这时候听见母亲在向父亲吩咐:"明天给老孔送一瓶茅台吧。不能叫别人白干。"晾台上那只鸟又开始叫:

"大!大!大!"

H

想把屋子收拾一下。这屋子确实太乱了。从哪里入手合适这个问题至今没有解决。我想的更多的是把屋子布置一下。比如说这面墙上应该有个挂毯什么的。如果老亨利·摩尔送我一尊雕塑则更好。我会把它放在靠近窗台的墙角,让光线从45度角落到它身上,最大地呈现立体感。亨利·摩尔是凭着对泥巴的过瘾程度来进行雕塑的。我凭着对文字的过瘾程度来写小说。从这个意义上考察,我们一样伟大。区别在于他的东西值钱我的东西一文不值。我是说这些日子我没写下一个字。或者说写出的字都作废了。现在我左边和右边的稿纸已不存在。这个现实让我沮丧或者不沮丧。

眼下我得重砌炉灶。至少是为了 K 我必须这样。在我心目中 K 已不再是个普通的编辑。我讨好编辑的时代业已基本结束。我敢说是一去不复返。60 岁以后倘若我还活在世上还干这门营生无疑就是个编辑不敢登门的著名作家。那时在他们眼里我不过是条老狗。明智的做法是封笔跳出圈子去游山玩水。我不会再回头讨好他们。我不能两头讨好。所以说现在我得多写，趁走红的时候做生意，如今发财手段很多很巧妙。我知道此刻南方一个叫潘军的家伙正在搅尽脑汁打我的主意。他想赶在我前面拿出一部石破天惊的作品出尽风头。总之他蓄谋已久。我得尽快动手。

我不能让 K 失望。

这个时期家里比较安静。母亲出差了。每逢母亲出差父亲都要在脸上布置起夸张的遗憾。我头回见到他这副样子是相当感动的。我替母亲骄傲了很长时间。后来我发现母亲一走他的电话就特别多。他也常常往外拨。今天他拨电话是趁我上厕所的工夫。我不知道这个电话的内容。然后他开始搓手、刷牙，一下午洗了三次脸。刮过胡子的下巴青青亮亮。我知道父亲不是个简单的老头。

父亲心情很愉快，还因为那只白鸟业已不成为心病。那只鸟尽管绝食但毕竟还活着并且体重日益增加。它的个头明显大了一圈，脑袋和翅膀动不动就伸出笼棂。每天父亲要扫起一捧羽毛。他把这东西放得好好的，打算攒够了缝一个羽绒裤衩。

"不错，蛮不错。"他兴高采烈地说。

我重新坐在台子面前，看见抽屉全没合严。我知道父亲还在挂念 K 那封信。那天邮递员送信来父亲在一旁修指甲，也随便问了句："谁的信？""一个朋友。"我也随便答了句。我发现父亲的眼珠有了个短暂的停顿。后来的事实证明父亲这一微妙的表情是让人不安的。现在我很释然。我的创作欲已被激发起来，也就是说我可以正式开始了。这个开始意味着什么只有那个叫潘军的南方佬知道。

我写得很顺手。整个一下午我都在写作。不久黄昏来临，我便搁笔了。这时分我要去那个小林子会会朋友。我走上后门的台阶时以前那个穿制服的男人又咳嗽一声,接着他仿佛自言自语又仿佛是说给我听:"昨夜里林子里冻死了个小丫头。"我简直如遭雷击,两条小腿顿时就麻木了。我相信这不是假的。我懊悔万分,我应该提醒她甚至强迫她立即去买一件羽绒服!迟了,一切都迟了!我记得当时自己眼前一片黑暗,以后是自己的身体像麻袋包一样跌倒,顺着台阶滚到一个软软的坑里。我醒来才知道这个软坑原来是自己的床铺。(我想我可能是被那个男人扛回家的,我隐约记得自己的腰部曾被一个坚硬冰冷的东西抵过。那个男人是怎么知道我家的?)

我就这么躺在床上,父亲的脸不时在门玻璃上出现一下,每次都转动着眼珠。我看不见他的嘴是怎样动作的。此刻窗外面有几把铁锹在叩击地皮,一个老人的嗓门断断续续地重复着一个词:埋。我不知道他们在埋什么。

从前那座山上有很好的树木后来被砍了于是山的颜色就变了我滚下来没有任何东西能挡住所以摔得好惨血是从我心脏里迸出的谁也不来给我揩那个年代血色是流行色那条公牛自负地骑到我身上用湿淋淋的生殖器抽我的身体然后瞄着我的眼睛撒了泡长尿从此我成了独眼……

一觉醒来听见外面的风风雨雨。雨水滴到窗头塑料凉棚的声音极像一只狗老在掘墓。这声音出现在夜半是那样的恐怖以致我把脑袋塞到枕头下面。不一会儿我又听到哗啦啦的水响,这是从我家卫生间传出的。我就很疑惑,父亲从来就睡得早,也不可能在这个时间洗擦身子。这个大屋顶下目前就我们父子,不可能有第三者。我想着想着小腹便酸胀得厉害。我得去小解。但是走到卫生间门口我又犹豫了。我很不习惯看见亲人的裸体。这使双方都尴尬。我想我还是到晾台上趁淅沥的雨声把这泡尿放掉的好。可这个时候卫生间里却出现了奇怪的声音……

我站在晾台上撒尿时惊动了那只白鸟。我感到它的目光很热烈。"冷吗伙计?"我伸手摸摸它的身体。它的体温给了我莫大的慰藉。它不冷。我想起我的另一个朋友不禁辛酸至极。我的朋友是活活被冻死的,在昨天的半夜……

黑暗中我划着火柴点燃香烟。我深吸了一口又缓缓吐出来。我听见那白鸟拍打翅膀的响声。我又划着火柴去看它的脸孔。我发现它的唾液又顺着鹅黄的嘴角往下淌。它……莫非是想抽烟?你肯定会认为我的想法荒诞不经,但是你可知道当我把香烟塞进它嘴里的时候它不仅贪婪地吸起来而且鼻孔不断冒烟!我和你一样感到惊奇也一样感到不安。我用头颅担保这一切都是真的。这无疑是世界上唯一爱好香烟的珍禽!我似乎明白了什么……

从这天起,我每天要瞒着家里人给它几支香烟。

I

×月×日

老B是黎明前悄悄启程的。我很诧异。这个决定是单方面作出的,我不能没有想法,老B搂着我的肩膀说:"我先走一步。我比你年长几天。"接着老B压低嗓门说:"第一条路已经无法走通了……""为什么?"我问。"有人告密了!"老B说,"所以我必须当机立断去走第二条路。"我知道第二条路是怎样的路。但无论如何我得跟上。我相信我会追上老B的。我坚信我们的"雨季行动"一定会获得成功!

老B留下了一把钥匙,不再说什么了。我们穿过城市的腹部时看见城墙角下一个灰色的恐怖在蠕动。但是天亮了,朝霞泼满了天际。

老B终于上路了,背影被太阳写在天幕上,像一片云。老B的决断是正确的,因为太阳后面正聚集着一场大雨……

×月×日

老B留下的钥匙已无法打开那个白房子。我这才发现自己被老B涮了。好一个老B!

这把钥匙宣告了一个结束也宣告了一个开始。

我把钥匙揣在怀里。

我从老B那儿出来街上竟空无一人。太阳孤独地停在我头顶上。这个时刻人们正在家里忙着检查雨具。喧嚣与骚动暂时平息了,我的心绪已不再紊乱。我大步流星地走着,口哨声在城市的上空荡漾。突然从广告牌背后闪出一个脑袋缩在衣领里的男人，我无法看清他的面孔。

"借个火。"

"我不会吸烟。"

"但你身上有火。"

这家伙怎么断定我身上有火呢？我不再理睬他，从他身旁擦过去。这一刹那我看见他的右手慢慢放到后腰上。我没有停住脚步。

×月×日

这季节湿漉漉的街上流行咖啡色
咖啡是好东西因为标价很高
来一杯吧十块钱不用找零
然后把领带放到毛衣外面
讨论的问题是
餐叉是左手执还是捏在右手
三明治是面包还是饮料
贫血的季节咖啡很畅销
咖啡是女人的唇膏男人的酒
一律要淡淡的否则用后要漱口
于是有一天黄昏
路灯挑起一串咖啡色的虚伪

这诗蛮不错是么？我觉得诗与小说的界限是：诗把真的说成假的而小说则把假的说成真的。诗与小说正好组合成一个世界。换句话说，是一个世界的两种说法。

我这部小说是第三种关于世界的说法。我自觉这种说法相当高明。这部小说让人刮目相看是无疑的。但我也预感到会引起许多麻烦。最让我不踏实的是那个潘军像恶魔一样缠着我。他无孔不入。他振振有词并且不断出示证据，说明这部作品至少要平分秋色。我不知道究竟是他利用了我还是我利用了他。或者互相利用。我没法说清。

我现在应该排除杂念把这部叫做《省略》的小说写出来。我喜欢这个题目。我弟弟对此不以为然，他说应该叫《蓝色火焰之城》。他是诗人所以这也自然是诗的标题。那是关于世界的另一种说法，我已经阐释过了。我手头这部作品正在拼命进行中。我直言相告过我是为了 K 才这么拼命干的。我和 K 的故事并没有完。

那个晚上我们在废墟旁分手就没有再见面了。从大卡车驶过到我回到家里有一个不小的时间跨度。这之间我们怎么的怎么的我现在已经忘记了。(我记性不好!)你可以凭借你的想象去填补那个遗憾。至于我和 K 的关系你认为该怎样就怎样，无非是以下几种的组合：

1. 我们才结识或者相见恨晚但性质仍然是同志；
2. 我们是过去的恋人；
3. 我们现在还是夫妻不过因为什么分居两地了；
4. 我没准儿就是个不太体面的第三者；
5. ……
6. ……

还可能有许多的组合。组合即关系。关系构成复杂。但是一个悬而未决的问题摆在你面前：我的性别。我算男人还是算女人或者是不男不女的人?!我是儿子但我未必是雄性的……

那畜牲龇牙咧嘴地立在我身上踏着我的腹腔踏碎了我的睾丸我痛得大汗淋漓它却狂笑接着用巨大的生殖器抽打我的身体我看见我的睾丸被挥到空中飞到了一只秃鹫的嘴里我再也不算什么了我没有性别性欲被剥夺了我只是一堆肉像破沙发一样堆积在潮湿的墙角上长年累月累月长年那一年世界烧掉了一角天地血涌如潮连太阳也变得毛糙……

J

大约一周后，我母亲出差回来了。这趟差很辛苦，她脸上显出了一点疲倦。后来我才知道这是替我操心的缘故。母亲这趟差是为我出的。

我进卫生间刷牙。我干这事不爱看镜子因为我怕窥出自己的虚伪。这时我听见母亲又在同父亲说起那位惹人景仰的卞大夫。

"不是说好了吗？"

"情况有了变化……"

"一时来不了……怎么办?"

"说先把处方寄来。"

"这安全吗?"

"我看没什么……"

"万一……"

下面的声音越发弱了我没听清。我觉得暂时不出去要好些。我干脆把门插上做一次小解。但是外面阳光灿烂,我不习惯在这种情况下脱裤子。

这个晚上我怎么也睡不踏实。下半夜我悄悄起来给那只白鸟送香烟。我回到自己屋子要经过母亲的门前,她屋里的灯便于这时亮了。我心里大响几下,以为我的行为已在她的意料之中。我没动。一只耗子从母亲卧室里溜出,又从我脚背上滚过。狭窄的灯光从我脚前三公分的地方劈下,我不敢越过去。母亲的背影很动人,我从她的腰部往上看,我惊恐万分——母亲的头发像枯草一样全部指向天花板接着她从床底下搬出了我家祖传的宣德炉,弯腰把头发放进去。我听到了液体搅动的声音。几分钟后她的头发逐渐由黄变黑并且油亮并且柔软无比。但是我害怕她会转过面来。上帝保佑她还是给了我一个背影。她染完发静坐了许久,然后勒起辫子,又坐了许久,最后还原成以往熟悉的样子。我便趁这机会跨过了她的房门。刚才那只耗子又溜进了母亲的卧室,竟衔了一副水淋淋的假牙!

那耗子原来是她豢养的!

第二天我从梦中被母亲唤醒。她要我陪她上街逛逛。我惊奇的是她的发际线竟是那样的自然。我不理解母亲为什么要突然把我带出去。

我们一前一后地走着。我低着头但还能够从眉毛底下看见所有的人在替我们让路。十字路口红灯一闪就结束了。接着我发现自己身上落满了抱怨和妒嫉的目光以及口水。她究竟要把我带到哪里去?去找卞大夫吗?!我想象中的卞大夫是位须髯飞舞的仙人,号脉的手指像一把钳子。我觉得自己可能遭到了暗算,昨天夜里那只耗子分明就是出来侦察的……

我不能再跟着母亲走了! 于是我趁母亲弯腰系鞋带的机会闪进了一

条小巷。这里没有阳光，是利于隐蔽的。我没有马上就往小巷深处跑。小巷铺满了青石板，如果跑起来脚步肯定很响。我贴墙侧立，注视着大道上昂首阔步的母亲。我看到在一幅推销机器人的广告牌下立着一个男人。他身穿米黄色的风衣，黑色的礼帽下檐压得很低。他的眼睛深藏在阴影里我难以辨清内容。这个男人对我母亲抬了一下小臂于是她就近了过去。他很快递给她一只小红包然后咧开了嘴，粉红色的牙床连同两排崎岖的黄牙全部暴露出来。我从母亲不停耸动的两肩断定她很愉快。他们没有说话，只握手，握了很久。

这个男人我不认识。但我的直觉告诉我这个男人绝不是卞大夫。从那天父母的谈话中我了解到卞大夫大概不住在这个蓝色火焰之城。

卞大夫是谁？！

黄昏又降临了。黄昏现在对于我已毫无价值。我从冰冷的大街上穿过。怀念着我的小朋友。她的死我有不可推卸的责任。我还活着，坐在我的台子面前来炮制小说。我边上的稿纸一天天地厚起来给了我不小的安慰。我以此证明自己的开始。

家里很平静这出乎我意料之外。母亲在我进门之前已坐在安乐椅上翻阅当天的晚报，没有对我表示一点什么。我于是怀疑起白天的情景是否真的出现过。那个穿风衣戴礼帽的男人究竟是客观存在还是主观存在，我无法解释清楚。我甚至不相信黄昏和黎明有什么区别有什么界限。眼下这部叫做《省略》的小说著作权是属于我还是属于那个潘军？一言难尽。但并不重要。

我承认这个愉快是K带来的。这么久了K没有来信也没有来电话。我不能不感到寂寞。我毕竟是个生命，无论这生命是有限的或者无限的。

然而否定白天的现实将是困难的。我现在已经发觉我的门锁和抽屉锁全都更换了。这串钥匙挂在我腰上不过是安全的装饰或者标签。这无疑是我父亲干的。是我的父母合伙干的。一个将我引开另一个趁机下手。他们还想干什么？我仔细检查了我台子上的手稿，它们完好无损，这叫我欣慰叫我庆幸。我知道我的手稿之所以逃脱厄运应归功于关于世界的第三种说法。我的作品已接近尾声。我会亲自把它交到K手上。于是世界以寓言的血液流动起来。

K

　　这一节本应该谈谈 K 的。为了避免这样或那样的可能性包括故事本身的可能性我暂时把 K 搁到一边。现在不谈。你只需记住关于我和 K 的故事没有完就够了。其实我自信过了头，我应该想到这个故事的可能性是难以避免的。

　　我把故事引向尾声的时候城市已经睡熟。我站起来活动了几下肢体，用一只手做眼保健操。我想今天的工作可以结束了，于是就打算进卫生间收拾一下。电话在这时候响了，声音比白天脆一些也大一些。我感觉到这个电话是我的。我们都认为来电话的是 K 结果我们都好失望。不是 K 是 A。凉棚上的雨声提醒我应该注视这个不眠之夜。

　　"我向你告别。"

　　"能送送吗？"

　　"不必了。我不希望我的前程成为你的末路。再说，你找不到我……"

　　"你们到底要去哪？！"

　　请原谅我的读者我的朋友，我不能把什么都抖出来。我只能说在那个著名的地震中心老 B 在等着老 A，然后他们一同穿过同样著名的原始森林跨过世界上首屈一指的火山口然后……我不能再说了。那个拦路向老 A 要火的男人此刻就混在你们中间，他会干什么？！

　　我也不能在电话里同老 A 多说了因为隔墙有耳。我沉重地放下话筒就听见母亲的房门微响了一下，我马上贴在阴影里屏住呼吸。那只耗子迅速溜出来又迅速跳到电话机上嗅着，接着打了个哈欠。我的心这才舒开了些。这小杂种玩忽职守使我有了几分陶醉。我瞪大独眼注视着它。我怀疑这小杂种偷酒喝了，你看它又开始打哈欠了，不多会儿竟盘在电话机上睡熟了鼾声此起彼伏。我的手心汗淋淋的，一个杀机业已酝酿成熟。我抄起花盆架上的半把剪刀，在背后用拇指试了锋芒。只一下，这小杂种就一命呜呼，我想好了于是就悄悄移动脚步……

　　"砰！"

　　客厅里灯亮了。几分钟后我的父母穿着睡衣睡裤分别从各自的卧室里走出来。他们并不睡眼惺忪这意味着什么大家都有数。我发现他们交换了一下眼色然后同时划开双臂打了个哈欠。我瞅了一眼电话机，红色的体积刻了一道白痕，那小杂种早不知溜到何处去了！半把剪刀捏在我手里铁锈像粉末一样往下沙沙地落。我一声不吭。

"这么晚了，不必给花儿松土……睡吧。"母亲这么说，回到卧室去了。

我父亲则进了卫生间，把自来水放了一会儿，表示他是起来小便的。客厅里又只剩下了我。

那天晚上我忍着腹痛摸进牛棚昏暗的月亮在我腰间别着的山斧锋刃上晃动风告诉我这是个复仇的夜晚我浑身的残力全部集中到右手五指上那老畜牲脑袋插在前肢间鼾声如雷颈骨弯成一把满弓我大喝一声手起斧落全身的骨骼都被震松了一股比喷泉还要剧烈的黏糊糊的咸液射到我脸上手上身上我终于看见那老畜牲的头颅拽着血筋像一块石头似的滚了下来我大喊大叫独眼沁满了泪水天地便哐当一声于此刻白了白得像一场雪但是我又听到了一声吼叫顿时就瘫倒在荒草上我看见从那口血肉模糊的颈洞里又冒出一个牛头双目眯眯红口白牙犄角高扬威风凛凛接着一个混沌的喷嚏把我冲下山坡苍穹上那只秃鹫把我的睾丸咽进了喉管……

"大！大大！"

白鸟的叫声割裂了时间。我点好两支香烟去了晾台。我吸一口它也吸一口。我们只能这样的交流。我不知道自己还能替它做点什么，它的目光流露出它并不满足于几支香烟，这叫我忧心如焚。我只能写几块轰而不动的文章。我的可悲从我降生的那刻起我就意识到了。

我们就这么相视良久一语不发。天边已经显出乳白色，一会儿我的父母就起床了，我们得分手。这时分空气很好，我得出去走走。我走不出这个庞大的院落，冷兵器像树一样竖立着，刺破青天锷未残。两只行将就木的灯笼挑在飞檐上，布下一片猩红色的光晕。我明白有人在跟着我，我不打算回去。那座高大的伞形水塔庄严地挺立在大院中央，像一朵美丽的蘑菇云，让我无数次激动得冷汗淋淋。现在，城市拥在我的周围起劲地讲着梦呓。大街上，一位跛足的行吟诗人正在昏黄的烛光下拨弄着吉他，旋律像一串流萤曲折地划过宇宙的腹部。我聆听着。这是位了不起的诗人。他的诗他的歌改变了时间的节奏充实了空间的内容，使城市的边缘毛糙起来……

我聆听着……

L

第二天发生了一件不寻常的事。

我在卫生间便纸篓里见到了一只大号避孕套。小袋里盛满黄黄稠稠的精液打了死结。我起先觉得奇怪，因为我的父母早已分床睡了。后来我联想到这些日子的所见所闻便不以为奇了。我不敢断定它是谁的作品。这个存在诱惑我想了很多外面的人。但这桩事是在我家里发生的已无须再作旁证。从精液的成色看，这桩事发生在昨天晚上或者今天凌晨。

我开始观察他们的神色举止。看样子是星期日，他们用过早餐就动手打扫卫生。迎门的墙上有一个壁挂，是黑陶的，造型手法又古典又现代。以前我一直没看清它的内容，现在灰尘拂去了，我觉得表现的似乎是一对情侣的吻别，男性的舌头放在女性的唇里。我记得这个壁挂吸引过不少人前来观赏，那时我还是个孩子，大家赞不绝口，然后一律并住双膝弯一弯腰，像小便胀了似的。这的确是件了不起的工艺品，它的感染力持续到现在，我承认被打动了，不过我没弯腰并膝。

不一会儿，我父母双双进来了。我一下感到惊慌失措，右胳膊肘险些碰翻了台子上的墨水。我不知道他们来干什么，他们的手全放在深深的裤袋里并且萌动着突然抽出的欲望。他们是来同我谈话的，口气平缓态度和蔼。但是我半点不能放松。他们讲的这东西就是我发现的那东西。"希望这东西不要再在我们家里出现，这也是为你好。"这是什么意思？天哪！我不敢分辩，他们暗示着已经掌握了我的全部材料。我低着头。

临出门时母亲又拭了一下我的额头，竟像碰了烙铁似的一缩。她和父亲交换了眼色，然后果决地点点头。

我悄悄把体温表塞到腋下。几分钟后取出，水银柱停在36℃格上。

当天傍晚一位陌生人进了我家。他说是来找我的，因为K托他捎一瓶雀巢咖啡给我。既然是K的朋友我理当把他看做我的同仁。我打算请他下馆子，但被婉言谢绝。陌生人说他还要赶八点的火车往北边去。我还想同他说几句，但这时楼梯上响起了母亲铿锵有力的皮鞋声。我们就这么仓促分手了。

母亲进门后一语不发从我面前走过，这让我如释重负。

我现在喝的就是K送来的咖啡。我喝第一口时听见晾台上那只白鸟不断地鼓动翅膀，洁白的羽毛像雪花一样飘舞，于是鸟先生又猫下了腰。我想肯定是这咖啡的芳香刺激了它的胃液。亲爱的现在可不行，等到半夜吧，我会完完全全地满足你。我掩上房门慢条斯理地喝着，使劲挤压双唇。说实话我馋了，一连喝了三杯。咖啡渗在我血液里滚动，我自觉今夜创作状态良好，于是一气呵成结束了小说的全部。我很得意因为我已经把那个号称潘军的南蛮子抛得老远，此刻他还在挑灯夜战而我已步入梦的门槛……

我就这样睡了十年。

我醒来的时候天已经大白。我第一眼就发现门玻璃上有两头挤扁的鼻子和四只弯弯的眼。接着我听见一男一女的哈哈大笑，再接着是碰杯的声音。

我立刻坐直。接着我习惯地用手摸摸下巴，感到扎骨的光滑和冰凉。胡子没有了！我记得昨天晚上并没有刮胡子。即使刮了到现在下巴也应该像一把圆锉才对。我左右瞟瞟，很快发现转动脑袋已相当费事同时听到嘎嘎的金属声音。我又用弓紧的指关节敲敲额头，结果敲出"当"的一响。一片如镍屑般的东西飘下来在阳光下贼亮。我用力挪动身子，拿过台子上的小圆镜进行自我观察——

被敲掉的皮肤里显露出一块青铜！

我明白了！

那陌生人绝不是K的朋友！那瓶里装的也绝不是什么咖啡！在我肠胃和血液里翻滚的是药！是中药！是按卞大夫的方子配制的中药！

谁是卞大夫？！

是那个陌生人么？还是那个穿风衣戴礼帽的男人？也许是拦路向老A要火的家伙，或者是那个雨夜企图轧死我和K的坏种！不，不对……

卞大夫不在这个城市甚至不在这个星球然而却光顾过（自然是秘密的）我的家同我这个家发生着千丝万缕的联系。不，不对……卞大夫是不公开露面的抑或不可能露面抑或天天露面与我摩肩而过你却无法觉察……

摆在面前的事实是我喝下了卞大夫的药。我竟是那么愉快那么贪婪那么心安理得地喝了。我喝了一杯又一杯。

昨天夜里我喝了卞大夫的药。

……

这个符号表示一个漫长的停顿。屋内的光线逐渐蓝了，我看到一只巨大的蝙蝠正撑开波浪一样的黑翅在空中飞舞割断了黄昏的手臂。大街上人们抱着脑袋在向旷野里逃窜，噪音像蝗虫一样追逐着他们。疲惫不堪的思维如砸瘪的罐头盒子堆在城市发黏的裤裆下面，吸引了一群绿头苍蝇。不久路灯开始撒娇，羞羞答答地传递着一个肉麻的耳语。等蓝色大面积燃烧起来后，人行道上响起了一阵阵的铁锹声。那个集团又开始行动了，酒后的表情像射精前的表情庄重无比严肃无比。他们用尖尖的指甲从牙缝里剔出一条条骨髓，然后彼此用手势比比划划。那意思分明是在研究如何把太阳种进一口深深的墓井……

我听到一个熟悉的声音。

我现在敢断定那声音是谁发出的。

M

该写的差不多都写了。我指的是我的小说。在画上最后的句号之前我就把笔尖送入了笔帽。关于这部小说的创作心得我将另墨提及。我完稿后的习惯是先放一阵子，再回头看看品位如何。就是这回我破例了。我知道来自远方的期待正站在我的对面。我不能让K再等了。

我的手稿始终是按原来的位置放的这我已经同你讲了。我的意思是我父母从未碰过它们。可是几粒耗子的大便停在上面让我神经过敏。于是我准备对手稿做一次粗略的检查同时更正难以避免的错别字。我就沉稳地坐下来，从第一页翻起。这时一个万分惊讶的事实开始暴露：没有第一页。换句话说第一页是张白纸。有一分钟我怀疑可能是自己粗心把第一页弄丢了。我便不多想，翻到下一页——也是白纸？这下我坐不住了，一口气把手稿全部掀完——全是白纸！！！

震惊过后是无限的疑惑。难道我至今没有开始？不，我清楚地记得很久以前我就开始了。我证据在握，你也是我的证人或者叫目击者。我的开始意味着什么？！这中间必定隐藏着一个陷阱！很长时间以后我才发现自己确实太嫩太天真。这是个连墨水也结冰的季节为什么偏偏我笔管里的墨水能款款流动呢？很显然，我笔管里装的不是墨水而是另外一种化学液。我知道海外早发明了一种褪色书写液，正被广泛地利用着。一些皇帝或者总统用这东西给臣民公民们开数目大得惊人的支票。一些政治家用这东西书写激动人心的施政纲领。一些间谍机构用这东西下达绝密命令。一些警察总部用这东西签署谋杀计划。一些投机商用这东西说明固定资产。一些暴发户用这东西订立开发合同。一些男人或女人用这东西给广大的异性撰写情书。一些老人用这东西给孩子们描绘金苹果而孩子也用这东西给老人们描绘尊严。一些……

我用这东西写了小说！我完全明白这个勾当是谁的所为。从我会写第一个字——人——开始起这个阴谋的轮廓就随之出现了。一切系命中注定，我的思维活动完全被时间排斥在概念之外，其中经历了一个浪漫而残酷的过程……

最最让我痛苦的是我已无颜见 K 了！她苦苦期待的竟是失望……孤寂严严实实地裹在我的躯体上，我冷。更叫我不寒而栗的还是后来。

经过反反复复的思考，我决定还是把这桩事的原委对 K 和盘托出。无论她知道后会发生什么剧烈的意外我也得原原本本地交代清楚。于是我给她挂了长途，尽管我的记忆力日趋不佳但她的电话号码我还记得。我用的是半自动直拨，一分钟后电话接通，传来一个柔美的女声险些让我热泪盈眶。我稳住气。

"K 呢？"

"我姓王。"

"我要找 K。"

"谁是 K？"

"你们编辑部的。"

"我们这儿从来就没有什么 K 不 K 的！"

对方果断地把电话挂了。我颇感诧异。我仔细回忆了我和 K 相处的全部细节，百思不得其解。我不死心，再次按 K 的电话号码拨动 173，一分钟后又接通了。结果除那个女人把我臭骂一通外和第一次重复。万般无奈，我星夜赶到合肥，在红星路一号 53 幢 108 室门口我揿动了门铃，立即传来短暂的《致艾丽丝》的电子音乐旋律。这声音在夜间好响好亮，我心虚了一下，门便在这会儿开了，一位还算年轻还算标致的男人用矜持的目光询问我。我不紧张因为这个男人的面貌以及身材我觉得很熟悉。我接着发现他的眼也亮了一下，说明我之于他也不陌生。

"找谁？"

"潘军。"

"我就是。请进。"

我就随这个叫潘军的人物进了屋。这屋子很宽敞不过朝向极差没有一间朝南面的房子。好在北面的环境我早已习惯因此一落座我便自动去拿大理石茶几上的香烟（我敢打赌这茶几是一个姓杨的朋友送他的结婚贺礼）。我及时嗅出客厅里残存着的酒气，不是白酒也不是啤酒而是白葡萄酒。他大概看出我脸上的问题，便说："今天是我 30 岁生日……"

（这不错。他生于 1957 年 11 月 28 日，出生地是安徽省怀宁县……）我想单刀直入把 K 的问题抛出来，关于他的生辰八字我没有半点兴趣。

"刚才请几位朋友来聚聚。你没口福，迟了一步。"他说。

"我不是来喝酒的，"我说，"请你告诉我 K 的下落？"我知道自己的口气很硬但我更知道潘军是个吃软不吃硬的家伙。他表情无动于衷，连续不断地吸烟只表明着他此刻在考虑如何瓜分甚至侵吞我的成果。

"K 究竟是……"我把音调降了八度问道。

他双手环抱踱起步子，竭力做出所谓的作家派头，然后脱口一句："K 是虚构。"

他又说我弟弟老 A 是虚构。

他进一步指出连我也是他妈的虚构！

我一下蹦起来以致把他的老婆孩子全弄醒了。

"你火什么？"他终于教训我了，"你只配扮演一个似是而非的独眼龙！"

说完他吐了一口漫长的烟雾。

N

我气急败坏地回到家里天边已出现了浅浅的红晕。我不信自己的生命就这么被潘军的一句话给结果了。我充满活力这一点有时间做出证明。旁证这一铁的事实的是我亲爱的读者。包括你。但是这个早晨仍然发生了一件悲惨的事——

它死了！那只白鸟死了！它的躯体变得冰凉像一个标本优美地塑在笼子里。它的眼还睁着。我是从它不能抽烟的细节发现这个悲剧的。冰凉彻骨的体温表明这个悲剧至少是从昨夜开始的。我不得不检索业已作古的时间轨迹。昨天傍晚那个自称是 K 的朋友的家伙一进门就引起了白鸟的注意。当时它把脑袋猛地伸出了笼棂眼神好紧张。我以为是它认生的缘故便没认真。后来我准备喝"咖啡"的时候又听见它用翅膀拼命制造惊人效果，而我只不过象征性地瞥了它一眼，黑暗中飞满了洁白的羽毛。我那会子完全被"咖啡"的芳香所诱惑……

我的行为说明我已彻底背叛了朋友！我这可怜的朋友是在完全绝望的情况下窒息而死的，在一个寒夜……这可能是一个死因。

它也许是那家伙害死的！为什么它一见到他就惊恐不已？而他在离开我的屋子后是否又摸上了晾台？我听见大门砰地关上是几分钟以后的事。几分钟完全可以成为作案时间，他们肯定认识！白鸟到这个笼子之前肯定被别的笼子关过。白鸟难道不是从那家伙手里逃走的吗？从这个意义上看，那家伙实质是奔着白鸟来的，看我不过是虚晃一枪，转移视线……那家伙肯定是个训练有素经验丰富的职业杀手！他们到底结下了怎样的仇恨？

我端详着白鸟的姿态。它很像一个立于囚车中壮歌而行的死囚。我慢慢把笼子打开——我怎么早不这样做呢？！我的朋友天天在嘶着嗓子哀号一个永远被误解的单词——这是它唯一也是全部的语言！

隔墙响起了拖泥带水的脚步声。鸟先生起床了。如果他知道这幕惨剧下一步会怎么样无须我多言。我眼前已经现出他的一副醉态，他必定要就着它的尸体下酒！于是我抱着它钻进小屋，用白衬衫将它裹住，放进挎包。我知道该把它葬向何处。为了不露出蛛丝马迹,我像平时那样起床后第一桩事是进卫生间解手。门虚掩着,鸟先生已在里面工作,奶油色的屁股大半对着我的独眼。我不禁一阵剧烈痉挛——从那粉红色起着皱褶的肛门里钻出的竟是一根镀镍的拉杆天线!

我得马上逃走!刻不容缓!趁城市尚未苏醒之际离开还来得及。我没有什么好收拾的,带着白鸟的尸体悄悄行动。出门时我被一个软塌塌的东西险些绊倒:原来是只假乳!因此我联系到染发和假牙,由此我知道这个屋顶下那个装配起来的女人不是我母亲!鸟先生不是我父亲!这个家也不是我的家!一切全是谎言!

我就这样胆战心惊地迈出了第一步。

朋友,在这个永生难忘的早晨,我终于逃出了蓝色火焰之城。我疾步如飞,一口气涉过五条大河。那只大狗已完全被我甩脱!

我终于来到了这座无名大山的顶点。我要在这里埋葬我的朋友。我用带血的十指刨了一眼洞穴,把白鸟捧在怀里再看最后一眼。我的独眼淌下了一串热泪。令我惊讶的是它的一只眼下面也凝结着一串冰泪!

0

"0"可以理解成一个放大的句号。至此。我的小说应该结束了。然而故事本身并没有完,也可能刚刚开始。我不是故意多划几个汉字来多索几枚硬币。我今天毕竟是30岁的人了。我把这部小说拉到今夜结束并非表示对30诞辰的纪念。不过是一次美好的巧合。刚才几位朋友赏脸来叙了好久,对我的创作说了不少鼓舞的言辞。这让我很窘很难堪。我说我是个蛮不错的作家看来可能是个小小的谎言。事实是我从未引起过热闹。

朋友们离开寒舍夜已很深了。我说寒舍不是谦词因为前一个晚上合肥落下了初雪其中夹着豆大的冰雹。我的屋子冷是可想而知的。我有了一点睡意,就上床了。我老婆带我女儿睡在里屋。我大概是子夜光景睡着的,醒来是翌日凌晨两点零四分。习惯地认为这个时间仍是昨夜的延伸。我是被女儿的啼哭吵醒的。一岁零四个月的孩子尿床不构成壮举。

但我既然醒了就不能假寐。我不算好儿子好丈夫但应该算好父亲。我的意思是说我起来为了给孩子换行头。她的被子无疑是尿潮了，我必然要把自己的被子给她。我便不想睡也不可能睡了，就漱口洗脸接下去是关门吸烟。这个架式自然意味着要构思点什么写点什么。

我觉得刚才短暂的睡眠陷得很深仿佛横跨了几个世纪。横跨是说往前往后两种情况都有。其中有意思的东西很多很多。我常常在梦境里访问别人同时也接受别人的访问，这便天然构成了我作为作家的前提。

我于是胡涂乱抹到早晨七点一刻。窗帘呈橘色表明这天的背景是暖调子。早晨散步对于我这号人特别难得，我就决定出去走走。出门前我仔细检查了女儿的摇篮，她没有蹬被子睡得很香。为了不惊动她我用钥匙将门锁空旋一圈再反旋回去。

我的门牌号码是：红星路一号53幢108室。

为了避免著作权的纠纷我重申《省略》的作者是我。

写于30岁生日之夜　合肥
（原载《作家》1989年第10期）

南方的情绪

一

我搁笔已久。没有写东西的一个原因是气候极端反常。现在我所处的城市每日平均气温38℃，24小时汪在汗里。专家们早就指出：由于太阳黑子……由于太平洋副高压……所以地球出现了温室效应所以天热。我不相信这些高谈阔论。我觉得问题的核心是太阳的堕落。这观点很朴素，因为我观察太阳已经整整30年。它的堕落是我意料之中的事，一丝不挂也不再能证明它的坦荡与赤诚了。

为了摆脱太阳的纠缠，我决定去一个没有太阳的地方做一次微带冒险色彩的旅行。我蓄谋已久，也深知实施这一计划的难度。但这个计划仿佛一种宗教，放弃是不可能的。

眼下，我要到南方去。具体地说是去一个叫做蓝堡的地方。有位号称老板的人在那里等我。我推测那家伙是个胖子，五短身材但非常有钱。昨天夜里有一个女人把电话打到我家里。

您不是想得到一个避暑的机会么？

起初我以为是哪位朋友的恶作剧，但马上就觉得不对劲：我从未向任何人透露过我的电话号码，因为电话总被窃听。

你是哪位？

我奉我们老板之命邀请先生来蓝堡做客，希望您明天就动身。您不会让我们失望吧？

电话到此断了。不像是故意挂断而是常见的那种莫名其妙的中断。这桩事没有让我像接到一个绑票通知那样焦灼然而毕竟要引发我的思考。

有人已注意我很久。可能是利用我抑或诱捕而后谋杀我。报警是必要的但毫无理由。我的名义是去做客。我开始检查每一间屋子，发现有生命和无生命的都安然无恙。这多少让我轻松了一点。我坐到沙发上抽起香烟，回味那个女人甜美的声音。我想这或许是件很好很实惠的事，有人花钱供我享受这至少说明我还有点名气。最让我愉快的是可以把这次行动纳入我那个理想计划，以此为起点应该说是最恰当不过。于是我坐到案前，准备写一篇叫做《南方的情绪》的小说。其实一个悲剧在这之前就拉开了序幕。

二

现在我来到火车站办理购票手续。我要争取软卧。我向朋友的父亲借了高级记者的证件。自从那年秋天发生软卧车厢谋财害命案后，软卧票受到了绝对控制，以维护软席的尊严和安全感。其实问题并没有解决。凶手可能就属于拥有软席权的人。

我先去了客运计划室。一个过早谢顶的男人毫无表情地告诉我近三天内的软席票均已售完。我悻悻告退，暗暗为浪费一支万宝路后悔。车站历来是个杂乱无章人声鼎沸小偷驰骋的地方，我没有兴趣久待。太阳此刻已经拔高，所有的人晃动着半个脸打着各自的算盘。我走到斑马线一端，等一辆猩红色的大货车过去。一个穿T恤衫的青年款款朝我走来，他的右手插在牛仔裤口袋里，似乎想掏出什么。此人我并不认识但直觉提醒我这个青年可能与我有关系。于是我对他微笑了一下。他的嘴角也牵动了：买票？我说是的。我说我急需一张去蓝堡的车票，当然最好是卧铺。我没有乘软席的奢望。去蓝堡？那人又笑了笑，露出粉红色的牙床。他把左拳松开，果然就有一张今晚去蓝堡的票并且是软席。我大喜过望，立刻点钱。我故意放慢点钱的速度，借机观察了车票的标记和公戳。不是伪造的。点清票款，我们握了握手。他的手很黏，像是刚摆弄过什么带黄油的机械。我说谢谢。他没说什么，骑上斑马线那端的一辆黑摩托走了。我再次检查了票面，找不出任何不信任的地方，就小心地放到上衣口袋里。列车18点10分从本站发出，也就是说今天的黄昏我将暂时从这个城市消失。城里最近一个时期正闹鼠疫，丧生的基本上是青年和儿童。这与气候对老年的惩罚构成了死亡的平衡。

　　去蓝堡？这么说我们可以聊上一阵子。你大概是个作家。
　　我很吃惊，不明白她怎么知道我的职业。我总不至于浅薄到向一个在火车上见面不过三分钟的陌生女子抖落家底的地步吧。我们的关系充其量不过是坐进了一个包厢。她是下铺我也是，这就十分容易面对面接触。她刚才一摘下草帽我就记住了她的相貌。她属于那种忧郁的美。这种女人有着喜怒无常的天性，善于怀疑和乱发感叹。这种女人不容易到手。不过我觉得遇到这样的旅伴切切不可轻易放过，得设法同她聊聊，等她安顿好了坐定下来再找一个理由比如借水果刀什么的同她搭话。可是她先开了口。她很随便地说了那句话然后把垂到胸前的软软乌发送到肩后然后平淡地看着我。
　　我说是的，我写小说。我想自己还有点名气，一些刊物在发表我小说的同时也刊登我的照片。
　　你不觉得南方是一部非常精彩的小说么？你得先读读南方。
　　她似笑非笑。
　　我心里又大吃一惊。这个女人很神秘也很耐人寻味。
　　我在写《南方的情绪》。
　　这是个诗的题目。组诗。
　　我不是诗人。我也不会把这个题目捐给诗。
　　你是个谨小慎微的男人。不大方。
　　现在她离开了，到外面的廊道上去欣赏窗外的景致。从我的位置只能看到她的背面。她的身材无疑是上乘的。她穿着印有暗花的白色套裙。是象牙那种白。胸罩的颜色是黑的短裤也是，还有黑色的长统丝袜和白凉鞋。这种黑白相间对比强烈的装束让我大长见识。她很会打扮，既轻而易举地盖压群芳又招引男人们注目。这是个黑白相间的精灵。
　　我一丝不苟地注意着她。这时候列车长在她边上停下，让她办理加票手续。她本来是硬卧。列车长是个看上去极其平庸的蠢货，好色自不必说。他大概希望她能说声谢谢，可她没说。她用找回来的零钱买了两罐可乐。她感觉到我已经到了她的身后，便递过来一罐。我们几乎同时将罐子拉开，两下漂亮的声响，所有的人都往这边看。我很自豪。一个高瘦的乘警慢慢垂下放在腰间的手。

我们坐下来开始评论外面的世界。我坐的位子同我的床铺方向一致，背对着车头，因此我始终感到这趟车是在飞速后退。我在想象一个叫做蓝堡的地方。如果不误点，明天子夜时分我就到达了目的地。会有人去接站，可能就是给我打电话的那个女人。我心里顿了顿，觉得那个打电话的女人与面前这个谈吐不凡的女人可能是同一个人。她们的音色很相似，如果不经过电话的过滤几乎一模一样。最有力的证据是她们都把蓝堡念成了南堡。再联系我们见面的情景就更为逻辑严密。给我打电话的女人显然对我了如指掌，而面前这个女人不但了解我的身份了解我的去向而且了解我的设想。她们从不同的角度从容地走进了我的小说，这部《南方的情绪》。我不能不感到惊奇。不动声色掩饰不了我内心的慌乱。我茫然观察窗外，天已变得幽蓝深远，只有一粒星星在不起眼的地方作案。列车呼啸着向后退去，宣告一个关于南方的寓言正在杜撰。

三

半夜里发生了一件事。

有人碰醒了我。实际上我不可能睡熟不过是进入了假寐状态。她睡到我的铺位上来并不嫌挤。不觉得热是因为空调的缘故。据列车长介绍，这节车皮刚挂仅跑过一个来回。当时列车长说烧这种空调系统的油特别难弄。她说最好半夜里别停掉，那样会很不舒服。她一直在提醒我进出别忘了关门，否则冷气会跑光。我们心平气和地吻着。我觉得她口腔里有股淡淡的青草味。她的身材十分匀称皮肤很细腻。我们侧卧着，我的右手放在她腰间并且开始用力。她干这事显然很在行而且耐性很好。她闭着眼这我能想象到。我还能想象到外面的过道有脚步响，是脚后跟提起来走动的那种声响，尽管夜间行车的声音空洞而单调，但并不妨碍我的感觉。她呢，自然比我先意识到什么将要发生，便利索地收拾停当接着"哗"地把门拉开。这意外的举动让灯光和列车长同时抛了进来，后者险些栽倒。跟在后面的那个高瘦乘警倒退两步同时敏捷地把手往腰间一按。

很辛苦哇，车长。

不不，你们辛苦。

我很舒服。

看来这空调还不错……不过油快完了。

那么就把门打开好了。

她说完就睡到自己的铺上。空调在列车长一行离开后就关闭了。车厢内立刻闷热起来。以后这门就一直开着，灯光把我们一剖两半。我看没有什么指望了，就昏昏睡去，大概不久就睡熟了。很远的地方有一群狗在乱吠。

这一觉睡得很沉。好像过了几个世纪。我醒来时太阳已西斜。我伸了个懒腰打算到餐车去找点吃的。很快我发现她已经不见了。她的铺位移交给了一个光头汉子，正歪在上面啃一只羊头。他不时把手指上的油渍往脑门上揩，一副悠闲的样子。见我起来了，那人便瞟了我一眼。我不禁一怔：这家伙眼光竟是绿的！

我装出放松的样子提着毛巾牙刷摇摇晃晃地去了盥洗室。我又遇上了列车长。起来了？他很关心地问。我点点头。你应该先上厕所。我想这事用不着你瞎操心。我开始往牙刷上挤牙膏，突然觉得不对头。我的直肠压迫得非常厉害，肛门周围神经变得紧张。我赶紧把牙刷扔到一边，转身钻进厕所，刚蹲下就听见"轰"的一声大响。

我又在想她了。那个神秘的女人径直介入我的生活然后又果断地退出，我认为都是有背景的。我回忆了与她相处的所有细节，觉得事件并不是因为她可能是个文学爱好者所以委身于作家这么简单。不能看做一次神奇的艳遇。她落落大方地走进我的小说，凭借超人的机智和勇敢帮我杜撰情节以完成这部作品。可是她又中途退出不辞而别，那么关于她的故事在以后的章节里只能用省略的方式来表达了。这当然十分遗憾。

不。事情的性质要严重得多。我现在可以说是恍然大悟。我有足够的理由来证明这是一个阴谋。有人设了圈套。他们掌握了我的全部材料并且从很久以前就开始了对我的监视。于是两天前的深夜一个女人给我打电话，说有个叫老板的家伙邀请我去蓝堡做客。怕我刨根究底他们造成电话自然中断的假相来迷惑我。第二天我去买票，在我失望时竟有人向我退票。那个穿T恤衫的小伙子毕竟嫩了点，不作任何铺垫就完成了任务。他的右手始终不从裤袋里抽出来，分明是捏着一把手枪以防不测，否则他左手上不会有黄油味。这样，我顺利地按照他们指引的路线行动了。在这旅游旺季软席居然还空着本身就颇可疑。一对青年男女合宿一室是他们预先的安排。她原来与他们是一伙的！还有那个貌似憨厚的列车长，现在看来他可能是个小头目。他比较老练，借给那个女人办理补票手续之机向她下达任务：让她半夜里和我做爱以制造一起强奸案。她做了但没有喊。列车长看时候已到又没有动静就带着乘警来探听，这时她出乎意料地将门打开，导致了抓奸计划的流产。无疑，她已经成了叛逆分子。她知道不能再在这个狭窄的空间生存下来，于是趁着夜黑风高消失了……

当然，这也不过是一种可能。

四

那汉子始终一语不发，仔细地啃着羊头。现在基本上啃尽了，因此他显得精神饱满。羊看来很小，它的颅骨不过拳头一般大。颅骨的表面很粗糙，依稀可辨出血迹和经络，这是没有煮透的缘故。颅骨的右下方也就是靠近眉弓的地方有一个小指大小的黑洞，显然是枪眼。子弹是从正面射入的。那人满足了食欲便开始拔身体上的毛。凡是有毛的地方他都要触及。每拔一根他都用拇指和食指夹着，反复地搓。他不再看我。但是他的一条粗壮的腿拦在门口，这使我的出入很费事。他并不道歉。

我想我应该点上香烟，去看看窗外。向前飞驰的景物我很陌生。田野很荒芜，连草也没有。这是一片灰色的田野。阳光藏在大山的背后。忽然有了一阵喧嚣。飞扬的尘幕后面一群汉子在追赶一只野兔。这些人一色的短腿但奔跑速度惊人。他们大声吆喝着进行这种司空见惯的围捕表演。那只野兔刚进入青春期，体格健壮以致看不出面部的豁唇。唇的颜色和处女们的乳头一样嫩红。它跑得很快很机灵，它的突围成功在即。就在这时，坐在我对面的那个光头汉子把羊头骨有力地向窗外抛去。接着我听见一声沉闷的枪响，空气里旋即有了腥味。

野兔的脑袋射向天空后才裂开，像一颗熟透的让人踩了一脚的番茄。皮毛变成了无数朵蒲公英飘动着，带血的脑浆呈伞形向四方泼洒。我的胃极不舒服，想去漱口再吃点冰凉的东西。我从那人的腿上跨过去，听见他干咳了一声。我并不想跑。我知道即使冲出这道门也无济于事。自从鬼使神差地离开家门我就没做别的思想准备。我觉得目前我的生命不会有危险，这些人会一帆风顺地把我挟持或者护送到蓝堡，交给一个叫老板的杂种。

我不想再增添烦恼。我站在走道上，不同任何人交谈，默然注视着晃动的窗外。暮色弥漫开来，不久天地浑然一体，彻底暗了。荒原上滚动着两团磷光，那是一匹觅食的饿狼。磷光的倾斜颠动说明它瘸了一条前腿。磷光拢近了，接着尖锐的金属声弧形掠过，这畜牲在用牙齿撬动车门。就这样反复了几次，终于听到一声绝望的哀号。下一站是哪里？有人边嘀咕边活动手脚，嘴角停滞着灰色的睡意。他们都睡得很不错，哈欠让人羡慕。我侧身继续注意窗外，磷光消失了。看不见任何起伏的轮廓，荒原是冷寞的。列车仿佛大洋中的一条木船，以孤独作为品质。我觉得时候不早了，就看看表。可是不知从哪一刻起这只表停了。我估计了一个时刻，把指针拨到那儿，而后上弦。我发现秒针开始调头运行。我的手变得冰凉。

在这个漫长的夏夜，我徘徊在从荒原的腹部穿过的列车里，细细品尝着灵魂的错位。一条巨大的生满毛刺的粉红舌头正耷拉在我的喉部。

五

现在我得谈谈蓝堡。从地图上确定它的地理位置显然是徒劳的。这绝对不是因为它的小而在于它纯属虚构。这无疑是座城市。描绘一个城市的面貌对于小说家并非难事。城市的面貌说明不了城市的性质，承认印第安部落和德克萨斯午夜的牛仔也并不意味着纽约和里根的不真实。

子夜，列车正点抵达蓝堡。

月台上空空荡荡，除了两名一动不动的工作人员外没有第三个人。在挺拔的石柱上，悬挂着一个驴头，是新刹下的，颈项横断面还在滴血。这或许是蓝堡的城徽吧，我想。我提起皮箱平静地走下车来，列车长对我有分寸地微笑，然后吹了三声哨子。这哨音在夜间异常刺耳，天空顿时裂开了一条缝。分明是暗号。我走出站门发现广场上停了一辆漂亮的马车。三匹马全是黑色。从马粗重的喘息中我知道这是来接我的，才到一会儿。驾车的是个光膀子的老头，只有一个鼻孔。我沉着地上车，把皮箱搁在两膝上。老头并不回头看我，不动声色地吸着劣等纸烟。这时候从广场的东头跑来一只棕色大狗，老头见到它便浑身一颤，连忙朝空中抖了一鞭子。三匹马同时撒开蹄子瞄着月亮奔去。我从后窗观察到那只大狗撵了很久。

马车走得悄没声息，像走在雪上。但是摇晃得厉害。我渐渐有了倦意，歪在椅背上。此刻月亮就悬于对面的天幕，十分的黄。这色彩在夜间总给人以向往。我的关节放松了，眼皮愈来愈沉。朦胧中，我听见一声猫头鹰的轻啼，还听见一阵细碎的脚步声其中夹着金属的叩击。似乎有一个沙哑的嗓子在问：是第几个？

下榻的地方很不错。我甚至没有一点陌生感。山坡上那个白色建筑物在月光下显得很优雅，我们不妨称它为白色山庄。

我在没人带领的情况下走进了那个巨大的拱门。谁也没有上来制止我或者来一番盘问。我记得接下去是踏了九九八十一级台阶再拐进了一个圆门。这时我看到了金碧辉煌的大厅。正面的墙上有一面很大的镜子和两个面具。地毯是猩红色的。一个女人背对着我在练习哑语。我没有惊动她。我认为我应该顺着 S 形的楼梯往上走，走到第三层然后向右转，在第七个房间也就是最东头的房间门口停住。我下意识地掏出身上的钥匙。当钥匙深入锁孔后我才觉出此举的荒唐，然而一个事实不容怀疑：门开了。这一瞬我的好奇心占了上风，就抬起左臂很方便地碰上了电灯开关。室内明亮起来，灯光的颜色是咸鸭蛋壳那种浅青，纯净而凉爽。

这是一个标准的套间。卧室和客厅都布置得相当考究。床不是席梦思而用了棕绷，这非常合我的口味。写字台很大，上置价值连城的文房四宝。显眼的是几个高大的书橱整整占了一面墙。我随便浏览了一下，这些书我都不陌生。在一个角落有一台立式的 18 吋彩电，我怀疑其图像的稳定性，因为有一根天线可能没有被螺丝固定住，常常耷拉下来。我发现我的兴趣逐渐浓厚了，我已经认识到这个空间里隐藏着一个偶然和巧合。

不久前我无意碰碎了一只玻璃香烟缸，是结婚时我老婆替我买的。我喜欢它的造型，喜欢去摸它的表面。后来我曾托许多朋友到外地去配但皆空手而归。没有想到面前咖啡色玻璃茶几上就摆着一模一样的一个。来之前我打算添一双拖鞋。我已经在心里物色好了样式只是叫那个匿名电话搅乱了没有买成。现在呢，我从床下找出了一双并且恰好是 41 码。由于时间仓促和精神张惶，我出来时忘了带剃须刀，结果刚才我去洗脸时在镜台上又发现了，和我本人在家里使用的那把胶木柄的毫无差别。够了够了，单凭我自己家门的钥匙能把这千里之外的房间捅开的事实，就足够让我魂不附体了。

我瘫倒在床上。

后半夜下起了大雨，规模比作瓢泼毫不过分。我睁开眼，看到连续三道红色闪电却听不见一声雷鸣。我逐渐听见的是一阵阵起伏不停的脚步声，忽强忽弱。后来这脚步声紧贴着楼房根部响着，节奏变得杂乱而富有弹性。不像是一群人也不像是一群走兽。我不敢开灯，连拖鞋也没穿，怯怯地走到窗边。吸一口长气后我掀起窗帘的一角，一串流动的蓝色火球自楼前晃过，蓝光连成一片，我终于没有辨清是些什么东西。但我知道，这是一次雨季的秘密行动。攻击的目标是后山。从报纸上我了解到，有一个青少年科普夏令营十天前开到后山进行采集植物标本的作业。而这个蓝色集团是专门制作动物标本的，历史不下五千年。

我贴着墙立了很久。骚动刚结束东方便呈现了一线乳白。我吃力地看见了山坡上的那株古柏，它的一半身躯已给雷电烧焦，然而额头的绿叶又表明了它身残志坚……

我就这样等到天明。

六

第二天是个极好的天气，天的颜色很蓝，仿佛在回忆一部童话。方方正正的太阳像一个窗口，镶嵌着宇宙的缩影。

大概因为无聊，我很烦躁。抽完一盒香烟后，我开始用指头敲击肋骨这身体的键盘，敲一支关于母亲的曲子。门便在这时被人从外面推开，我连忙站起来，随手握住了那只分量很沉的玻璃烟缸做出正当防卫的姿态。

进来的是位女郎，长得很可爱，肯定是服务员什么的。她很快察觉到我举止的荒谬就把脑袋歪向一边像小鸟似的对我微笑。见我坐下来，她才笔直走上前。

先生您要什么？

我要什么我什么都不要。你们到底要对我干什么?！我苦笑着，又觉得把怒火喷到这么美丽的姑娘身上很不礼貌。她还年轻，涉世不深，顶多不过是奉命给我挂了一个电话。我叹了口气。

您是不是想用餐？

不，谢谢，你的老板呢？

我们这儿只有经理。

那就叫经理来。

这姑娘退出去不过五分钟的光景，一个五短身材但精神抖擞的中年男子进了我的房间。这是经理，与我想象中的经理除了耳朵稍小那么一点外没有两样。但我相信以前我并不认识他。我们面对面地坐下来。

先生有什么吩咐？

你是不是老板？

老板？不，我是经理。我父亲是老板。

那你让他来见我。

很遗憾，他无缘结识一位作家。他已过世了……

过世？

家父死于乾隆十七年的一场霍乱。

那么，是谁请我来的？

谁？是您自己呀！谁也没强迫您……三天前您亲自来了电话，预订了这套房间。您说您要在这里完成一部叫做《南方的情绪》的小说，需要安静，所以您指定要最东头的……

这是捏造！

您别激动。您是个有学问有教养的人。我们至今还保留着您的声音。我们是录音电话，我想您不会听不出您自己的嗓音吧，您爱把"住"读成"锯"，您应该是南方人……

我无言以对。是的，谁也没有强迫我到这儿来。我用不着去核实那个所谓的录音电话。这个手段并不高明。我现在已经进入了一座迷宫，只能凭运气去摸索，走一步算一步。我还能说什么呢？可是我越发惶恐了。我在想这个空间，既陌生又熟悉。我和这里的人不存在语言障碍，这里的生活设施也是我所习惯的。客观上我几乎没有什么不适应的。比如在收看电视时，我可以将那根松动的天线支靠在书柜的侧面以保持图像的稳定。我知道靠近床根的壁脚上有一个方形多用插座，它主要是用来让我睡前读书，把台灯移过来很方便；再就是接通一座鸿运扇。我不喜欢空调，既耗电又有噪音，另外进进出出容易感冒。所有这一切，差不多都是按照我的想象设计布置的。问题出在时间上。面前这个中年男子几分钟前说他的父亲死于乾隆十七年的一场霍乱，这就是说他的年龄不是几十岁而是几百岁！可从他的长相及精神状态上看，他差不多算是童男子。实在不可思议。

七

很久以前有一位瘸腿的行吟诗人到过这里，向臣民们传播所谓的真理。他断言这是块永恒的黄土地，与江河日月同光共辉。于是在诗人热情的感召下，人们积极地篡改出生证、废除时间、染发、装配假牙。一个以青春的名义向历史宣战的运动全面铺开。可是就在这天夜里，播火者诗人却被谋杀，凶手至今逍遥法外。这便形成了一个伟大的悬案。

以上这个故事是那个姑娘告诉我的。她来替我收拾房间，我给她冲了一杯咖啡。我请她坐，我说我总觉得她有点面熟。她笑了。她说很多男人见了她都这么说。我说我讲的是实话并非乱献殷勤。她就做出很感动的样子，沉默不语。这让我失望。我的初衷本是通过她来了解蓝堡的历史而不是同她吊膀子。她固然可爱但丝毫不轻薄。我于是从沙发上站起来，抽着烟在她面前走来走去。她很精明，看出了我对于沉默缺乏应有的耐性，就用小勺子轻轻地敲击杯子。她没碰那杯咖啡。

你应该趁热喝。
谢谢。我不爱喝咖啡。
漂亮的姑娘应该喝咖啡。
不。其实你也不爱喝。
你怎么知道？

因为现在大家都在喝，所以你也跟着学喝。

我说是那么回事。我还说其实喝起来味道与板蓝根冲剂没什么两样，后者还能预防甲肝。这样气氛又活跃起来，她笑不露齿。我觉得现在是提问题的好时机。我告诉她我要在这儿住很久，写出一部叫做《南方的情绪》的小说。如果你不介意，我想邀请你扮演角色。她笑而不答。几分钟后，她的神情专注起来，接着她用一种貌似平淡的口吻对我叙述了那段现在大家都已知的故事。她建议我把这个故事写进我的小说，说是很有意思的。她显然还想对我再说些什么，可是这时一只瘦手从外面伸进门来摇晃了两下，她就歉意地对我笑笑，说经理在叫她。

我觉得刚才那只瘦骨嶙峋的手安在经理身上很不和谐。经理长得敦实，皮肤白皙而富有弹性。经理连一根胡子也没有。我怀疑请她离开我的是另一个人，绝对也是一个男人。他是谁？我连忙跑出去，为了掩人耳目我装作去倒烟灰和纸篓。我一直盯到楼梯拐弯处，我向上向下向左向右观察却一无所获。这是个惊人的时间差。我仍不甘心，沿着楼梯往下走。我走得大汗淋淋，由于光线渐弱我的眼球越发酸胀。天气很好光线却如此晦暗。我扭扭颈脖，始才发现一个问题：这楼梯怎么没完没了？它仿佛是在我脚下随时生长出来的，只要我继续往下走就没有个尽头。周围迷迷蒙蒙，寒气逼人。某一个角落在滴水，像出了毛病的抽水马桶。我停住，想靠在楼梯扶手上调整一下呼吸。手的触觉表明这扶手已不再是塑料的而是木质的，并且由扁平变成了圆。我还能感觉到扶手由于油漆剥落产生的毛糙，很扎手。我不明白这是怎么回事。我想再这样追踪下去情况会很糟，就小心地往上退。每退一步楼梯都发出行将断裂的惨叫。这时一只天鹅般大的红蝙蝠向我的眼睛扑来，宽大的翅膀掀起一阵狂风，我脚跟一软，像罐头似的滚了下去……

我醒来时天色已晚，屋里有人出出进进。我躺在沙发上，看见经理正在批评那个姑娘，说为什么不事先把床认真检查一遍？

谁会知道白蚁钻进了床脚呢？她辩解着，有些不以为然。我从她胳膊弯里看过去，一个年迈的木匠嘴里咬着铁钉正在吱吱呀呀地锯床腿。还有一个小女孩子在拖地，擦痰盂。见我醒了，经理恭敬地走到我面前。很抱歉，没想到中午会发生这件扫兴的事。您睡得很香，可能是做了一个奇怪的梦导致您翻身太重，所以床腿断了。您被抛下来，脑袋又撞上了痰盂……不过一切都过去了,好了,请您多加原谅。您好好休息,不打扰了。"

骗局。地道的骗局。那些机关暗道我现在还历历在目,你们竟把恐怖归咎于我的梦魇,实在太卑鄙了。我差点把玻璃烟缸扔到那张光润的脸上,可是力不从心。我连说话都极其困难。再说,我孤军作战势单力薄来一番硬性的反抗只会是自掘坟墓。我又重新躺下。那伙人出去了。那姑娘排在最后一个,她带上房门之前对我递了一个飞吻。我一动不动,心里非常潮湿。我不知道该怎样来评价这个女人。我自然要联想到旅途中的另一个女人。把她们看做一个人会引起逻辑上的混乱,但作为女人她们在本质上是一母所生,都具有叫我无法抵御的魅力。我的弱点是总不愿意把女人想得很坏尤其是漂亮的女人。在这个问题上我与一个叫尼采的老头分庭抗礼。尼采长相丑陋体格略胜侏儒,女人们对他不感兴趣,于是他就憎恨女人并且厌恶为女人们所钟爱的男人。而叔本华却滑头得多,他终身以童男子自居且又谨慎地珍藏着医治梅毒的偏方。唉,我想得太多了。想多了头就痛。

八

在我浏览所有的关于蓝堡的史志资料后,我开始推敲那个姑娘所叙述的诗人之死。我疑惑有三:既然是行吟诗人就不该瘸腿;传播真理是职业革命家的使命而诗人只负责宣传爱情;诗人因理想破灭绝望自杀而不是谋杀——人们对爱情缺乏耐性,感兴趣的是不经过爱情铺垫的直接交媾。

我想再找那姑娘谈谈。我悄悄离开了房间。在门口我停了一会儿,没有出现盯梢者。刚移步,一阵柔曼的钢琴旋律仿佛自九天飘落下来,我的眼前豁然出现了一片蔚蓝色。我循声寻去,脚下很光溜令人产生失重感。我的视野渐渐变宽,当一丛白色的蜡烛燃烧起来时,我才知道我已置身于一个大厅的中央。这是一个巨大的白色的殿堂,只有一根极高极粗的桩子,上面现出九条龙的浮雕。没有窗户,没有椅子,也没有服务人员。地上有许多锈痕斑斑的剪刀和一堆白生生的指甲。大柱的背后挂着一副大马的完整骨架,像是一匹公马。旋律在我头顶上盘旋,我仔细巡察，看到左前方的黑色帷幔后面一个背对我的女人正在用脚弹奏一架大型的红色钢琴。她弹得如醉如痴，摇头晃脑。我走近去。

这是什么曲子？

安魂曲。（她的声音苍老得叫我惊诧。）

安谁的魂？

我丈夫。他是个诗人。

原来她就是诗人的遗孀。我慢慢移到她的侧面，想看看她的面孔。她相应地转过脸。天哪……

哦，我正要找你……

我知道。

关于那件事……我认为诗人，也就是你丈夫，可能是自杀。

我知道你会这么讲。谁都这么讲。

我不是信口雌黄，我有理由……

你的理由是站不住脚的。看见那副马骨了吗？

他当然可以骑马游说，但关于这一条意义不大。

你错了。他其实不是诗人。他不宣传爱情。他不过是以爱情作为强奸的借口。他不光是对女人下手……

那么，他感到罪恶累累就……

不，是我杀了他！

说着，她一下跳到键盘上，琴声如雷贯耳。我眼前又掠过一片蔚蓝色，然后是一片猩红。这是地毯。走廊上就我一个人，没有盯梢者。我发现脚下有一根断弦，就拾起来。其实是一根细藤。

我在走廊上荡了几个来回，没有见到我要找的姑娘，只好回到自己屋里。有点儿闷，我走到窗前，并不觉得脖子上有风。现在，太阳躲进了大山的腋下，天空里有一股狐臭味。云很低很硬，正拼命地集合，嘎嘎作响。看来今夜局部地区有雷阵雨。我的太阳穴跳得相当乱，半个脑壳昏沉沉的。我盼望能有一场大雨。

这时有人敲门。

您好点了吗？是她。（她的声音又变过来了，这个精灵！）您午餐还没用呢。她把灵巧的餐车推进房间。

我说我现在没有胃口。

她例行公事地把菜和餐具安排好。菜不复杂，一荤一素一汤。两个火腿面包和一杯啤酒。这让我有些感动。我不便拒绝。我慢慢坐下来，我说我得先抽一支烟。她没看我，像前几次来一样她随便从沙发或者床头柜上捡一本杂志翻翻。过了一会儿她又伏到写字台上去看我的手稿，她不乱动，就看面上的那页。她格格地笑起来。

谁会用脚弹钢琴呢？

还能有谁呢？我沉默着，注意她的侧面。她看得很认真。

什么乱七八糟的，不懂不懂！

很好。你不懂就好。你懂我就完了。我知道被害人与杀人犯这两个角色你都不感兴趣。你好像只对我感兴趣。而我不是那个死去的诗人，我是活着的小说家。我们就这么隔着茶几坐着，互不干扰，相安无事。我们就此两清了行么？

你天天待在屋里不觉得闷吗？

外面太热。

林子里不热。要不，进城玩去。城里在放立体电影。

我对影视不感兴趣。

那你对什么感兴趣？

说不清，你呢？你喜欢什么？

老虎。

九

当天夜里我就想潜入蓝堡的腹部。我并不是为了看一场狗屁的立体电影。这座城市对于我似乎永远是一座迷宫，我对它感兴趣。可是谁都清楚蓝堡实际上是个设防的城市，它的上空至今流动着黛色的硝烟。每块砖头随时都会被一个黑洞洞的枪口顶落，每只靴子里随时都会跑出一把匕首。有人嘴角的香烟还在燃烧但灵魂已进入了天国。落在泥沼里的头颅也在努力完成最后一个微笑。所以说我的企图带有极大的危险。况且，我现在是寸步难行。这里的每一棵树都可能成为盯梢者。在通往城里的大道上会突然出现无数个陷阱。我知道这些人平日里都道貌岸然，做出服务热情的样子。其实他们一秒钟也没停止过对我的诱惑和瓦解。

他们等待着我自食其果。就像制造列车软卧包厢的强奸案那样做到滴水不漏，他们要让全世界都承认我的问题不是一起冤案，而是罪有应得死有余辜。到目前为止，一切迹象表明我的判断没有偏差。

我很痛苦。我明白自己的处境。我知道这里布满了不可捉摸的机关暗道，一片落叶都是个暗示，防不胜防。他们解决我不过是时间问题，现在，我唯一的选择是逃。我必须设法离开这个山庄。我把希望寄托在那个姑娘身上，我深信她尚存一点良知。我的第一次灾难的避免就得助于一个女人。我觉得对女人不可全信也不可不信。但是，从这天起，那个姑娘再也没有出现。经理说她得了急性肠炎，送到城里治疗去了（经理说这话时一脸无法掩饰的淫笑）。我不相信这是个巧合。他们大概觉察到她和我相处得还不错，大概以为我会借助她逃之夭夭，就断然把我们分开了。

然而我不会坐以待毙。狗急都会跳墙，何况我是人。于是在薄暮时分我借散步的名义开始观察地形。我用牙签剔牙，这种老人喜爱的动作会让人对我放松警惕。我沿台阶而下，不时坐下来从石缝里拔出一根小草观赏。我发现从右边廊道过去有一扇小门，通向养鱼池。那儿的围墙很低，我可以从小树身上搭一脚翻上墙，跳下去就是林子。那是一片茂盛的老林，树木参天几乎透不进一线阳光。我不知道这林子的尽头是什么地方，但这无疑是条理想的逃遁之道，我避开了大路就赢得了安全。我很高兴。我把这些都记录在心，反复背诵。我不能把这些写出来，这个时刻是切切不可有蛛丝马迹的。天很快黑了下来，潮湿的风扑面而来。我转身往回走，看见一个光头老汉靠在拱门前的石柱上对我微笑。什么意思？难道……我心里突突地狂跳。这个老头我是第一次遇见，但他却视我为熟人。他盯了我多久？我低下头想从他边上快些走过去，这时他说话了。

先生可是那个作家？

你是谁？

我是个流浪汉，这一带人都晓得我，叫我老 Pan。叫 Pan 老也行。

老 Pan？是老潘还是老盘？或者老庞……我打量着这个看上去很快活的老人，心里陡地一惊：老板！原来此人就是老板……

先生可有闲工夫？

你找我到底要干什么？

闲扯。我有许多话要对你扯。你是作家，专门写书，我讲的事你肯定有兴趣，你很快就会睡不着觉，去再写一本厚厚的书……

你找我就为这个？

就为这个。我不识字，要不我自己动手了。

你是说我们合作？

合作？不不，那别人会笑掉牙的。不，不是的。我讲，你写。写出来就全归你的。得了钱，你买只烧鸡买瓶酒给我老汉就行了……

我发现我的感觉有些不对头。我仔细分析他的面部，没有什么异常变化。但我仍然放心不下。我问他是怎么知道我的职业的。他说是这里的服务人员告诉他的。他还说他今天一早就在山庄里转悠，等我出来。他说他晓得我在写书，晓得写书的人在写书时怕人打扰，就耐着性子等。

这是个古怪的老人。无论他找我是因为什么，我都回避不了。我就递给他一支香烟。他摆摆手，说抽不惯纸烟。说着他从脖子后面抽出一根两尺来长的铜烟锅，在烟袋里捣了两下，找火点燃吧嗒吧嗒地吸起来。天色晚了，我请他到我屋子里去。我倒要听听他能说出些什么让我感兴趣。

十

进门后我吓得倒退两步，他又一次划火柴时从他的右袖管里探出一个青皮蛇头，正对我吐信子！

先生莫怕。他笑着用烟锅击了一下蛇脑壳，蛇便又缩进袖子。从袖子的皱褶看，这条蛇至少有两米，它的尾部在他的脖子上绕了一圈。他坐到我对面漫不经心地把这锅烟吸完，然后说：

它叫小毛，跟我好几十年了。是条响尾蛇，喜欢热闹。我靠它过日子。我玩了一辈子的蛇。天底下玩蛇怕是没有能敌得过我的。这个等会儿再扯。我先说我的事。我是个孤佬可不是个寡汉。我有女人，还不止一个。我年轻时做过些荒唐事。我到底有多大年数，连我也不晓得。我从小就在林子里转悠，吃什么都不碍事。我有劲，曾经一气拧断五只狼的脖子。这不是吹牛。我的第一个女人就是因为这个同我过夜的，她说我有劲。那会子女人喜欢有劲的男人。如今呢，娘们儿只往有钱的男人怀里钻，又不会生伢，生了也没有奶水。第二年我女人生了一个女伢，白萝卜似的。那年是丙寅年，虎年，我给孩子取名叫虎妹子。她能吃，每顿得吃两个奶子。能吃就好。白天，我带着我女人上山，我打猎她拾柴火。虎妹子放在树墩上，小毛看着她。小毛这狗日的是个神仙种，灵种，它在边上转悠，任何畜牲也不敢来动虎妹子。可是有一天，小毛这狗日的……

咬了孩子？

不，你猜不着。你猜得着我就不用找你了。我是说小毛这家伙偷喝了老子的酒，喝醉了，就生了是非。

孩子出事了？

你莫插嘴！是的，出事了。我们下山时看见一只老虎正叼着孩子往山坳里走。孩子还睡得好好的。我女人一下就昏死过去。我想放箭，可细一想这件事有些蹊跷，路上没有一滴血，孩子并没有伤着。要伤就早伤了。我就没有去撵他们。

这……太危险。

危险个卵。虎妹子好端端的。她太好玩了，连老虎也在跟我吃醋。老虎要借我的孩子耍耍，不会伤她一根毫毛。这是虎妹子亲口对我说的，那是几年后，孩子骑在老虎背上对我说的。可是这孩子再也不愿回到我身边来，她只说不愿，不说缘由。倒是那只老虎扑通对我跪下了……

他说到这儿又开始抽烟。这回是我替他点了火。他很得意地捋捋胡须。我不掩饰我对他的叙述的激动。不过他却能看出我对他袖子里的小毛仍有戒备。这仿佛损害了他的自尊心。小毛，给老子出来！于是小毛嗖地溜出，顺着他的胳膊窜到头顶上，盘起来，用信子润他额上的皱纹。我怔怔地看着。他显然受到鼓舞，就吹了一声口哨，张开嘴，小毛便又嗖地钻进他的喉咙，通过曲折的肠道，通过胃，最后经过肛门又重新回到主人的脑壳上。完成这一连串动作对于小毛不过两分钟。我算长见识了。

它简直是神！

是的，这狗日的神。信了吧？他似乎还不过瘾，一甩头把小毛抖落到地上，然后从腰间摸出一把砍刀狠命斫下去，小毛身首两处。我失口叫了声。他却满不在乎地把蛇的两截拾起来，对合着，又吐了口唾沫在衔接处抹抹，然后把它夹在腋下。不足一袋烟工夫，他又吹了声口哨，于是小毛复活了，溜进了他的袖管。

奇迹！我说这是奇迹。我想我是遇见异人了。这个夜晚我过得非常快活。但是，当我意识到这点后我便有些慌乱。是老 Pan 还是老板？这或许是……我慢慢抬起头，老汉不见了。我立刻关上门。这或许又是一个圈套。他们想稳住我，好让我平心静气地在这儿待下去。我仔细回忆关于那条蛇的全部细节。养一条蛇不是奇闻。他虚虚实实地耍了一阵子。吞下去的和斫成两段的可能是食品蛇，用一根染色的香肠作为替身。袖管里有名堂，魔术师都习惯于袖管里耍花招，糊弄一双平常的眼睛很容易，况且我有轻度近视和散光。至于老虎和虎妹子的故事全是瞎编。好一个老 Pan！所谓老谋深算指的就是这号人物。我长长吁了口气。

看来事不宜迟，再等下去会错失良机。明天拂晓前必须行动。其时天色昏昏，风声大作，等他们从睡梦中醒来后，一切都晚了。

就这么干。

半夜里我又听见了断裂声。

十一

上帝在暗中为我使劲。第二天没有太阳，是个阴天，拂晓前又下了细雨。我下了床。实际上我这一夜根本没睡。我贴在门上静听了片刻，没有反常，就脱了鞋溜出了房门。为了防止不测，我没有忘记带着那只玻璃烟缸。我想真到万不得已的时候也只好拼了。

大厅里没有人，灯火通明。那面大镜子反射出强烈的光使我能看清大厅门外五米的地方也同样没有人。我在通过大厅时背上渗出冷汗，似乎有一双鹰眼在黑暗中注视着我。出了大厅门，我隐藏在方柱的阴影里进行了短暂的观察。为了防止追踪，我把脱下的一只鞋扔到漫长的石阶上，制造假相，让他们以为我是从拱门里逃上公路的，他们会在屋里静等着一具血肉模糊的尸体拖回来。那条布满陷阱的大路比雷区还阴险。

现在，我已经把那扇寻常看不见的小门用树桩抵上了。抵得很实在，两三个人想撞开它不是件容易事。我一只脚踩住靠近围墙的小树跃上墙头，林海已在我眼底翻涌。我纵身下墙，踏上了一块光滑的石头便滚下了坡。我并不觉得疼。这时候我向山庄望了最后一眼，它俨然一尊恶煞，不过它现在正做着梦。见鬼去吧！山庄，蓝堡，统统见鬼去吧！我自由了！我记得在日内瓦死去的一个老人在一本书上写过：隐藏一片绿叶最好的地方是森林。我现在就是这样一片叶子。

我像鱼一样游进了茫茫林海。

林子里湿漉漉的，苔藓像软体动物，踏上去让我生怯。我始终面朝东北角的灰光，这样就不至于绕了一圈又转回来。猫头鹰在很近的地方悲啼，恐怖四伏，我毛骨悚然。现在我又想起昨夜与我交谈的那个玩蛇人。我怀疑他很可能就在离我顶多五步远的地方蹲着，像狐狸那样张开嘴等待乌鸦唱歌等待一块肉掉进食管。还有那条蛇。那条叫做小毛的响尾蛇和它那粉红色的信子。我的呼吸粗了，心好像从左边跳到了右边。我猛地煞住脚闪到一棵树后面。我认为这种突然的行动变化会发现疑点。我静听着，除了猫头鹰的啼叫和树叶沙沙作响外，没有第三种声音。我心下松了些，开始爬行。我觉得这样要安全得多。野兽们可能会把我视为它们的同类。物以类聚，它们不会来伤害我。我每爬一截子总得停下来回头看看，然后向我的前方扔一块石子探探，倘若出现意外我就立即改变方向。

东方比刚才明显地白了一些，我能辨清树的类别。在我的左前方的一棵马尾松上，有两只可爱的松鼠，看样子是夫妻。它们对我这个陌生人表示出微微的惊讶。它们交头接耳，显然是分析我的来路。我对它们笑笑，它们都摇尾致意。可是当我从它们屁股下通过时它们又朝我的脖子上撒了泡尿。我不动气。这种恶作剧对我的恐惧心理是一种良好的纠正。我觉得现在我适应了，就时而把爬行改作小冲锋。我就是这样的变化无常，摆脱了一只老狼的跟踪。那狼早就嗅出了我的气味，一直沉默地盯着我。当它企图发动进攻时我便开始爬行。它大概傻眼了，苍白地叹了口气，调头离开了。我不勇敢但还算机智。东方比刚才更白了，仿佛能见到云的轮廓。我回头看看，山庄已从视野中彻底消逝。我当然很激动。突然，我听见轻微的"啪啪"响，很近，但弄不清声源的方位。

是响尾蛇？

我顿时浑身冰冷。不一会儿就通体湿透。后来才知不是在出冷汗而是天在下凉雨。雨声引起了一场虚惊。雨逐渐大了,我冷得牙齿森森地响。好在苦海毕竟有边,再过一会儿我就抵达彼岸了。我已看见那条大河,在晨光里持重地颤动着。我嗓子发黏,七窍生烟,就仰起脖子去接冷雨。我觉得仿佛有一把匕首从我的喉管笔直划过。接着我发疯地跑起来,张开双臂,我想狂吼想痛哭想一头栽到老婆怀里。我终于冲出了老林,像中弹似的优美地倒在沙滩上,头部撞上了一个比较硬的东西。我没死。我不过是昏迷了一小会儿。大雨很快将我泼醒。

我从沙里刨出了一样东西,刚才就是它撞了我的脑袋。我仔细看看,不过是一副断腿的金属眼镜架。这地方哪来这种东西?虽然是一件极普通的东西。普通吗?它难道就只是残废的眼镜架么?两个金属的圆圈圈难道这种暗示还不清楚么!

一次警告。无声的警告。

我实在是太天真了。我的行动早在他们意料之中。我简直就是在他们眼皮子底下行动。这种经验我积累了几十年可是到头来我还是那么天真。我把两个拇指放在这个所谓的眼镜框里,头发慢慢竖立起来。这时分雨却戛然而止。太阳威严地从我面前升起,染红了那条大河。我茫然注视着河面,从上游淌下来的残帆断桅随风呻吟着,一只大鹰正蹲在云端做出伺机攻击的姿态。

这是个血腥的早晨,我孤独地立在河边,把一只玻璃烟缸扔到了水里……

十二

上厕所时我听见经理在门外说,要算账。和谁算账?无疑就是我了。是不是新账老账一起算?我记得我父亲在世的时候就被人这么算过一回。他把命赔进去也凑不够份子。按照法律规定,我有还债的义务。这是旧账。我知道我自己欠他们的新账只会是越来越多。他们有证据,有证人,我没有任何解释的权利。

经理像是同一个老者谈话。我很想出去看看,可是又觉得面对面地交涉清理债务会让双方都难免尴尬。经理属于那种似是而非的君子,给人以教养良好的印象。而那个老者,我想象他应该是个须髯飞霜仙气四溢的哲人模样，谈吐很是讲究。账是要算的。人不死，债不烂。不过趁人之危也是有失君子风度。依老朽之见，区区小数目，无伤大业之兴旺，就一笔勾销了吧。

那也太大方了。

不要一味重利而轻义。只要他改邪归正，引以为戒，就行了。我看这桩事可以暂告一段落，你忙别的去吧。听说城里近来很热闹，我倒想去见识见识。

他们的声音渐渐弱了下去。从他们谈话的口气看，那老者显然是经理的父亲，可是经理早就表明，他父亲死于乾隆十七年的一场霍乱。那么，这老者只能是经理的上司了。会不会就是那个神秘的大人物老板？这家伙活像一个幽灵，无时无刻不跟踪我，笼罩着我的生活。这次谈话肯定是针对我的。我企图背叛他们，他们就向我发出无声的警告。我只好顺着原路回来，像一只无头苍蝇，绕了一圈又返回原来的位置。我浑身被雨淋透，又被太阳烤干。我的躯体成了一味古怪的中药，皱缩一团。昨天的黄昏我耷拉着脑袋从圆门里穿过，迎面的大镜子提醒我应该好好洗一洗身体，消除疲劳。但是我深知肌肤之苦没什么了不起，纵使砍掉一条臂膀或腿，我也能嚎叫几声挺过去。憔悴的是我的灵魂。在我的心房里，有一把大锯子正在吱吱地替我制造棺材，而我的血液也开始变蓝。

在楼梯上我遇到经理。他得意而且兴奋，像刚看过一对狗的交配场面。他似乎一点也不知道白天里发生了什么事的样子，问我在生活上可有什么不方便的地方。他说山里的天气变化无常，夜晚是否要加一条毛毯？（他说不另外算钱）我说谢谢。我不愿再多说一句。从那时起我就一直躺在床上。我并没有睡意，不过是细细地品味着孤寂。我的每一个关节都松脱了，什么东西正在加紧蚕食着我的细胞。当夜幕完全拉开后，那个蓝色的集团又开始行动了。他们擎着火把，像以前一样从这幢楼房前经过，杂乱的脚步声践踏了和平与宁静。他们还是往后山走，有力地走，尖锐的金属声从宇宙的脾脏穿过，地球瞬间患了偏头疼。婴儿从摇篮里甩到地上，母亲立刻用结实的乳房去堵孩子的嘴。于是这一夜间许多嫩红色的生命因窒息而死亡。可是晚报马上跳出来解释，说发生这起惨剧是因为自然灾害，比如地震和龙卷风。于是，母亲们破涕为笑……

先生起来了？

我一惊，拎在手上的裤子差点滑落。经理并不尴尬，他大概觉得这些文化人即使光着屁股走来走去也是挺自然的事，罗曼蒂克指的不就是这拨人么？

我平静地坐下来。他也坐下了。他的指甲总是修得这么好，像女人的嘴唇那么富有魅力。可是我现在没有办法不讨厌这个毫无男人标志的家伙。我单刀直入。

刚才在门外同你讲话的那个人是谁？

哦，是我的先生。

你们到底要和谁算账？

您关心这个？他苦笑着，摸一把脸。我的表弟。他借了我不少钱。说去跑生意，其实在赌，几天前被拘起来了……我不知道您打听这个干什么，写小说？

自圆其说。又是自圆其说！我输了。他们随时可以算计我，但我怎么也算计不了他们。

你们什么时候同我算账？

怎么，您打算离开这？是不是我们的工作有哪些不周到的地方？

我是说什么时候找我算账。

这个嘛，全在于您了……

怎么算？

怎么算都可以。我们有电脑，不会出现任何差错的。不过作为主人，我当然希望我的客人对这儿恋恋不舍……如果您真的要走，我们只好表示遗憾。您看着办吧。

他站起身，牵牵衣摆。临出门时他对我狡黠地笑笑，用手指着我的脸。

您该启用保险刀了！

终于摊牌了。一切昭然若揭。他们愿意放我走了，放我往西天走。他们大概知道我毫无悔改之意便失去耐性，准备完成这最后一道工序。然而纵使我死了他们也会把一切收拾得体体面面。法医会用现代最先进的科学手段来鉴定我的死亡原因，确定死亡性质。凶手由我本人扮演。作案工具是保险刀片，薄得像纸但切开动脉血管易如反掌。在刀片上没有第二个人的指纹。死亡时间是某月某日早晨某时某分，其时人们正在做健美操的第三节或者喝早茶。虽然经理在这之前进入过死者的房间，但这之后他就到蓝堡城出席一个重要会议去了。据服务人员反映，经理走后死者还出来挂过电话。可能是向他的妻子告别。虽然电话没有挂通，但山庄经理的嫌疑已不能成立，很简单，没有作案时间。至此，他杀的可能性全部排除。至于死亡的原因，看来是多方面的。此人是个作家，也许由于职业习惯这种人爱神经过敏，缺乏理智，自杀如同拉屎放屁随时都会发生。这种例子古今中外俯首可拾：屈原、海明威、茨威格、川端康成……再者，死者年仅30，长得还算可以，自然会得到许多姑娘的青睐，因失恋自杀也是可能的。第三，死者来白色山庄避暑，订了上等的房间一住就是这些日子。但他一直声称是一个叫老板的人邀请他来的，于是拖欠房款，债台高筑。死者出事之前曾同山庄经理就住宿饮食费用磨过牙，他眼看无法偿还债务便一死了之。总之，这不过是一起普通的自杀案件。

我抚摸着那把剃刀。

十三

这时电话铃响了。我很觉奇怪。我住下这些日子还是第一次听到电话铃响哩。是谁？居然能把电话打到这个屋子里？我迟疑地拿起话筒，立刻嗅到一股淡淡的青草味。我明白了。

是你吗？我说是我。你叫我好找。我说你现在不是找到了吗？她笑了。

你大概生我的气了吧？我不辞而别……

我知道……你处境也很艰难……

什么意思？我不懂你的话。

我是说……这儿不是说话的地方……

怎么了？喂，你说话呀！

你是怎么脱险的？

脱险？天哪，你疯了……

别笑了！有话快说，现在这儿没有人……

我不过是，怎么说呢，我希望你别忘了我……

我不会忘记你的。

我怀了你的宝贝，我想问你：要还是不要？

真的么？真是这样？就，就一次……喂，喂喂！

断了。是故意挂断的。她恨我。她现在依然从容不迫，没有什么危险。她的意思是从来就没有感到过危险。看来她又改变了自己的信条，重新皈依了那个集团。她怎么会知道我住在这儿呢？显然，是他们告诉她的。他们饶恕了她，要她将功折罪。他们要她制造怀孕的假象，并一口咬定这个孩子是我的精血骨脉。他们要我无条件地接受这个事实。否则，他们就诉诸舆论，让我抬不起头来。他们甚至会让她带着借来的婴儿与我对簿公堂。其时她会泣不成声地说我当初是假借童男子的身份勾引了她，说我是找她闹恋爱的。这样，法庭便轻而易举地以重婚罪（虽然没有法律契约但已是事实婚姻）使我锒铛入狱。法官会说：被告，你看这个孩子与你简直是一个模子拓下来的，你还有什么可说的吗？我能说什么呢？于是判决书写道：以上事实，被告供认不讳……

我在这屋子里待久了，得出去走走。我很怀念那片林子。那里见不到阳光，空气中没有血腥味和硫磺味。可是那条路我不能再走了，一副残废的金属眼镜架躺在河滩上，虎视眈眈。我只能像一条丧家犬那样毫无目的地转悠，累了就在屋檐下团起身子歇一会儿。我只能这样。我的灵魂缺氧，随时都有可能脱离我的躯壳，像一片云似的随风飘去。

我走出圆门，拾级而下。走到最后一级台阶，我坐下来。我记得那天就在这儿撞上那个玩响尾蛇的老头的。他说他叫老 Pan。我总觉得他就是那个神秘莫测的老板。但是，仔细推敲起来，我又觉得能作"老板"注脚的人很多，列车长、啃羊头的汉子、独鼻孔的马车夫、经理以及那个我只闻其音而未见其人的经理的老师，还有那只瘦骨嶙峋的手臂的所有者、背对着我练习哑语的女人和先后同我接触的三个女人（其中一个是第一次给我打电话的），这些人都有可能是老板。

还有一个人也可能扮演老板的角色。

先生又在构思么？

他什么时候来的？这个该死的盯梢者！我没说什么，从石缝里拔了一棵草，放到嘴里。

怎么，您的胡子还没刮？

我继续嚼着草。你以为现在应该是血从门槛上爬出来的时候吧？嗬，连护袖也戴上了，裹尸布准备好了吗？我细细地嚼着草，绿汁顺着我的嘴角往下淌。

哦，我懂了。你们文人都爱留胡子，像西方学者一样，蛮有派头的。你是不是觉得我的剃须刀很漂亮？

不错，是蛮漂亮。

那就送给你吧。

不不，我用不上。我没有什么胡子。我看您是够累了，成天关在屋子里爬格子。我们这儿只有安静，没有热闹。城里倒是很热闹的，如果您想去的话……

你就陪我？

十分抱歉，我最近要接待一个委员会……

什么委员会？

青春调查委员会，是省一级的。

那么，你忙吧。我自己去。

我们可以替您物色一位向导。您希望是什么样的人。

孩子。男孩或者女孩。

这很方便。您打算什么时候动身？

明天。

经理满意地走了。我想，这可能又是一个圈套。他们究竟想达到什么目的呢？不过，我有我的考虑。我从蓝堡的边缘擦身而过，我记得那个火车站的位置。我相信我有能力摆脱一个孩子的跟踪与监视，不费多少神就能登上北去的火车。我会藏到厕所里。那个列车长现在也未必能认出我了——我发深须长再架上一副墨镜。我必须逃出去！

现在我躺在床上，凝视着幽蓝的天空。月亮很迟才从山脊上爬出来，给这个夜晚罩上了一层神秘的色彩。我的灵魂在很远的地方，像一个黑色的岛屿随着海洋的波涛漂移着。

十四

那孩子是拂晓时来到我床前的。是个男孩,有着一双乌亮的大眼。我一看就有好感。微亮中,他递给我一样东西。

这是什么?

面具。你得戴上它,这样进城之后会减少许多麻烦。你是生人,得这样。

我迟疑着,我再次审视那孩子的面貌时,发现他实际上是一位智者,就照他的意思办了。这是一个极平庸的面具。我戴着它并没觉出多大的难受,除了最初的几秒钟皮肤有点痒外。

我们还是乘马车前往蓝堡的。这回驾辕的是这个孩子。我不知道他的姓名,问了两次他没回答。车颠上大道后即走得很平稳,可我心里一阵比一阵紧。大概走过了几华里,也就释然了。其实月亮尚未完全隐去,天地浑浑然。

我以前怎么没见到过你?我总觉得他来历不凡。

我待在山里。

经理是你什么人?

什么也不是。我以前不认识他。我是昨天夜里在路上被他拦住的。他听说我要去城里……

你去城里干什么?

玩。城里很好玩的。

我点上香烟,观察他的表情变化。现在我的心绪又紊乱了。我从这孩子的话中发现了破绽。经理怎么会知道这孩子要去蓝堡呢?且又是昨天夜里在路上拦住他。这地方人烟稀少,野狼四伏,一个看上去顶多十二三岁的孩子敢半夜里进城?再说,据我掌握的情况,这个没有胡子的经理夜晚从来都是在某个女服务员宿舍里度过的,他怎么可能利用这个黄金时间去为一个破作家寻找向导呢?可是一切都无法挽回了,木已成舟,当血淋淋的太阳钉在广阔的天幕之际,马车驶进了蓝堡的城门。我一眼就看出这是个奇特的城市,比如她的建筑风格,既有飞檐翘角琉璃瓦,又有类似巴黎圣母院那种哥特式的味道。如果这还不足以让人感兴趣，那么就看她的色彩吧——她通体鲜红，找不出一块巴掌大的石灰或者水泥。

下车。没有人检查我。那个持着冷兵器的门卫只在我的肩头轻轻拍了一下，就放行了。这时我回头去招呼那个小孩，他已不见了。我心里挫了一下。我想这孩子的任务已顺利完成，该回去讨赏了。可是，这孩子并没有把我交给任何人，我人身还是自由的，又该怎么解释呢？或许他确实是个智者，我的直觉没有欺骗我。

城市的红色诱惑着我。我不感到孤独。

我走上了大街。这是条没有人行道的大街。街上失落的眼球、耳朵和残缺的乳房表明这里刚刚结束一场内战。这个城市及她拥有的市民们早在很久以前就习惯了红色的刺激。人们对此不以为然，家家户户都点燃了鞭炮。在十字路口，一群老人正在起劲地焚烧着典籍，嘴里机械地嚼着白色的浆汁。他们的老伴全集中到一个高台上用小脚在跳一种节拍很强的舞蹈，像传说中的女巫一样癫狂。而年轻的女人，一律爬到树上盘起腿坐着，用血点着口红。当我从树下低头走过时，有人甩下来一条月经带。我连忙走到旁边，挨着墙基。从迎面一块破碎的玻璃反射中，我发现一伙老鼠正在我的背后认真分配半条人腿。我不敢再往前走了，冷汗淋淋。

一只大手按在我的肩上。我猛一回头，看见一个健壮的汉子在对我笑，露出一口黄牙。这无疑是刽子手。那人看了看我的面孔，又背靠背地同我比了个头，觉得彼此差不多，就对我叽里哇啦地说了一通，还挥了一下小臂，然后像得胜的将军一样昂首阔步地离我而去。我这才意识到，我不懂他们的话。我们之间存在着语言障碍。我还意识到我这个面具的力量。然而不管怎样，这个地方我是一分钟也待不下去了。我得赶快去火车站。也就在这时，太阳分裂了。于是城市被一剖两半。我恰恰处在阴阳交界的地段。我知道这是个是非之地，几分钟后这里会成为一场新的战争的前沿。双方都将在这里压兵布阵。我连忙逃开了。果然，不等我看清火车站的标志，一声巨响从天而落。我隐藏到一条小巷里。这儿地势很高，因此我从双方首领或者酋长的手势中能明白这场战争的宗旨是争夺对太阳的被照耀权。（实际上策划这场战争的正是太阳）于是，城市又一次被刷得通红……

（多少年后，有人在剥落的油漆后面发现了许多破碎的指甲，在暴露的混凝土里找到了不少牙床和踝关节。）

十五

我是连夜赶回山庄的。所谓将计就计不过是我的单相思和幼稚。我不知道自什么时候起列车运行时刻表修改了，并且，取消了北行的班次。那时，蓝堡正表演着红色的战争游戏，全城戒严。我进退维谷。幸好那乳臭未干的智者又出现了。

你钻到哪里去了？

厕所。他下意识地提提裤腰。我一出来你就没影了。我只好等。

赶快离开这！

看你急的，我得先填马料。好玩吗？

太……好玩了……

你没买几件旅游纪念品？

有什么可买的……除非人头……

你喝酒了？

我没喝酒！

可你醉了。

醉？天哪，我醉了……我醉了……我……醉……了……

就这样我们给那三匹黑马拖走了。它们是第二次把我拖回去。我突然想起我抵达蓝堡的那个晚上，广场上出现了一只大狗。独鼻孔的车夫一见那狗就连忙甩了一空鞭子。后来大狗撵了我们很久。我似乎意识到这里面有一种联系，与我的命运有关。可是这回我并没有发现它，那只比狼还高的狗。

你在看什么？

找一条狗。

什么狗？

棕色的，比狼还大的狗……

哦，它死了。

死了？

它是条疯狗。

疯狗？

可能是吧，反正它死了。这里永远不会有狗了，灭种了。

怎么回事？灭种……

上面通知有一条疯狗窜进了城，为了防止狂犬病，所以要采取措施。可是谁也认不出哪条狗就是疯狗，于是逢狗就打……

"啪！"——它的半片颅骨飞去了子弹头还嵌在眼球里脑浆像拌了红辣椒面的豆腐顺着棕色的皮毛往下淌它还没有完全断气四条腿痉挛着有力地蹬地为自己挠出了一个浅坑最后一秒钟它顶着半个脑袋立了起来接着像石头般歪倒眼球凸出但失去了光泽……

"啪啪！"

这马跑得挺快，别打了！我嗓子很黏。

我肚子饿了。他把鞭子夹在腋窝里。

今夜没有月亮。

你是从哪儿来的客人？

北边来的老客。

你得登记去。你怎么能占别人的房间呢？

这是我的房间。我不是住了好些日子了吗？

这是一位作家的房间，他进城玩去了。

我就是那个作家。我刚从城里回来……怎么，不是你经理一手安排的么？

不错，但我安排的是那个作家，不是你。我根本就不认识你！

什么？！

我给你半小时收拾，先去登记处办手续，否则我们不予接待！

经理拂袖而去。我很迷惑，用手去摸胡子。可是胡子竟没有了，下巴、两腮和唇的上方都异样地光滑，我这才知道经理没有过失。我进了卫生间，通过镜子来欣赏脸上的面具。这是一张少年老成的脸孔，仿佛永远在微笑，给人以亲切感。这副面具简直就是专门替我制作的，从发际线开始天衣无缝地盖住了我的脸。但是我不愿意继续戴它，道理很浅显，这毕竟不是我真实的面目。我便动手摘取它。然而，一个触目惊心的事实暴露了：我无从下手。就是说我不知道从哪里下手来摘取它。我先后从下巴、上额、左右腮帮的位置来撕扯，都没有成功。而且我不感到疼痛。我发急了，开始莽撞起来。我用保险刀片贴着发际线切下，沿着它划了一道弧，结果除了嗅到一股新鲜的橡胶味之外别无所获。我慌了，浑身战栗不止，而镜子里那张所谓的脸仍然在微笑着。我一拳挥上去，镜子碎了，那张脸也碎了，微笑流了一卫生间……

经理他们闻声而至，见状大怒，指责我无理取闹，并威胁说，如果我再不收敛，立即将我扭送到局子里。

我颓然坐下，直勾勾地看着滴血的手背。经理在问旁边的人，一面镜子值多少钱？那人说这镜子是意大利进口的，国内配不到。

那就罚款五十块。

这个人怎么打发？

他想住这就先让他住吧。等那个作家从城里回来再挪。要不，这房子空着也是空着……奇怪，那作家怎么还没回来，不会溜之大吉吧？

跑了和尚跑不了庙。我们找他的单位！想赖账，没那么便宜！

我始终缄口。不管是假戏真做还是真戏假做，我都能识破他们的阴谋。总之，他们不择手段绞尽脑汁挖空心思地以他们的方式解决了一个作家。解决了我。从此，地球上再也找不到这个我了。我倒要看看他们下一步怎么干。

十六

大约是第八天头上，晚报上正式以头版头条的位置披露了一个作家失踪之谜的消息。这篇消息很长，文笔老辣，无疑出自那个所谓的青春调查委员会之手。他们在我改头换面的前一天住进了白色山庄。但我一直没有与他们碰过面。

消息共分两大部分。第一部分简略叙述了我到白色山庄来避暑写作的经过以及其间发生的几件事（指我拒绝承认预订房间、与女服务员亲密接触、和玩蛇老汉关门交谈以及半夜跑进大森林天亮又跑回来）。他们把这几件事联系起来，逐一分析，从而得出了我是个精神病患者或梦游症患者的结论,以此作为第二部分即我的失踪之谜的大前提和背景材料。

第二部分占全文篇幅的3/4。是这样写的。

综上所述,我们不难看出此君的失踪乃意料之中事。就目下掌握的材料及警方的侦查看,这桩失踪案不外是如下几种可能:

1. 隐居。此君生性孤僻,极不合群,喜欢天马行空,独往独来。据有关人士反映,此君从来不与他人切磋世间问题,不参与工资和物价的大讨论,也不与人玩牌掷骰子。其妻也说,他很少陪她逛街串门。这种孤独癖文学史上并不少见,如晋之陶潜,梦寐以求桃花源境作逍遥游。所以,此君可能于某夜由山庄起步,继而潜入野山老林,离群索居。他曾半夜翻墙入林之事可视为前兆。

2. 越境。据同行介绍。此君历来视孔孟老庄如粪土,对传统文化之精粹态度轻慢,却疯狂喜爱恩格斯、柏拉图、尼采、叔本华和萨特。在大学读书时,外国文学成绩名列榜首,对托尔斯泰、福楼拜、乔伊斯、海明威、卡夫卡,以及罗布-格里耶、玛格丽特·杜拉斯的著作推崇备至。从而养成扬洋抑中的病态心理。他曾要求出洋深造,由于经济担保人无从落实,此计划已流产。但不能就此否认他的心愿已灭。从蓝堡及山庄的地理位置看,这里与国境线直线距离不过几百公里,故越境的可能不能排除。

3. 自杀。如果以上的分析成立,作为一个精神病患者或梦游症患者,自杀的可能性就很大,尽管迄今警方没有发现尸体。自杀的方式很多,理由也很多,这里不作赘述。至于自杀的引发点,初步调查结果表明:或许应归咎于一个噩梦。此君从梦中醒来魂不附体,从而割断了时间与肉体的联系。

消息最后表示,有关方面将成立专门的班子插手此案,作进一步调查。

这样以来,山庄成了新闻中心。来自海内外的记者和侦探都纷纷涌来调查、采访。经理作为失踪的作家最后一位朋友,在摆脱警方短暂的怀疑之后,俨然成为某个部落的酋长或西部片的影星整日受到拥戴。对此,他很高兴。不过,在记者们散去后他又不时嘀咕,说他整整亏了1700块钱。那个作家看看小说写得差不多了,就悄悄溜走了。经理表示要引以为戒，于是对我这个"新客"采取了先交押金后住房的措施。我已丧失解释权，只好交纳500块的现金。经理大概看我脸上永远挂着亲切的微笑，只收了300块。他说到最后结账时多退少补，并且不另收我的伙食费。

我在这间屋子里住安稳了，每夜都睡得很好。我渐渐意识到，不久前我作为作家的经历似乎很遥远，似乎发生在另一个人身上。我不过是作为旁观者，存在于那个荒诞不经的时间之中。我现在起居十分方便，健康状态也十分良好，我简直弄不清是在别的地方还是在我自己的家里，一切都那么顺手。

经理也经常来看我，说关于那面镜子的事就算一风吹了。

我真不敢相信你这样成天笑眯眯的人居然还有那么大的脾气！那天你喝醉了吧？

我没说什么。我知道我的表情还是微笑。我注视这个曾自称父亲死于乾隆十七年那场霍乱的人，觉得很有趣。我们的交谈似乎也很投机。他离开时把上次作为损坏镜子罚款的50块钱退还给我。我也很不好意思，就只收了25块，另一份我塞到他内衣口袋里去了。我们握手言和。此刻电视里正在做"誉满全球"一类的商业广告，我想今夜是不会有那部关于少林豪杰夺国宝的连续剧了，很是失望，就合衣上床去翻一本通俗杂志，那中间一篇叫做《美女蛇与童男子》的很合我的胃口。这时，讨厌的电话铃响了。

哪位？

是我。

你是谁？

你说我是谁？！

我渐渐嗅到了一股淡淡的青草味。我似乎在努力回忆着什么……

你还活着？

对，我活着。怎么……

晚报上讲你死了。

那，那不是我……

是你！是你是你是你！

沉默。电话没挂。过了一会儿她又说话了，声音有点沙哑。

那孩子我流掉了……

十七

  第二天一早我就离开了山庄。那个女人的电话把我的心绪彻底搞乱了。记忆的恢复对于我来说是件极端残酷的事。我为我还真实地存在着悲哀。我又一次击碎了一面镜子。

  这是个阴沉沉的日子，四野很静。只有那片林子暗示着生机。我进了林子。我的裤管被露水打湿了，胳膊也出现了几道血痕。我不知道要往哪里走，也不再留心谁会跟踪我。我就这么随便地走着，笔直地走着，遇到浅水洼我也照样踩过去。水冰冷彻骨。我走得很不费事，有轻若飞鸿之感。

  朋友！

  一个女人在对面喊我。这声音在黎明的林子里是那样的清脆和悦耳。我停在一汪泉水面前。但从清澈的泉水面上，我渐渐看清了她的容貌。我怔怔地抬起头，她一丝不挂地骑着一匹老虎婷婷向我走来。我们隔泉相望。那老虎见到生人便努力做了一个前扑的姿态，但并没有真的扑过来。

  你，你很漂亮，很美……

  你也是很好看的，如果你洗把脸的话。

  我当然要洗脸，这么好的泉水。我蹲下来把脸浸到温暖的泉水里，舒服极了。我仔细地洗过脸，然后迫不及待地抽起烟来。等这支烟抽完，水面恢复了原有的宁静，我蓦地一惊——我分明看到了一张有胡子的脸。我立即抬起手来摸下巴，以证明水里的脸不是幻象。不是。不是不是。面具给彻底洗净了。

  该死的小王八蛋！

  别怪孩子。他是听大人使唤的。

  谁？

  老板。

  老板是谁？

  你说呢？

我不想再说。我蹚过泉水，把她拥在怀里……

很长时间过去后，在南方流传着这么一个故事：在一个黎明，一个一丝不挂的女人和一个同样一丝不挂的男人骑着一匹老虎，从林子里穿过，进入了大山的怀抱……

1988年9月　合肥
（原载《收获》1988年第6期）

蓝 堡

诸神处罚西西弗不停地把一块巨石推上山顶，而石头由于自身的重量又滚下山去。诸神认为再也没有比进行这种无效无望的劳动更为严厉的惩罚了。

——加缪：《西西弗神话》

蓝堡于一个早春的黎明轰然坍塌已是近20年前的故事。实际上不过是作家记忆里的一片云霓。当时的情景是：在经过漫长的呻吟后，一场无端的大雨悲伤地走向结束。蓝堡亦因此变得敏捷。（很多年后，它以优雅的方式在历史的侧面流淌。）这个夜晚后来发生的事都很暧昧。那时分正是习惯雨后操演性爱者安然入睡的最佳时机。所以关于蓝堡的传说日后人们总是作出似是而非的叙述，是很自然的事。但谁也不否认我们梦中刻下的那道瘢痕最先起源于一个女人苍白的呼叫。大约在女人的声音被时间割断的那一刻，沉闷的巨响仿佛以最后雷鸣的姿态宣告了蓝堡的覆灭。这个雨霁的黎明充满忧悒，然而太阳照样升起。

那个女人死了。

一位民间摄影师首先从废墟里发现一截葱秆般的手指。但是后来的事实表明，这个衣着整洁的女人并非殒于非命。在她白皙修长微带皱褶的颈项上系有一条黑白相间的细绳。令人惊讶的是，死者面容丝毫没有出现错位和破损——最近的一块砖距离其后耳部仅三公分。这个女人似乎正逍遥梦乡。于是在不远的一个秋日黄昏里，作家受到了一种难以捉摸的启示。由此作家决定写作一部叫做《蓝堡》的小说。可信的说法是，这项劳动纯属作家自作多情的想入非非。

1

在我的私人相册里有一张黑白照片：一个少年站在很强壮的枣树上嘲笑春天。作为背景的正是出现于今天传说中的蓝堡。

关于蓝堡，我曾在我的两部中篇——《南方的情绪》和《省略》，向读者简单地介绍了这座虚构的城池。但那个蓝堡显然不是这个蓝堡。

蓝堡业已浓缩为一座造型与结构都无比奇特的建筑。它并不是蓝色而是烟灰色也许最早是蓝色。它似乎也不配叫堡实际上不过是幢两层的楼房。墙脚布满的青苔和瓦楞间的蒿草是这部历史的提示。这座建筑所有部件的式样与规格都不相同，因此看起来仿佛是七拼八凑的，但又十分和谐。与房子紧密相连的是很好的庭院。少年占据的这棵枣树是院子唯一的符号。这是一株连理共生的植物，陌生人第一眼印象会以为是两株。在以后很多的日子里，枣树多姿的投影与少年相伴。

这个少年是我。这张照片出自那位民间摄影师之手。其时他是青年。我们是老朋友。我们是蓝堡的居民，因此我们将责无旁贷地双双走进这部关于蓝堡的小说。

这张褪去本色的照片使我想到几天前正午的一个梦幻。我在一片好端端的林子里散步，脚下踩着了一件软乎乎的东西。我拾起来才看清是一只鲜红的手掌。可是守林人告诉我，这不过是秋天的一片枫叶。"枫叶总是这样，"守林人说，"先红起来，然后死去。"我并不惊慌失措，我觉得我不是在同一个老人谈话，而是同上帝。但他显然不是上帝。他说，他住在蓝堡。我说蓝堡已经不存在了。他说，谁知道呢？

我于是从沉醉达半年之久的桌上长城中突围出来。在经过整整一个夏季的梦中游历后，于三天前的黄昏由省城返回故里。其时天空正被无声的微雨均匀分割。我预感到，在今后这些日子里我的全部经验将无一不充满潮湿。

2

所罗门说："世上没有新的事物。"所罗门接着又说："所有的新鲜事都不过是遗忘的事而已。"对于我这种天生记忆力很糟的人，回忆是件痛苦的事。我只能想象或者通过别人的回忆来想象。因此我的劳动也可以看做——用一位朋友的话来说，是打捞水中的想象。

蓝堡的遗址业已辟为实验小学操场的东南一隅。唯有一截枣树的根部保留着，显得异样突出。使我联想到一个婴儿留得过长的脐带最后蒂落的结果。一位女教师热情地向我解释，留着它是基于便利集合的考虑。"天晴的日子，我喜欢站到这上面吹哨子。"这位美丽年轻的姑娘来自北方外省，但我觉得很面善，也让人想到月光和水。以后的交谈并没有使我放弃这个浪漫的念头。她自称在师范学校读书时就在一本大型文学期刊上将我的小说及印在封二的生活照一并"拜读"。"但我不知道你原来是这儿的人！"她说，显出一个生动的惊讶。她又说，那时，你很帅。这之后她的目光停滞在我身上这件浅灰色的风衣上。被这样的姑娘"早就认识"自然令我愉快。我问起她的生活情况，这地方是不是还可以？她没有直接回答，而是向我列举了此地一串有悖文明的行为规范并逐一批判。这种可爱的好高骛远让我有兴趣把谈话继续下去。可是暮色已开始从我的衣袖上消退。我想我该走了。

"这儿的天好像黑得特别快。"她说。

"夜里真怕！"

她又说，每个音节都像是锉出来的。

是不是因为蓝堡的传说呢？我告诉她，其实那不过是一个由事故演变而成的故事。可是她似乎很不明白我说的是哪一茬子事。这个外省人对蓝堡的历史可能一无所知。我便有些疑惑。我注意到她的双唇转瞬失去了鲜艳，恐惧的阴影像面膜一样罩在她的脸部。

"怕什么呢？"我笑着问（我关心这点）。

也许她觉得是在一个男人的注视下，所以在短暂的迟疑后，她的音调得到较好的恢复。我请她讲得随便一些，慢一些。

"最初的一次是在去年的四月，桃花才开，是个周末的晚上。那夜月光很好，而且天气已明显的转暖了。我搬进这间单人宿舍，就是离树墩不远的那间。本来是双人的，因为另一位结婚，迁到男方那边去了。我当然很高兴，连夜布置。白天我到后面的那条河的对岸采了许多桃花。那儿的桃花真好。我把它们插在瓶子里，放在窗台上。开窗的时候我看见走廊上有一只很大的猫,黑色的,走来走去,但一声不吭。"

"后来呢?"

"后来我出去倒水,发现那只猫已经站到枣树墩上去了,很神气的样子。我没当回事。我回到房间,觉得蛮不错,就躺在床上准备听音乐。这时候我好像听见外面有人轻声说话,嘀嘀咕咕,有时还夹着逗笑,搔你胳肢窝似的……我坐起来听,是一男一女,就在操场的南端。我以为是谈恋爱的。后来越听越觉得不对劲,那声音很苍老。"

"老人也恋爱。"

"不!"她严肃地说,"我又出来看过,月光下什么也没有,连那只猫也不见了!"

对于女教师叙述的这个类似南方民间鬼狐传说的经历,在最初的几分钟里我有些不以为然。但她明确地指出这一至少可理解为虚幻的景象"就在操场的南端",我的情绪便变得像披在身上的风衣一样灰暗。我惊诧这一主客观天衣无缝的对应吻合。"过去"仿佛已经调过头向我款款走来。在放下姑娘纤弱冰凉的手后,我的思路开始变得清晰。我记得我家迁入蓝堡的当夜,我的外祖母脸色始终很忧悒。她像屋子里那只猫一样在庭院转悠了很久。月光透过枣树的枝叶把她略微佝偻的身影染得斑斑驳驳。后来她在门拐边对外祖父低声说,这屋……有那东西压着!她的语气毫不迟疑。外祖父便响亮地咳嗽起来。这个晚上,一只杜鹃遥远的悲啼把我从梦中惊醒。

女教师的叙述很自然地让我想到21年前外祖母的那句禅机玄语。我突然觉得这两个处于生命不同阶段的女人很可能说着同一问题的两个侧面。于是在这个晚饭后,我经过足够的铺垫把那桩旧事重新提起,希望年逾古稀的老人在她神志尚未完全恍惚时向我提供一种间接的经验。然而老人对那个属于从前的夜晚发生的事情始终缄口不语,而是划动双臂打了一个漫长的哈欠。

3

当年与蓝堡同时死去的女人叫余怡芹。

大约在四年前,我收到了一份匿名邮件——汇集长江中下游地区已故女词人作品的小册子。这本叫做《临江词》的铅印读物来自民间，属于"内部交流，只收工本费"的性质。当时我并不在意，将它闲置一旁。有一天，我为了寻找一份手稿又与它相遇，就手随便翻了一下。很自然地发现了余怡芹这个名字。这本《临江词》收纳余怡芹的作品并不多，仅九首。其中两阕如梦令，两阕蝶恋花，三阕声声慢，一阕雨霖铃和一阕烛影摇红。然而编纂者明显采取了众星捧月的方式让余怡芹独领了风骚。我仔细研究了她的作品。这些作品产生的年代不详。但从其所抒发的缱绻情怀与相思之苦，可以想象出它们是作者待字闺中或新婚燕尔时期的产物。也不难看出作者因袭了婉约派尤其是李易安的词风，得其三昧。

基于这一点，我同意民间关于"余二小姐"是这一带的才女之说。但是我怀疑才女同时又是佳人的观点。在我的印象里，余怡芹的容貌不算出众，不过属于那种"一白遮三丑"的女人。而且她的白似乎也不够纯正，是终日不晒阳光的那种惨白，白得莫名其妙。

那年的秋天，枣树结的枣很少，与茂盛的枝干显得很不相称。我至今不知道那株漂亮的树属于谁家。我猜测是最早的蓝堡主人种下的，但那时候，约定俗成归沈家所有，因为我们搬进去是很久以后的事。沈先生是位非常洁净的男人，拿香烟的手指没有烟斑好像特别长。他看上去才进中年，有着读书人应有的斯文仪表和小心持重的举止。他每天像鸟一样的早出晚归。因此他家的门上白天都亮着一把很别致的铜锁。一只健壮的黑雌猫在门前逡巡使这个家庭显得无比静谧。这天早晨沈先生在院子里碰见我，让我去把枣摘了。我说这枣还不到尝的时候，还得等十来天。他说，现在吃正好，营养成分高。

我爬上树摘枣时看见沈家的猫跃到窗台上。我从小就爱看猫吃东西的模样，便想把第一颗枣送到猫口，就拣接近窗台的枝桠往下滑，并想顺便看看屋里的样子。我没进过沈家。忽然，自黄锈斑斑的铁窗棂间伸出一只瘦白的手，接着出现了一张同样瘦白并且已经不年轻的女人面孔，我吃了一惊。

她平静地看着我，然后轻声说："我饿。"

我怯怯地把一捧枣放到她手中。我碰着了她的皮肤就像碰上了一件镀镍的东西。

"我饿……"她又说。我把所有的枣全都给了她。但她没有当我的面尝一颗。

我想她必定是沈先生的女人。我好像这回才知道沈家原来还待着这么一个女人。"沈先生干吗天天把她锁在屋里?"我问外祖母。

"她有病。"外祖母很不情愿地说,"病多年了。"

这天夜里我听见沈家发出乒乒乓乓的声响,其中还夹有沈家女人的呜咽。我很想知道发生了什么事,就悄悄挪到他家门前。突然,静卧在门槛上的那只大猫一跃而起,向我逼来。我逃了。

以后我又觉得,沈家有点声响是很好的。沈家实在太冷清了,连猫也不叫。

直到沈家女人死了,我才知道她叫余怡芹。那时我毕竟还是个孩子。我在阅读《临江词》时,由于编者对余怡芹的特殊安排,认为从事这项劳作的人非沈先生莫属。那九首词让我想起古典戏曲中一些生离死别的场面。短暂的欢乐与无尽的相思让我见到了一个"衣带渐宽终不悔"的余怡芹。

但是后来的事让我坠入迷魂之谷。

4

四年前秋天的一个傍晚,我在沿江一座古老城市的轮船码头意外地遇上了暮气很沉的沈先生。我自然要提到《临江词》并且对余怡芹的作品表示几句恭维。可是沈先生竟然对此颇感惊讶,像一个孩子似的把脑袋歪到一边。这个年迈的男人此刻仿佛夕阳一样的忧伤,逝去的悲哀重新布于他清癯的面颊,给人以沧桑感。"她填过词?"他喃喃地咬着字,"不会吧……"我觉得有歉意,但更多的是疑惑。年龄的悬殊让我放弃了对他的劝慰,而是邀他进了江边一家私营的小酒楼。我们在楼上临江的窗边落座,要了几样当地风味的冷菜和一瓶低度郎酒。不多时,月亮升起,薄如纱绡的雾气弥漫江面,彼岸的世界因此显得虚无缥缈。

"人生如梦。我这辈子实际上是一次漫长的梦游。但一开始就不轻松。

"四十多年前我在这座城市的国立大学外文院读书。教我的基本上都是美国人——我至今英语会话还不是地道的伦敦腔。那场战争后来让美国人感到了厌倦。我的导师罗纳德·凯恩教授希望我能够随他离开这片硝烟弥漫的土地,去大洋那边的新奥尔良继续学业。我答应了。我们准备在中国过完圣诞节就启程。这样,到了12月23日,也就是圣诞节的前两天,我上了一趟街。其实那天我是没有任何理由好逛街的,"沈先生说,"我的行李办了托运,该忙的都忙了,我很累。中午,我喝了点家乡的米酒,然后就上床睡下了……"

"怎么想起来又去了街上?"

"财迷心窍吧。"他说,脸上现出微红,"当然我不是真的因为贪财。我那时比你现在还年轻。我需要刺激,于是决定去应验一下。"

"应验什么?"

"梦。刚才的梦。我不是睡着了吗?这个梦让我非常兴奋地醒过来。好像是一位老人伏在我耳边这样对我说:你必须马上到城南的那家古旧书店去。你将在那里获得一件意想不到的宝贝。你看,简直是又浪漫又荒唐!"沈先生把面前的酒一饮而尽,接着又斟满。

"后来的事其实也很简单。我走出那家古旧书店——自然两手空空——就觉得街面和以前不大一样,仿佛刚才那一会儿被谁调整过。也许是雪的缘故。雪使一切简化了。很快,我意识到有人在跟着我。是一个女人——女孩吧,不过十六七岁的样子,像中学生或者师范生。开始我以为是我的同路人。直到她跟着我走了相当长的一截,才引起我重视。我觉得很有趣。有几次我故意突然停下来,或者绕一个弯子再走。但是恶作剧并没有使她露出手脚无措的尴尬。她可以说是不乱方寸,并且很善于掩饰。比如说停下来的时候,她会自然地弯下腰去把鞋子擦擦,或把鞋带系结实。她就这样逍遥自在地跟着我。

"出了南门,路上已没有其他行人了,这时候天色也开始转暗。那是个很安静的雪天,四野茫茫,仿佛整个世界都凝结了。因此我们前后错乱有致的脚踏在雪地上格外响,像谁在林子里锯木头。这声音让我心虚。越往前我就感到脚下这条路不是原来的样子,陌生的标志是一座独孔的石拱桥和桥那边的小巷。显然,我迷路了。我自己把自己给弄糊涂了!最后,我不得不停下来——那是条死巷。"

沈先生又喝了口酒。他的脸色已变得复杂,目光也有些呆滞。呆滞中又蕴含着几分虚幻与寂寞。停顿许久,他自嘲地笑了笑,似乎又把心绪调理得很好。于是他后来的说话节奏明显加快并且抑扬顿挫把握得适度有致。

"我猛地转过身向她逼近,小姐,你是什么人?为什么盯我的梢?可是等我看清楚她的那张洁净娟秀的面容时,我的火气顿时消除了一半。我甚至还觉得这张脸一点也不陌生。(后来我想起来,她和我初恋的那个苏州姑娘长得有点像,特别是在笑的时候,那个我称作梅的姑娘因病几年前去世了。)她很平静。这种平静使我很快适应了我们奇异的相遇。我问她是不是很冷。她摇摇头。我饿,她这样说。说得我也饿了。但是现在根本弄不到吃的。这条巷子大概是日本人占领时期焚烧过的,看得出很久以前就没有人烟。而且迷途难返,其时城门已经关闭了……"

"你们只能在一起过夜了。"

"是的。我领她进了一间比较完整尚可避风的屋子,烧起一堆火。实在找不到吃的,我让她别再提'饿'。她说她已经不饿了……"沈先生摘下眼镜,用手帕仔细拭过,再戴上。"这个晚上后来我们结合了。"

"一切都显得平静、自然。她没有表示害怕当然也就不会拒绝。尽管我们彼此都是第一次真正地了解与自己不同性别的人,但一步也不慌乱。我们仿佛之前就是多年的夫妻似的,对对方的身体毫不陌生。她是处女。她要求垫一块她的手帕。一块白手帕。第二天醒来的时候,我惊讶地发现手帕上的血组成了一朵梅花……"

"现在看起来,这一切好像事先被什么人精心编排过。"在分手时沈先生这样说,"那个人就是上帝!"

5

在决定写这部小说之前,我曾不止一次地想过当年沈先生"踏雪寻梅"的经历。每一次回忆都使我萌生新的悬念。这个充满魅惑的故事显然缺乏我们习惯认为的那种真实性。在不久前的一次学术会议上,我邂逅了一位浑身散发礼仪之气的狄更斯和萨克雷研究专家。他正巧是沈先生大学时的同窗。他用接近调侃的口吻向我介绍了沈先生年轻时候的情况,认为那是一个"除了读书几乎没有任何嗜好的正经读书人"并且有着"难以想象的内向性格"。"后来听到他结婚了,大家都很吃惊。"专家说,"有人说沈能想到结婚就意味着公鸡也可以考虑怀孕。当然这不过是善意的玩笑。"这位专家的见解与沈先生由于"需要刺激"而顶风冒雪去应验梦中许诺的行为简直是南辕北辙。也许只仅仅是一种表白。那么这种近乎自我吹嘘的表白意义何在呢?

我这次回来有意取道那座旧城并作逗留。我沿着沈先生过去的足迹走了一遍,脑中复制着四十几年前的奇迹。从地理位置看,当年的国立大学坐落在城的北郊。由那儿到位于腹地的古旧书店(现名中华古籍书店),徒步至少需要两个小时,而且那是个雪天,不可能更快了。书店通往城南大门仅一条道,我看不出会有什么弯子好绕的。但这条道,据当地的老人介绍,以前是由碎石块铺成的,坡势又多,很不好走;一般要四五十分钟的样子。其时那场漫长的战争正处于最后的决战阶段,这座城市为首当其冲的江防要塞,戒备森严,每天下午五时关闭城门。依照这样的时间推算,这对雪地鸳鸯就是插翅也很难飞出城去!第二天,我又去了那家书店。我向一位年岁较大的职员打听书店的沿革情况。他说这个店最早是私营的,但不仅仅是卖古旧书刊,也出售或代销古董与字画,有一个时期还设过赌局。"也许老板因为这个破了产,才吞鸦片死了。"他说,"这都是听我父亲说的,他如今死了。"我又问,当年是不是有一个姓沈的大学生常来这儿?他笑着摇摇头,表示记不清楚。他说,那时候,我还小。这家书店的斜对面有一座残缺的功德牌坊,是为乾隆年间一位从事宫廷编修的翰林树的。我注意到它的顶端筑有一个空巢。天空上时有鸟群掠过,可是它们不肯落在这儿。是不是因为这儿太喧闹了抑或很多树都被砍伐了缺乏自然的和谐与保护?既然如此,又何必筑起这么一座名存实亡的空中楼阁呢?

这天晚上我又想起了余怡芹。即使现在,一个16岁的少女孤身跟踪一个素昧平生的男人并最终委身于他,也似乎是不可思议的。余怡芹其人仿佛和其名给人留下的印象一样,属于典型的小家碧玉。《临江词》中关于她有以下一段文字介绍:

"……作者出身书香之门。其父为商贾,但爱武习文,尤工词律。'七七'后,举家流寓南方。翌年父死,家境遂败。嗣后随其兄余百川

（字孟海，已故现代画家）浪迹江湖，以鬻字卖画为生，饱受风霜。故作品情调感伤，悲欢交织。作者幼得之于父笔墨启蒙，后受之于兄丹青感悟，从而形成情景相融、语言清丽之风格。"

　　这位编纂者难免有些夸大其辞。余怡芹算不上一位作家，一位名流。她的作品印成铅字的仅限于这九首词，不过小 32 开本的其中几页，况且还属非正式出版物。我曾翻阅过一批关于这一带文化的史志资料，也毫无新的发现。倒是她的兄长余百川留下的痕迹颇多，似乎有"江南一怪"之说。这位余孟海先生在他才华充分展露之际却毅然投笔从戎，在一位姓张的将军手下任职，不久便死于一次意外的海上爆炸事故。显然，《临江词》的编纂者对余怡芹及余氏一家是非常了解的。而且，我敢断言，那个人对余怡芹怀有山盟海誓般的挚爱。沈先生对这一行为的矢口否认，意味着另一个人的存在——一个可能隐姓埋名的男人。

　　作为小说家，我不习惯那种推论。我愿意用怀疑的眼光去打量一切。我所付出的努力仍然是不屈不挠的追求真实性——你怀疑的一切都可能更加真实。

6

　　第一次同那位年轻的女教师交谈时，我就觉察到她有一个下意识的动作：抚摸脖子。她的脖子比她的其他皮肤更白一点，很光润，还有两道浅浅的弧。所以这个动作很讨人喜欢。不过当时我没有因此而分心。重新关注这一细节是在今天的黄昏。

　　我觉得有必要同她再详细地谈一次。让她把"很怕"的事在我轻松的表情下尽量说完整些。我还作了这样的考虑，如果觉得方便的话，我愿意陪她至深夜——这当然已不仅限于调查的需要了。对她这样的天真烂漫的姑娘我生来就有好感。但是我太冒失了。她的房门虚掩着，我竟忘了咳嗽一声就闯了进去。她正好在换裤子，刚穿到膝处，见一个男人悄然而入便很吃惊，红着脸把裤子刷地扯到腰间，接着转过身去。我没说一句道歉的话。这种局面越解释越尴尬。可是我脑子里嗡了一下，我顺着她的手势发现她的脖子上套着一根黑白相间的小绳子。这根权作裤带使用的绳子霎时在我脑中形成了不祥的预感。我当即决定放弃原来的计划,全力进行青年男女间的那种"随便聊"。看来,她很老练。初次见面时那种外省人孤傲的目光和天性导致的腼腆一并摘去。我们俨然是老朋友了。这很好。

"你的口音听起来像是北方人。"她说。

"我是在北方读的大学。"我说。其实是在南方,没必要破坏她的自信。

"是在A城吗?"

"对。"

"你是B大的?"

"你看像么?"

她自以为判断准确而显得眉飞色舞。然后她开始冲咖啡。"B大离我们学校不远,"她说,"附近有一家印尼人开的咖啡屋。"

"好像是新加坡人。"

"是印尼人。我常去那。你应该也去过的。"

"不多,就两三次。我讨厌马来人种,不伦不类,我宁愿喜欢黑人。"

我这时站起来把风衣脱下。我想借这个大幅度的动作缓冲一下,再问下去我招架不住。她接过风衣先看了看牌子。我感觉到她又准备说些什么,于是抢先一步。"你觉得写小说有趣吗?"我说,进入这片天空我便身轻如燕。"其实我写小说完全是偶然。"我从一本书上了解到作家舍伍德·安德森只消上午写小说,其他时间便用去喝酒聊天。我觉得这种生活非常适合于我。后来我又发现威廉·福克纳与我所见略同,我就决定先把自己当作家待了。我不写诗。我写小说。我从美国人舍伍德·安德森那里知道,小说是可以随便来写的。另一个美国人欧内斯特·海明威让我懂得可以把自己知道的东西省略不写。最早告诉我小说里也照样可以自相矛盾的是阿根廷人豪尔赫·路易斯·博尔赫斯。这个年迈的人临终前提醒我注意为自己和朋友进行写作。

她对这些不感兴趣我能看得出来。但她的脸上晴朗了。这样就好。我在她面前走来走去。

"你的手干吗总放在口袋里?"她说。

"习惯吧。"我说。我意识到这是一个大胆的暗示。我把手抽出来，碰碎了一只杯子，是她的那只。"我赔你。"我笑着说。

"你可是个不够大方的男人。"她说。

我在离开的时候告诉她，我还会来。我请了创作假。"我要利用这个秋天来完成一部中篇。也许会把你写进去。"

"那不是我。虚构只能产生化身。"她突然笑了一下，"这里的人总在虚构我。"

我看着她。我关心这个意思。

"常有人在街上把我拦住。问我是不是谁家谁家的几姑娘。看来我和这地方还真有缘分！"她做了个优雅的手势。

"有没有人问你是沈家姑娘的?"

"没有。干吗偏要姓沈呢?"

7

沈家没有孩子。沈先生虽是入赘女婿可是对余二小姐很好。他们都是知书达理的人，平日里总是形影不离，像那棵枣树……

那阵子余家门庭冷清了。余老板看不出是个要死的人，说走也就走了。以后这门面就靠余大少爷独支着。每天日头刚落，蓝堡的门就关上了。蓝堡不是余老板手上营造的。上辈人说，早先这里住着一位留过洋的举人。但也不是举人造的。举人到这地方放漕，就地纳了一房妾，买下了蓝堡。有一天，举人的船在江心翻了，船上的人无一生还。蓝堡转到余老板手上已不蓝了。余老板死时，余家兄妹都还未成年。日子很清苦。余大少爷后来把屋子当了一半，领着余二小姐去走江湖，一年回不来两趟。过了几年，听说余大少爷吃了行武饭，在什么人手下当副官，余二小姐放在城里念书。再后来，报上说余大少爷在海上给炸死了。

到了这年的春上，余二小姐领着一位姓沈的先生回来圆房。当天还办了酒。余二小姐喝醉了，又是哭又是笑的。边上人看了没有不可怜的。那年秋天，树上的枣结得特别多。大伙都说这是个好兆：枣子枣子，早得贵子。果然不多时，余二小姐产下了一个男孩……

"那孩子呢?"

"死了。是个讨债鬼,都快五岁了,还是被阎王爷招去了。"外祖母叹道。她阴郁地看着窗外的月亮。月光凝结了她皱褶纵横的面容,使我想起浅川里一块被泥沙的水销蚀的青石。

那孩子是淹死的,就在蓝堡河里。那会儿正闹桃花汛,这河通着江。常有外江的船来跑生意。那天是个阴天。我去河边洗衣时还看见那孩子在船上玩,和一个穿灰长衫戴黑礼帽的男人逗着八哥。到了傍晚,我才听说孩子失了脚。"也是命里要死,"外祖母回忆道,"偏偏那会儿船上人都到祠堂听戏去了。后来还是那只八哥对着水里不停地叫'西(死)!西(死)!'才叫人起了疑……那孩子或许被冲到江里去了。要不,怎么连尸首也寻不到?"

这以后,余二小姐就再也怀不上了。也不再出户,好像一下子换了个模样。"可怜的人前世没修好。那孩子要在的话,恐怕和那个照相的年纪差不多。"外祖母说。

8

摄影师是同夏天一道来的。这个年轻的漂泊者自称到此地寻找一位亲戚。到了之后才知道他要找的人已去世两年。"我来一趟不容易。"他说,"这儿也蛮好。反正我是赤条条的没什么好牵挂的。我像蒲公英一样,随便吹到哪儿都能活。"他的洒脱与幽默使你初次见面就会对他产生好感。蓝堡别致的造型吸引了这位艺术家。他愿意出高于普通民房一半的租金住进这百年老屋。他被安排到沈家隔壁的一个单间。另外他在楼上的过道尽头占下了一大截,用纤维板隔成了简陋的暗室。他是个精力充沛的天才。他白天一般都背着相机出外揽活。更多的夜晚他用于艺术创作。很多年后,我在不少报刊上看到这些风格怪异的作品,很自然地想到了产生它们的时代以及艺术家在那个时代的生活。但我的全部感受最终都化为一条红色短裤。

蓝堡在我记忆里从来就没有年轻的女人。因此摄影师每天一回来就只穿一条红色的紧身短裤。这使他的身体看起来像马一样健壮。这匹备有红色鞍鞴的骏马使阴冷潮湿的草原崭露生机,蓝堡仿佛被搬出去晒了一回,变得干燥明亮。但是那只大黑猫好像异常仇视这个不速之客,在年轻人到来的当天便在他的大腿上留下了一道很深的血弧。"古怪的小婊子!"摄影师后来总背着沈家人这么说,"总有一天老子得打死你!"

那年的夏天特别热,日长如年。几乎所有的晚上我都是在院子里度过的。我躺在竹床上,望着布景一样的枣树,数着头上的星粒。摄影师这时候正挥汗如雨地在暗室工作,等结束了就提着毛巾去蓝堡河洗澡。我有时也陪他去,看他用各种姿式游泳。他游得相当好。他说蓝堡河和他家乡的一条河看上去样子有点像,只是浅一些。"我不喜欢浅水。"他说,"老人都说浅水里会遇到麻烦事。"他又说他从小就不光着身子下河洗澡,家里人让他穿红短裤,说可以避邪。可是有一天他慌张地告诉我,他的红短裤不见了。"我明明放在埠头上。肥皂还好好的……"他说得很认真。这个晚上摄影师很沮丧。他没有像以往那样点上一支烟到院子里和大伙聊上一会儿。从河边回来他就将房门插上了。到了后半夜,突然听到他在屋里喊:

"谁撒沙?"

乘凉的人都惊醒了。沈先生和我的外祖父先进了屋,用手电四处照射。我也想跟着去看看,但是给外祖母一把拽住了。我觉得这一天发生的事都很奇怪。楼上没有人,谁撒沙?然而摄影师不承认是幻觉。过了好些日子他还说眼睛里仍然像有沙子在折磨。

对摄影师的调查是我计划中的事。这位艺术家在蓝堡坍塌的第二年同当地的一位曲艺演员组成了家庭,以后有了两个女孩。但是不久前,他的妻子因患突发性心肌梗塞死去了。我于是在日落之前驱车赶往他的住处。在离城郊公路不远的一幢暗红色平房的正中门框间,摄影师单薄的身影在夕阳余晖里摇晃。这个中年人仿佛已被掏空,人整个的小了一圈。丧妻的悲伤在他过于早衰的双颊静静流淌。他好像预先知道我要来似的,因此一见面便省去客套的寒暄,而是把我引进他的卧室。

这是一间朝北的房子,光线很暗,也感到阴冷。其实他现在住得很宽敞,完全可以挪到南边的屋子去。他很快打消了我的疑虑。他说:"我的眼睛好像同阳光相克似的,见久了就难受。"我认为这可能是职业导致的眼疾,所谓职业病。我建议他趁早去看医生。他说也不知看过多少次了,所有的结论都"正常"。"昨天我又去了医院。医生给我开了些普通眼药水。我一出门就把处方揉了。"他说,过去的幽默又重现于脸上,但很快消失，之后他的神情显得十分沉重。"我知道我这双眼睛迟早会报销的。"接着他向我说起了昨天下午的事：

在回来的路上，我看见一位衣着体面的老头在公路边徘徊。他好像在等什么人，走几步，停下看看，再走几步。"开始我并没有在意。"摄影师回忆说，"等我从他面前走过，我突然发现他有一口很漂亮的银须。我还从来没有真的见过这样的胡子，让人又敬又畏，非常有吸引力。"我当时想到的只不过是为他拍照。我觉得只要揿一下快门就使一张肖像杰作诞生了。那时光线不是很强，我的眼睛也比较好受。这种光线能使肖像拍得富有层次。我就过去同他搭话，问几点了。他说他的表早停了，戴在手上的不过是一种时间道具。这种谈吐口气使我把他看做一个高深莫测的游方道士，一位智者。我仔细观察他。我感到他的眼光十分古怪，正面觉得和善，侧面又觉得凶恶。我更不愿意放弃这个机会了。我提出了我的要求，但老人婉辞谢绝了。他冷静地说：你不必这样。你应该重挑一件事做。我意识到他话里有话。我向他说起了我的眼睛，我说我弄不明白这其中的奥秘。他听完这些只是轻轻叹了口气。直到离开的时候才丢下一句话：

你见的东西太多了。

9

"他说得也许不错。"摄影师说，"我见的东西是太多了，而且都是些奇怪的东西。我小时候就见过长三个奶子的女人，见过蜈蚣交配，见过死了七天又从棺材里爬起来的老人。自从住进蓝堡——你大概就是来找我掏那屋子里的事吧。我想是的，你是该写写蓝堡。"

我递给他一支烟。他用力吸着，目光像捕捉一件不够清晰的入镜对象似的专注。往事如烟，他的表情让我相信他在努力地回忆，并试图把纷乱的头绪尽可能理顺当。我请他谈得随便一些，话题也不一定只限于蓝堡。我不是来向他采访的，而是同他聊天。他表示有数，用略带浑浊的音调进行叙述——

"蓝堡在我眼里始终是一座不规矩的建筑，像先后经过几只手修改过。我曾经查阅过一些中外建筑资料，可以肯定地说，没有任何一种建筑风格能够看做蓝堡的起源。正因为这种不同凡响，我愿意多交房租住进去。不规矩使蓝堡成为一个杰作。我喜欢不规矩的东西。我的处女作叫《鸟》——实际上画面里出现的是一支古代的断箭和一只钉在墙上的烂苹果，这些都笼罩于鸟翅巨大呼啸的投影之中。我想表现那种不规矩的欲望之火。我拍这张片子时不过17岁。谁看了谁都说我是个怪胎。我或许就是个怪胎吧。我身世很苦。父母在我很小的时候就离异了，可能现在都已不在世上。我是在一家裱字店长大的。我到这地方之前那家老板——我叫他叔叔的，也死了。"

"你真是来投亲的？"

"也可以这么讲吧。"他说，"我那叔叔死后大约半个月的样子，收到了一封给他的信。发信人没有写地址，只标着'内详'，我就拆了。那信上提到我，说我已经长大了，不能像猫一样总待在家里吃闲饭。大概就这个意思。写信的人署名'昆兄'。我想这位'昆兄'也许是我的最后一位亲人，于是就按邮戳的指示到了这儿。可是一了解，这地方叫'昆'的人至少有几百个。那天我在蓝堡河边站了很久，心里很凄惶。如果后来不是蓝堡的吸引，我可能会离开的。那时我对你们说，我这位亲戚死了。我觉得这样省事，你说呢？"

"你接着说。"

他站起来踱了一会儿，把刚才自动熄了的香烟重新点上。他说：

"那屋子不规矩。每间房的面积可能都不一样，楼上与楼下的结构也不同，互相错开又互相联系。你也许会有我同样的感觉，你进入其中很难辨出东南西北。你甚至会认为太阳是从南边升起的。我那个小暗房下面是沈家的卧室。因此我常在夜间工作时听到下面的动静。那女的——开始我还不知道她有病——总是嘀咕着'饿'，沈先生好像从不理会。我就有点奇怪。有一天晚上，很晚了，我正准备洗手下楼，又听见那女人说'饿'，说得有点儿瘆人。与以往不同的是，沈先生这回火气挺大地骂了她。骂什么我没听清楚，反正是骂了，要不那女人不会哭的。那晚的月亮十分好，星星都隐去了。我关了灯，沈家的灯光从楼板缝隙中穿射过来。这楼板也老了，我脚下的那块还有一个松动的疖疤，掏起便露出一个牛眼大的洞。（我平时用胶布把这活疖封好，以免暗房露光）我仔细听着楼下的动静，担心事情会闹大。那女人还在呜咽，奇怪的是这呜咽中又夹杂着几声怪笑。我就小心地伏下身去，将活疖拿开——那女人被绑在檀木椅子上。沈先生用老人挠痒的那种小竹耙在她浑身上下慢悠悠地挠。女人像中风似的摇晃不止，唾沫顺着嘴角溢出。我糊涂了，不明白是什么意思。像这样整治女人……

"大约过了一刻钟的光景，事完了。那女人仿佛刚活过来，大口地喘着气。她好像也不哭了，眼睛直勾勾地看着男人。沈先生把预先熬好的中药倒在碗里，一口气喝下去。那药一定是很苦的，他的脸部不停地抽动着。喝完药，沈先生大概感到热了，就开始脱衣了，一件件地脱，脱光。然后他从枕头下面拿出一根非常细又非常挺的小鞭子，塞到女人手里；他安静地躺到竹床上，让女人抽他。女人显然不是头一回干这种事了，就抽；沈先生一边翻滚一边吩咐：重些，再重些！女人的手放重了，一鞭下去便显出一条浅痕。这样抽了好几十下，沈先生开始呻吟起来，但我敢肯定，他不感到痛苦。甚至他会觉得异常的舒服——这是我很长时间之后才悟出来的。突然，他又一下跳起来，照着女人的脸打了一耳光：你怎么对我的脸抽？他把'脸'字咬得很重。女人手中的鞭子滑落到地上，扑通对男人跪下了……

"以后女人就睡了。沈先生显然在竭力让自己平静下来，关了灯，默默地吸着烟。他茫然看着浑身的鞭痕，叹息着。那只大黑猫妖精一样地跳到主人大腿上，侧卧着，尽情享受主人的爱抚。慢慢地，沈先生的手又落到自己脸上，用力搓擦着。月光倾泻在他身上，使他看起来像一尊粗糙的雕塑作品。我注意到，他的眼角很亮。"

"这实在是一个可怜而无用的男人。"摄影师这样总结道。

10

对于一件发生在几十年前的旧事，记忆中至今尚未筛去的，我都有责任把它们理解为精华。时间使事物的表现变得粗糙，同时又使本质的部分得到更为清晰地显示。

这位摄影师最大的失误是忽视了我的存在。我是蓝堡的最小窥视者。关于沈先生，至今仍有一些衰老的女人在黄昏滴雨的屋檐下说他是"那手功夫真到家"的"好小伙子"。这种性爱暗示是对从前辉煌的床笫经验的深切缅怀。我还记得沈先生有一天夜里被两个穿白衣的男人带走，过了好几天才回来，言语极少。他对我说他"出差了"。后来他又说他"犯了生活错误"。四年前，我在江边与沈先生分手后，不久收到他的一封信。"我这辈子对女人太贪得无厌了。"他这样写道，"我又没有办法不这样。女人是一口大酒缸，让你沉，让你醉。我于是便烂进这缸里，就是谁给我一把梯子我也无法爬出来……"沈先生遣用这个"烂"字实在妙不可言，使我仿佛看到一个单薄的男人和一群肥硕的女人狎戏的情景。我不知道他是在检讨自己还是在歌颂自己。

然而摄影师为何要捏造——如果确属捏造的话——这一攻讦性情节呢？

我很迷惘。

歌德说，如果你第一个纽扣没有扣眼，你就无法扣上整件衣服。为了不至于使这部叫做《蓝堡》的小说黄掉，我只好返回开始的阶段，陪沈先生重温旧梦。

"人世间许多事情是说不清的。"沈先生以这种哲人郑重的语气叙述。"余怡芹为什么如此执著地跟踪我以至向我献身，我和你一样感到茫然。事情虽然过去了很久，可每次一想起来，我就感到不安宁。甚至魂不附体——这不是你们作家惯用的夸张表达。那天晚上，我已对你说过，后来发生的一切都是那么自然，连本能的羞耻心都丧失了。天很冷，我们不可能一丝不挂。我在抚摸她之前先把手放在腋下焐了会儿，她对我微笑着。我在这一刻想到了我以前的恋人……这些日子我还想过，觉得自己当时已经不知不觉地把二者统一起来了。如果不是上帝用微笑把两个女人造得那么相似，我或许没有接近她的勇气，至少不会占有她。我想这大概是上帝对我的一种怜悯，一种补偿。我向她跪下来，我说给我吧。她连忙把我扶起，含着泪说：'我只给你！'我们紧紧拥抱。这时候她从怀里拿出了一方手帕，几乎泣不成声地说：'我一直带着它。我知道有一天会用上的……'"

沈先生拭了拭眼镜。然后从随身携带的棕色小皮箱里拿出一只精巧的首饰盒，打开，里面正是余怡芹的那方真丝白手帕，我看见了一朵浅褐色的梅花。

"这朵梅花让我震惊。"他说，"我那位已故的恋人就叫'梅'。多么难以理喻啊!这朵以处女为代价的梅花抚慰着我滴血的心灵——和一个病人相依为命几十年,是很艰难的。但我不后悔……"

"她是什么时候病的?"

"我至今也不完全明白,究竟是她有病,还是我把她当做了病人?"沈先生思索着说,"很多人认为她是因为我们的孩子夭折才病的。实际上,我觉得这之前她就有点异样,说话爱重复,眼神有时非常专注。孩子的死不过是雪上加霜。可是,我们的日常生活,包括性生活,都很正常。她以后的不孕,据妇科检查是因为产后处理不慎导致输卵管堵塞。她为此痛苦了很长时间,也出现了短暂的性冷漠。孩子丧生前她还工作过,是一位很好的教员。现在看来让她退职是一个失误。如果她继续工作下去,也许会使她恢复得好一些。"

最后,我又提到了《临江词》。我认为这位编纂者是余怡芹生前的好友,但我没有明确指出这位好友的性别。沈先生摇摇头,说:"她向来是孤芳自赏,很厌倦社交。如果真是她的朋友来做这件事,我想会自动找上门来。"他的意思是可以把这件事看做民间的一种文化积累劳动。他说,搜集者总会运用意想不到的手段。

11

昨天夜里我又听见了那声音。南风把他们的交谈刮到了我的窗下。这个季节怎么突然刮起南风呢?他们的声音很窄,像是经过了时间的过滤。我发现以前错了,他们的声音并不苍老。浑浊是因为太激动,或者是疲劳的缘故——那男的好像是从很远的地方赶来的,声音和呼吸一样短促。可他又很固执地告诉她:我没有走远。我其实一直在你周围转悠着,只是你看不见。女的悲伤地说:你骗我。那不是你。我要你。我在河面一直等你等到月亮升得很高很高的时候,你还不来;我饿了,就先走了。男的说你真不该这样!女的哭诉着:你太虚伪了。我知道你有意躲着我。你不来就是想让我早早地走。你就是这样想的。男的叹了口气,说这样也好,反正我离你很近了。我这不是赶来了吗?

"后来怎么样?"

"后来我大概睡着了。"

这位女教师在回忆以上这一梦幻般的经历过程中，神情与其叙述的内容达到丝丝入扣的呼应，使她尚存稚气的面孔上平添了一层"过来人"的优愁。在我看来她似乎已经不是"目击者"，而是在下意识地倾诉自己的情怀。换一种说法，她在利用别人的舞台来演出自己的剧目。但是我又觉得她为过去的传说作出了现在的注释。我望着脚下静静流淌的蓝堡河，它和历史一样的曲折，又和生命一样的运动。这是一条永远不会枯涸的欲望之河。现在，月亮伴随着姑娘的叙述已经悄然升到了我们的头上。然而它浸在河里的映象依然是零零碎碎的，像一堆瓷器的碎片。它仿佛正以沉默而零碎的方式撰写一个新的寓言。

　　月光与水的交织，使我想起一个叫月光湖的遥远之地。很久以前的许多黄昏和夜晚，一个男子同一位姑娘在那很好的水面上度过了一截欢乐的光景。月亮自始至终目睹了那场惊天地泣鬼神的爱情游戏，使他们的胴体变成浅蓝色。"月亮涂给皮肤的颜色是永远不会褪去的。"姑娘后来这样说。那年秋天，姑娘奇迹般地失踪了。她像一只长满羽毛的鸟儿一样从此飞出了作家的生活。她的生命业已融入了作家的阴影之中，在月亮出现的好日子里与我做伴。多少年过去了，我孤独地肩着脑袋四处寻找着她的踪迹。人们在雨季开始的时候，总能看到一个习惯沿着河边行走的流浪汉。那就是我。

　　"月亮真好……"

　　"是的，真好。"

　　"那天晚上的月亮也是这样好……"

　　"是的，一样的好……哪天？"

　　这段对话一开始就让我迷惑。这位至多让我觉得面善的姑娘与我过去的经验没有任何联系。我们实在没有什么过去好谈也没有"那晚"。我现在认识到我们到河边散步显然是一次错误。河边是个十分危险的地点。我经历的九次生命赌博有七次是在河边发生的。眼下我面临第十次。我不喜欢"十"。这个数字带有完整和终结的意思。我印象中的"十"是一张寂寞的单人床，最先享用它的是一个叫做耶稣的洋人。而且我如今也非常害怕月亮。在这种阒然无声弥漫着氤氲之气的恶劣的环境里年轻人很难保证不干傻事。以后的结果表明我预先的判断不失正确。

12

  我很疲倦。大梦初醒，我汗涔涔地从被窝里爬出来。心脏跳得似乎有点不对，从左边跳到了右边。由此我想到我的第一次性经验。永生难忘的第一次是以世界为对象进行的。在那无比痛快的瞬间天空飞起一道彩虹，以后是岩浆熔铸为钟乳石再溶化为水——彻骨冰凉！那是很久很久以前的事了（那时我多么有用多么骄傲）。那一次我赢了。我输得最惨的是第十次。

  后来的事发生在天才的诱惑与无畏的暗示水乳交融的时代里。发生在永垂不朽的爱河边。发生在一件浅灰色的风衣上。

  "你这件风衣是怎么得到的？"她突然问。我没有说买的。既然她这样问就意味着我的风衣应该有点来头。"我现在记不起来了，"我留有余地，"真的。我记性不好。"她立即流露出失望的表情，哀怨的秋波正好给我一个提示。我说："好像是谁送的。也许是位姑娘……"我望着洁白的月亮，觉得谎言有时候实在可以变成真理。我听见她轻轻吁了口气。"也许是吧。"她说，"那姑娘大概和我一样地喜欢这件风衣。她希望一个令她满意的男人穿着它，经常在她眼前走来走去……难道不可能吗？"

  我点点头。我说于是有一天那姑娘去商店买下了这件风衣，然后通过很好的方式，比如说邮寄，送给了一位在她看来蛮不错的小伙子。她不认识他。她可能在街上与他摩肩而过。后来她在一本破刊物上偶然发现了一个作家。她觉得他们是同一个男人。她便按图索骥。她甚至可以杜撰一个男人的名字和地址。她相信天底下总会有一个男人能够收到她的礼物。"他收到了，也穿了，非常合身。他也非常喜欢。"我说，"可他至今不知道寄件的人是谁。他猜应该是位姑娘。在以后的日子里，他把这位空气一样的姑娘珍藏在心中，视为情人。他想给他寄礼物的姑娘也会这样想的。"

  "不，那时她还小，才17岁。"她摇着头并且笑着说，"她只有一个愿望：让他穿上，给她看。哪怕一眼。她就是为了常能看他一眼才咬着牙把大把的钱填进那家印尼人开的咖啡屋的。隔着茶色的玻璃，她看见他穿着风衣从落叶纷飞的路上走来。他爱把手放在口袋里。她总是看着他潇洒地走进天空……后来她流泪了,她觉得很开心。"

"有一天,他走进了这家咖啡屋……他那时穷愁潦倒。他几乎不上这类场所来。也许他穿上这件风衣产生了某种预感才小心推开玻璃门的。屋内能见度很低,橙黄色的灯光让他想起古典悲剧作品。他找了一个较偏的位置坐下来,看着外面渐渐升高的月亮。那夜月光如水。

"她只能看到他的背影。她有几次都想换到离他侧面很近的座位上去。她甚至还这么想过。他会突然回过头来注意她,然后用电影上常见的那种英国人的口气说:小姐,能请您喝咖啡吗?这个可笑的念头让她的心跳得像一匹小鹿。"她说,"背影也许更好。现在她更相信了这一点。"

所谓走火入魔指的就是昨晚的事。

现在,我醒了。我醒来的第一件事是靠在床上抽烟。烟味很苦是过度虚脱带来的判断。我注意到我的写字台上有一片很斜的橘红色阳光。(是最初的一片还是最末的一片?)接下来我自然要回到我的小说中去。由于昨夜的失败使我省去了露骨刻画的篇幅。思绪中断,于是另起一行。

我想还是回到沈先生身上去。作为今天健在的蓝堡的最早居住者,作为余怡芹同床共枕(排除摄影师的干扰)几十载的爱人,他无疑是这部小说的主角。但是实际上他已没有什么好谈。昨天晚上我在河边的体验让我作出这一结论。我所惊讶的是,我与这位尊敬的长辈恰好站在一座桥的两端,彼此观望;他走过来,我走过去。共同点是我们都没有了退路。桥很窄。这或许重要或许不重要。

我在不能写下去的情况下,通常的做法是去户外活动。我出门的时候看见年迈的外祖母正倚着走廊的柱子晒太阳。此刻阳光落在她的身体半侧,因此使老人处于阴影的另一半,暗示出从前的清秀。一群黑色的小鸟扇面展开从空中无声掠过。我听见老人喃喃地说:

"如今的鸟好像都不会叫了。"

13

我这辈子见到最好的鸟是那只八哥。那才叫活的鸟。它每年春上随外江的船队来蓝堡河,桃花谢尽了才飘走。那是个懂得讨好女人的杂种。

女人一来，它就"噗噗噗"地在你面前飞来飞去，有时就落到你眼前的埠头上，色眯眯地盯你，同你嚼舌。"已（你）好已（你）好。"我也回它你好。我问它吃了吗？它说"漆（吃）了。"你要问它住哪，它就昂着头说："已（你）——全（床）——上——"——鬼东西还讨便宜咧！我就把棒槌一拍：杂种！它就腾地飞去了，落到穿灰长衫的先生肩上。这时候要是余二小姐在总会拉住我的膀子，生怕我真的把棒槌擂过去。过了一会儿，那鸟又来到余二小姐头顶上打转，叫着"美银（人）！美银（人）！"你看，多有灵性的东西！

自从沈家少爷遭难，那方的船队就再也不来这儿歇脚了。据说那鸟后来也被主人捧走了，不知落到了哪块野地方，或许死了。岸上人那天都咒这杂种。说你这杂种勾女人的魂还嫌不够又去勾孩子的魂！说来也怪，沈家少爷向来很乖的，平日里一个人在院子里玩球。那天下午，那只八哥飞到了枣树上……人们在河边骂了一夜，船上的人吓得缩在舱里不敢出来。那个穿灰长衫的先生——大概是老板吧，托手下人给沈家送了一笔款子，自己连夜先逃走了。"命里定下的事是赖不掉的。"外祖母叹道，"要不，沈家不会断后，余家也算有了半条根……"

"余家少爷也没有后代？"

"连婚都没结上，就去了。"外祖母说，"听余二小姐从前跟我说，她哥哥死的时候不过24岁。每回一提起余大少爷，余二小姐就哭得伤心裂肺的。她说她哥哥命最苦。那几年走江湖尽遭阔人冷眼。好不容易熬到日子像样了些，他又回不来了……"

关于余百川之死，当时的报界是作为"爆炸"性新闻披露于世的。因为其时余百川虽然在军界谋事，但实际上人们一直把他看做一位前途无量的青年艺术家。几年前我去了解《临江词》的过程中，凡涉及到余百川的资料我都录以备忘。我印象最深的是《时报》。这家以长江中下游地区报魁自居的四开八版的报纸，在头版头条的位置上，以《百川归海》为题对这一悲惨事件作了大致如下的报道：

> 10月23日晨6时许，一艘机帆船划破茫茫雾障，昂然向大海驶去。在船首桅杆下立着一位年轻英俊的少校。他静静地吸着烟，仿佛向浩瀚的海面投去了深情一瞥。他在引导这次航行。

但他绝没有料到,这艘乘风破浪的帆船会把他载到生命的极点。

爆炸发生在这艘载有烈性 TNT 火药的船驶出海湾后的 40 分钟。其时一轮红日正从海面冉冉升起,而一位天才却业已成为火中凤凰!据幸存者后来介绍:爆炸纯属一次意外事故,可能因为火药触及明火所致。船上官兵除四人劫后余生外,余下 17 人全部遇难。其中包括负责这次航行的少校副官余百川君。

……

据我所知,这位余百川君生前的名气并不算大。知晓他的人仅限于江南。正是由于他过早的悲惨殉国,使他死后百倍于生前光荣起来,从而跻身名人之林。对死人的慷慨是我们这个古老民族的优良品德之一。在新近修订出版的《名人大辞典》里,余百川的条目也因此而拉得很长。

"你可见过余百川?"我问外祖母。

"你是说余大少爷?见过。"外祖母说,"有模有样的人才。我那会儿在你外祖父戏班子里卖茶水。一有新角儿来串,他们就让我去给余大少爷送帖子。他是个很好的票友,能拉会唱。当时蓝堡的楼上是余大少爷的书房,他白天都在上面写写画画。我知道读书人讲究清静,每回上去总是悬着脚跟。有一回……"

外祖母的眼神再现了从前的机智善变,好像决心要掩饰什么令人难堪的东西。也许因为事情过于陈旧当事人也早已化为尘埃,所以她的迟疑像一阵风似的吹过。那是在春节后的第四天,她说,南京的一名红角来此地作"飞行演出",唱全本的《孟丽君》。我一早就去蓝堡给余家送帖子。我轻轻地上了楼,余大少爷书房里还亮着灯。我看见余大少爷在屏风后面玩鸟儿似的玩着一只绣花鞋。一边玩着一边像是同另一个低声说着什么。我很奇怪,就把脚放重了些。余大少爷连忙闪出来,我看见他的脸一下变白了,转身就把那鞋藏到袖管里……"我后来有意摸到屏风后面看了,并没有另一个人。我倒背上出了冷汗。"外祖母眨眨眼说,"我便慌着下楼了。在楼口我看见余二小姐正懒懒地从自己房里出来,头上斜别了一把梳子。我同她打了个招呼就走出了大门。不久,余家兄妹出门谋生。临行前,他们花了不少工夫把那棵枣树修剪了一下。"

我在外祖母边上踱着步。此刻阳光正不懈地把我的身影努力拉长。时间总是在人们的漫不经心中悄然流逝。日落日出作为生活中最普通的景观，谁也不想多看上一眼。这中间的千变万化常常被我们省略。凭借词典去了解世界显然是可笑的方式。我们今天在翻动历史教科书时的感觉，仿佛邻里间礼节性的相互走动。等那扇门在你身后关闭了你才意识到自己两手空空。我们对屋子里发生的事一无所知。于是上帝安排小说家去撩开窗帘的一角，针对被省略的部分，去捕风捉影，继之让这些人作天马行空的表达。

至此，我的这部关于一座老房子的小说似乎可以宣布结束了。蓝堡差不多已被掏空。我不想推卸责任。我承认许多细节都是经不住推敲的。再就是，有些人物都是在能见度极糟的环境里只露了一下脸甚至根本就不肯露脸便随风而逝，因此我仍无法看清他们的面目。我本人也没看清。尽管如此我们想宣布结束。我洗手不干了。然而后来发生的事无一不证明我是个自命不凡的小说家。

14

一想起后来发生的事我就感到恐怖。这些天我脑子里总旋转着那女人的影子，赶都赶不走。我不想再见到她。我怕见她。这该死的眼睛又开始疼了……

你肯定还记得我在河边丢失了一条红短裤吧。就是这天中午。我回来的时候你们都在午睡。在门口我遇到沈先生，他大概出去办点事，手里拿着一把遮阳伞。那天太阳很毒。我想起前些日子看见的事，心里觉得这个男人又可怜又可笑。我没有回自己屋子，先去了暗房，准备把上午拍的卷冲出来。那天楼上还串风，忙好了我就在楼板上铺了凉席，倒头便睡。我有点乏了。我想当时我睡得很香。过了会儿——到底过了多久我不清楚，我隐隐约约地感到自己和一个漂亮的女人在做那件事，当然是在梦里。我好像还是头回做这种梦。摄影师重新续上一支烟，说："当然，你会说一场春梦犯不着大惊小怪。我当时也这么想，可是很快我发现了……"

"发现什么了？"

"一条小绳子。"摄影师说,"黑白交织的绳子。我立即认出这是那女人的东西。有一次她出来上厕所,我看见她捋衣服时腰边露出了一截绳头。她的裤带。我害怕了。刚才发生的事似梦非梦像瘟疫一样包围着我,我觉得自己快要窒息了。我悄悄走下楼,特意看了看沈家,那门上分明有锁,从里面是无法打开的。我就更吃惊了,这女人是怎么摸到我身边的?直到现在,我还是弄不明白。那条绳子实际上已成了一条蛇,经常在后半夜爬进我梦里……"

"那绳子还在?"

"我后来把它从楼板那个小洞里扔了下去。我还往里看了一会儿。那女人伏在床上用被子蒙着头。从被子不断起伏上我猜她可能在哭。绳子一落地就被那只黑猫叼走了。这小婊子好像知道家中出了事,昂着头打量着楼板。"摄影师回忆说,"这天晚上我去河里洗澡,先在水中把红短裤脱下使劲搓了几把,腥味很重。然后光着身子在边上随便游了一会儿。白天的事压迫着我的神经,一想就恶心。我过来拿肥皂时才发现红短裤没了。在埠头周围我摸了好久也没摸到。我想坏了这下闯下大祸了……到了下半夜,楼上有什么东西往我房间里撒沙子。绝对不是什么错觉。大概从那时候起,我的眼睛倒霉了。很突然,说难受就难受。就像锅一样,看起来好好的但随时都会出现一个小洞。"

这位中年人这一刻显得对自己的前途忧心忡忡。任何光荣与梦想都被灰暗的情绪所淹没。我这次的来访实际上带有辞行的意思。我觉得我的小说大致可以完成了。剩下的工作不过是调整个别词句而后有兴趣就抄一遍。这些简单的活我可以带回省城去干。当然,我的主要用意是想告诉艺术家,他的某种判断属于神经质的异想天开。我指的是沈先生。我不认为这是一个双重残废的男人,他或许在玩一种别具情调的游戏。我要说服摄影师撤销固有的结论。最有力的证据是沈曾致使女人受孕并生育。"那孩子连走路的姿式都像是沈家的种。"我援引了外祖母的观点。

"也许吧。"摄影师说,"也许姓沈的和你我一样有用。"阴沉的表情和轻慢的语气很不协调。他一边说着一边从一本很旧的相册里找出一张同样很旧的放大照片,扔给我。看看吧,他说,好好看看。

这不过是一张普通的照片,而且曝光明显不够。是俯拍的,构图十分平庸，但内容颇有新奇之感。从窗口射入的光线把沈先生刻画得非常高雅。他正对着镜子观察着，两手绷着一条棉线放在脸颊上"锯"。而且两根小指头都微翘着。这叫"开脸"。南方乡间至今还留有这种习俗。女子出嫁，须改换发式，再用棉线就着脂粉来去净脸和脖子上的茸毛。我记得外祖母曾经替一位远房的表姐开过脸，还唱着一支"开脸歌"：新媳妇，过了门，开脸才是婆家人。一开金，二开银，三开儿女走成群。

我放下照片，不想再说什么。

15

在这部小说开头的部分里，我运用司空见惯的老掉牙的倒叙手法，先展示了蓝堡及余怡芹的生命结局。好像这样做是基于功利的考虑。制造悬念增加可读性。实际当时的情况一点也不复杂。那座老房子要拆，为了使可爱的下一代有更广阔的活动场所。这当然是非常好非常必要的目标。因此我们在春天到来的时刻纷纷迁出，期待以后的鸟语花香。但是沈家女人坚决不搬。"这是我的天堂，也是我的地狱。"她冷静地解释着。这句话在当时至少没有引起足够的重视。大家把它理解为正常人的遁词或者非正常人的呓语。主管部门准备等沈先生出差回来后再作交涉。

于是悲剧就不可避免地发生了，应验了女人的预言。余怡芹或许意识到自己劫数已到，又不允许任何外来的力量来摧毁自己，就实行了自我消除。

闻讯匆匆赶回的沈先生在经过长时间的悲怆后，作出另一种分析。他认为这个悲剧不存在长久的酝酿阶段，而是更年期突发的恶果。"上周，她刚刚断经。"沈说，"她无法忍受这个事实。"

作为最早的目击者，摄影师对那个雨雾的黎明记忆犹新。"那女人的呼叫使我惊醒。"他说，"好像还是'我饿'，拖音很长。"后来他诧异的是她为何偏要选择那条小绳子结束自己，而且这根似乎能被他拽断的绳子竟然会把一个活生生的人挂起来。摄影师因此怀疑自缢的不是余怡芹的肉身，而是她的魂灵。"我不相信她轻若鸿毛！"在这位鬼才的艺术家看来，现实中的余怡芹"很久以前就死去了"。

这场飞来之灾仿佛是我的外祖母意料之中的事。她对当时发生的一切只是感到悲伤和持久的沉默。20年后针对这段尘封的历史，她依旧重复从前的谶语：

这屋有那东西压着。

蓝堡和余怡芹几乎在同一时刻毁灭，最先起源于作家本人梦中的一念之差。因此我们只好认为是上帝的一次巧妙安排。这就像死后的余怡芹面容丝毫没有受到损坏一样，我们不妨看做是苍天对一个女人的博大宽容与深厚怜悯。苍天有眼，只是你不觉得。

这样，我就可以考虑启程了。我决定很快离开的另一个原因是我受不了那位女教师的循循善诱。我不想再参加爱情剧目的编排与演出——我不想败在女人手里以至像海明威那样把属于自己的大半个脑袋用猎枪处理掉。我还年轻我应该走正路我还要去实现远大抱负还要享受下一个世纪的实惠。但我不能不辞而别干了就逃。我可以对蓝堡河边的那个月夜沉默。我也不会再选择黄昏去找她，这样大家都放松。然而后来的事让我惊讶无比以至现在还心有余悸。我并没有见到她。一位脾气很好的校工告诉我，她去找一件东西去了，去多天了。"好像是一件风衣。"校工说，"她说那件风衣不是她的，但上面有她的东西。"我这才想起来我的风衣在河边遗失了。顿时我有了卷入一宗命案的惶恐，便于今天早晨匆匆搭上开往省城的头班车。在车上，我遇上了沈先生。这或许是我们的最后一面——他要迁回原籍。"这地方，总让我不安。"他深有感触地说。

我和沈先生是在中途分手的。他在这个叫做韵关的小站下车，换乘开往蒲口方向的长途汽车再在那儿上轮船。那一段路面我曾经走过，是极好的。停车的时间很短暂，我们握手道别。他这一刻有些激动，好像有许多话要急于吐出来。他问我是否可以将那卷《临江词》送给他。我说可以。"我或许能想起是谁做了这件事。"他说。我心里一热。我料定沈先生心中对此事早就有数，可能限于某种心理障碍使他守口如瓶。我期待着。天色这时候起了变化，很快飘起了雨丝。我想起几十天前返回故里的相似情景，觉得冥冥之中仿佛有一种特殊的力量在起着支配一切的作用。车又开动了。我从汽车的后窗望着逐渐缩小的沈先生，恻隐之心油然而生使我的胃很不舒服。等他完全被织进雨幕后我才转过头来，默默地为这个步入黄昏的男人祈祷。

傍晚我回到自己家中，泡了个澡就躺下了。连日来的奔波和冥想使我觉得自己的身体成了一截被白蚁镂空的木头，随便敲击哪个部位都会发出空洞的声响。但我又想起可能还在雨中漂泊的沈先生。想把《临江词》尽快给他寄去。我发现我们彼此都疏忽了一个不该疏忽的枝节：地址不明。我开始怀疑沈先生此次旅行的真实目的。他是否果真叶落归根？他的根又在哪里？他也许没有根。他与那块令他惶恐不安的土地结下不解之缘。他实际上是一个逃亡者。

　　第二天下午，我去附近的一个风景点散步。两位比试着太极拳的老人的随意交谈使我产生了眩晕。

　　"老了。再比试也还是老了。"

　　"那是。昨天从韵关开往蒲口的客车，下坡时被一棵突然倒下的树碰了。其他的人全都好好的，独独送了一个老头的终……"

　　"据说是一个孤老头……"

16

　　两年后的清明，我回到故乡替外祖母作周年祭。据当时的医院鉴定，老人死于脑溢血。而我家里人告诉我，外祖母是感到了什么东西的压迫才走的。老人走得十分安详。她说：该我上路了。这句话使我在清明这一天沉浸在无比宁静之中。也让我想到了余怡芹。这个可怜女人的坟前实在太冷清了。我于是去邀摄影师一道到余怡芹坟上看看，顺便给她烧几张纸。

　　摄影师还是倚在门框上，看上去好像对我很冷漠。等我走近我才知道不幸的事已经发生了。我不禁捉住了他的双手。

　　"是你……"他说，口气倒很平静。"现在好了。这结果也许不坏。"

　　那次你来过不久，我又遇到了他。我好像一转身就发现了他。他刚撒完尿，正系着裤子。他的皮带很宽，显得有分量，一看就知道年代很久了。他这回没有避我。也许是在等我。当时天色很晚了，我想把他请到屋子里去喝两杯，他摇了摇头。我说您老上次留下的话我记住了。您无疑是对的。我现在只想问问先生，我这双眼睛是不是还能保得住？他不言语。我就给他跪下了。他扶我的时候打了个趔趄，像去扶一团空气，我连忙把他搀住。接着我吃了一惊,我看清了他的眼睛……"我想大概和你现在看我的情形一样。"摄影师仍不失幽默地说,"我听见他叹了口气。他转身向西走去了。从他的脚步上我能看出他对这一带非常熟悉。走了几步,他又停下来,回过头对我说:你的脚迈得不是地方……"

……

作家于黄昏前出现在蓝堡河畔。他发现,那株早已被伐去的枣树根须由地下延伸到了这儿,并且萌发了几点嫩绿。站在这个位置上,可以看见彼岸的一块很好的坡地上余怡芹的墓冢。远处一片怒放的桃花实际上已成为它的背景。

坟是青青的而且是永不寂寞的。作家最后的目光被置于墓碑前的一炷安乐香全部吸引。

一只黑色的小鸟优美地从这片天空飞过。

1989 年 12 月 21 夜　合肥
(原载《作家》1991 年第 4 期)

流动的沙滩

人们对于任何东西都没有十分的把握，我们始终在流动的沙滩上行走。

——克洛德·西蒙

说明·新小说

《流动的沙滩》是一部关于遐想的妄想之书。书名出自上面那句法国人的话是很显然的。我不懂法语。电视里法语教学节目给我的印象，首先是它的书写形式和英语德语差不多，用的还是古罗马人遗下的文字；其次是它的发音没有脾气，软软的。据说对情人说话用法语最恰当，我不怀疑这点。

引文来源于1982年秋天克洛德·西蒙在纽约大学"新小说"讨论会上的发言。是最后的一句。值得说明的是，中译者实际上遭用了"前进"而不是"行走"。我擅作主张进行了改动。我不喜欢"前进"，并非因为这个词似乎具有政治色彩而在于它的方向性。所谓行走在我看来是毫无方向的漫游。在无路可行的情况下我们还可以调过身子再往回走。我以为这样好一些方便一些，所以我不是篡改。西蒙还活着，在东比利牛斯省佩皮尼扬附近的小村庄萨尔塞斯修剪自家的葡萄，考虑怎样去花掉1985年从斯德哥尔摩拿来的几十万美元。

还必须说明，《流动的沙滩》不是我的作品。它的实际作者是一位看上去还算健旺的老人。在不远的一个夏日黄昏里，他以不披露姓名为条件向我谈起要撰写这本书的计划。我们谈了很久，但他只是说了书名。

如果没有意外的事发生,那本书至今仍在老人脑海里漫游。这次谈话的另一个主题是"新小说",一个极不严密并且也很空泛的概念。老人说,它的提出首先基于对巴尔扎克和斯丹达尔一伙的反动。同时一家叫做子夜的小出版社网罗了这些文学的叛逆者,集中出他们的书——那是些白皮书,加上一个蓝线边框,封面中央有一个蓝色的"M"——法文 Minuit(午夜)的字头。"但是有的作家,比如玛格丽特·杜拉,对这种沙文主义倾向的归纳不以为然,甚至反感。"老人进一步指出,"以罗布-格里耶为首的几个作家为着他们共同的利益四处摇旗呐喊,使这个概念慢慢变得不那么讨厌。"老人的口气傲慢从容,似乎对谁也不买账。他声称30岁前后就研究过所谓的新小说。他把这段历史视为"错误"和"不懂事"。他说罗布-格里耶本身就是个谬误,走着一条"理论与实践相背离"的交叉小径,按照中国民间的说法,即"说是说,做是做"或者"言行不一"。"一个优秀的小说家是不能打着理论的旗子行走的。"老人批评道。他认为罗布-格里耶应该放弃制作小说的权利,改行一门心思去弄电影本子。因为他那部《去年在马里昂巴》使"新小说"度过了阴冷之年。然而这也不过是证明"电影拯救了新小说"。

我当时的感觉是,老人不是坐在沙发上而是坐在祭坛上。那一刻我把他看做了权威的化身。这种崇拜起源于我的妄自菲薄。我认为这也是在所难免的,时代需要偶像。在离开他的寓所时,老人按着我的肩头说:"年轻的时候,我干了许多蠢事。写小说是其中之一。"

我说,按照您的意思,《流动的沙滩》自然就不属于小说了。"那是一本什么样的书呢?"我发自内心地加了"呢"这个语助词表示我的天真可爱和我的虔诚。

"一本说不好的书。"他说,"你可以把它看做更换电话号码的通知或者使用新型卫生巾的说明。一种读物而已。"

流寓南方

南方永远是神秘的。这是我的祖先最后的遗言。我的祖先在人类处于蛮荒时代开始进入中原。他们习惯在门前的一条大河里撒尿,然后又饮这饱含尿汁的水。这水是圣水。在战争和瘟疫间歇的时间里,他们劳动、交媾、研究星相学和巫术。群居的传统培养并维护了朴素的民风，偶尔为争夺一个女人血刃相见也不会妨碍他们的友谊。他们不喜欢杀人，轻视暴力。但又爱好用异邦俘虏的血酿酒，以这种方式使生命得到延续。然而死亡永远超过新生。一千年后的一个深夜，空中落下一块灿烂无比的石头，部落亮于白昼，公鸡提前三小时啼鸣。陨石迫使那条大河改道。于是我的祖先随着羊皮筏子开始了一场史无前例的大迁徙。他们像大雁一样接受自然和时间的约束，逃亡南方。

　　我的祖先从此落入南方的陷阱。在光阴轮转好多圈以后，我诞生了。我实际上是在迷宫里诞生的。那个夜晚，接生婆被我的啼哭弄得手舞足蹈，浑身喷发着钢蓝色的光焰和酒香，最后像一片叶子似的随风飘逝，落到远方的水里。随着时间的推移，她的葬身之地形成了一座风光秀丽的岛屿。

　　这个传说最先出自一位独眼的巫师之口。他告诉我，接生婆就是我的母亲，人们把她当做艺术的化身。据说她是用牙齿结束了我与她的联系。在我的腹部至今保留着五颗牙印。我之所以称她作接生婆而不叫她母亲，在于我们之间的另一种联系也失去了——奶。浅黄色的细流，生命之初所需要的肥料。

　　我是男人，但我也是水制成的，连姓氏也与水有关。我的汗腺发达，小便也多，习惯在雨中徜徉，不打伞。从3岁到13岁，我经历了九次生命风险八次是在水里。然而我有一种预感：我自水中来，最终会回到水里去。我现年33岁，正处于生命的圆心位置；就是说我还有一个半径的路要走，大限还早。

　　在流亡的日子里我每天为黎明祈祷。你也不妨看做我是在祈祷黄昏。照片上看不出这两种时刻的差别，同一张照片可以把日落日出随便更换。这很容易。

　　我的逃亡生活一般是在夏天进行的。夏天与我的小说有很大关系。我在夏天里杜撰夏天的故事——我不知道自己为何选择这个令人不安的季节作为小说的底色。我本人与夏天没有重要的联系。我生于秋天，也是在秋天里恋爱以致她人受孕的。

　　很长一个时期以来，每天的后半夜我开始失眠。换一种说法，是我醒得过早。我躺在床上不自觉地把自己的生命检查一遍。那感受像在翻一本尘封已久并且无头无尾的典籍。其中毛病很多，其中漏洞很多。在月光朦胧的时刻，我能觉察到自己末日的情形，垂死的形象和挂在门后的脏袜子一样令人恶心生厌。但我不沮丧。我觉得那时候真正的我已如一缕青烟飞出了窗棂，追逐云彩，然后进入另一个青春的身体——于我完全是陌生的。这个陌生的青春之躯，载着我的灵魂继续在大街小巷行走，抽着我喜欢的国产香烟，把双手放在裤袋里，与异性作广泛的但又是一般性的交谈。不同的是鞋码。我仍然活着。我的那具不堪入目的躯壳留着应酬他人悲伤或者不悲伤的眼泪，接着送入火化炉，再掏出来填进小盒子，作为家族的一件古董。也许那天我本人也挤在送殡的行列里故作肃穆，对自己从前的躯壳投上忧伤的一瞥，只是谁也不觉得。

　　这种感觉，在我很小的时候（可能是第一次想到死亡的时候）就很自然地形成了。昨天夜里我靠在枕头上吸烟，设计弥留之际的语言以及用哪种方式完成最后的礼仪。想了很久没有想好。拂晓时分一只黑鸟从南窗前掠过，我想这是个暗示。我于是起床了，推开窗，微带咸味的海风使季节的界限变得模糊。这个时候，对面的窗口还亮着灯。老人在写作。不过很快就熄灭了。

　　我已经说明《流动的沙滩》是老人计划要写或者正在写作中的书。我们是在船上邂逅的。当时那条叫做"迷惘号"的客轮在经受海上七级大风时出现大幅度的倾斜，因此使两个陌生的旅伴相遇，之后是一见如故成为忘年的朋友。直觉让我相信我们都是流亡者。选择南方则完全是命中注定的事。在海上漂流两天两夜后，"迷惘号"于第三天的黎明接近了一座岛屿，它的轮廓像一只丰满的乳房。船长是位粗犷又不失洒脱的中年男子，显然是个把海当做情妇的家伙。他熟悉这一带海域的情况就像熟悉女人的身体。"差不多每次航行都这样，"他叼着雪茄说，"总是在遇到麻烦事以后才顺利起来。"他还声称在近20年的航海生涯中从来就没有使用过罗盘。"我凭感觉领导航行。"他骄傲地宣布。对这种吹牛的表白起先我不以为然。可他说的是事实。当我踏上这块奇异的土地时，才意识到这正是我想象中的岛屿。而且我发现，几乎所有的旅客都在欢呼。大概只有老人的眼神出现了一瞬的惊讶。

　　他说："我好像故地重游了。"

岛屿或山巅

　　那时候岛屿是山巅。那时候我比你现在还年轻。我从很远的一条大河边走来，寻访高山峻岭。那时候我把登山运动看做欲望和意志的锻炼。我腰里别着一把精致的铜刀，整天在山与山之间漫游，但我不喜欢名山。

　　这地方我印象中是来过的。我甚至记得，那是个雨夜，天空不断破裂，红色的伤口灿烂无比。在山腰上我不小心跌了一跤，一位瘦小的守林人把我搀进了他的小木屋。我注意到在木屋的后面有一株高大的银杏树，它的年纪至少有一百岁。守林的人是个哑巴。他用眼神和手势同我交谈，我们谈得很好。他"告诉"我，那棵银杏树是他出生的那天突然出现的。这就是说他已活过了一个世纪。可我觉得他并不苍老，食欲也很旺盛。我认为他的"话"是值得怀疑的。后来我隐隐约约地知道，他好像在写一本书。那些桦树皮裁得非常整齐，压在他的枕下。这天晚上，我尝到了几样野味山珍，又喝了不少守林人自己酿制的山芋酒。雨声小的时候，我睡了。

　　第二天我醒过来发现自己是躺在一条无舵也没有桨的小船上。守林人不见了，一只水鸟停在船头，用奇怪的眼神打量着我，然后飞去。我很惊慌，接着检查随身携带的东西：铜刀不见了！我立即跳到水里，用了整整一个上午游上岸，我要找到那把刀。但是我脚下有三条路。我向一位匆匆过路的青年人打听那座山。他好像根本不懂我的意思。他笑着说：这儿没有山，只有岛。不久一位老妇又告诉我：这儿从前到处是山。我非常诧异历史一瞬间的千变万化。在我看来，所谓从前不过是昨天发生的事。我依稀记得，在梦中我听到了一阵阵哗哗响。很长时间后，我又在梦里见到了那座业已成为岛屿的山巅，在蓝色的汪洋中沉浮涌动。那棵银杏树还在，似乎和我第一次见到时差不多。但我没有发现那把铜刀。

　　老人的叙述至此出现了停顿。他的面色像大雨间歇时那样的阴恻。他为从前遗失的铜刀惋惜，这我能看出来。而且，我可以想象出那把刀的样子：有一尺长，三寸的柄上刻着一个两面的人形。没有血槽，因为它不是暴力的道具而是一个民族的具有图腾性质的饰物。这无疑是一件珍贵的东西。然而我又担心想象的东西会变得货真价实，那样的话，老人将视我为窃贼的后裔。他会一口咬定我是那个哑巴守林人的孙子或者曾孙。

上岛时我就注意到老人忧心忡忡。岛上奇异的风光以及楚楚动人的公关小姐并没有引起老人的兴趣。他像在梦中跋涉一样气喘吁吁。"我感觉是在登山。"他说。

岛屿是美丽的，仿佛一枚别在大海胸脯的宝石胸针。所有的建筑，包括停车棚和公共厕所，都是白色的。因此给人以清凉之感。老人由于跻身当代名流，被安排在一幢圆形的别墅里。我住在他后面的四层楼上，是一个单元。我通过朝南的窗口可以观察老人日常生活的一半内容。我发现，我们的起居有相似的规律。比如说，我们夜间就寝都比较迟，一般在翌日凌晨的一点与两点之间。我们几乎在同一时刻熄灯，又几乎在同一时刻拉开窗幔。我向前看的时候，他正好向后看。我们彼此点头示意。

那棵长命的银杏树还在。从上岛的第一个黄昏起，老人便去树下踱步，神情显然是在寻找什么。一开始，我并不真正清楚他是在找一把铜刀。有一天，我发现了银杏树的身上有一道很斜的刀疤。岁月使刀疤向内翻卷，很像一只缺少瞳仁的眼，茫然注视着大海。刀疤的表面呈绿色，似乎染上了铜的氧化物。这种启示勾起了我少年时代的一个噩梦：一把铜刀正悬在我的头顶上。在我成人之后，这把刀便以蛇的形态向我爬来。

"那把刀是我的祖先传下的。"老人感叹道，"我母亲临终前交给了我。她让我随时带着，说能避邪。"

我说："如果知道以后的结局，倒不如把它送给别人，最好是女人。"我不知道我为什么要这样说，有点信口开河了。按照弗洛伊德的观点，口误是受潜意识支配的。但我现在这样说，是受到了树的启示。银杏树由于雌雄异株，习惯被人们看做性爱的手势。我觉得，老人欠下了一个女人的债务，要不树上是不会有刀疤的。当然，我只是觉得而已。我的插话很不明智。可是老人作了这样的回答：

"我曾经这样考虑过，把我心爱的刀送给我同样心爱的女人，但是上帝不允许。我的愿望实际上已成为梦想，除非有一天岛屿再变为山巅……"

小说者言

我是个小说家，并且自认为是一个还地道的小说家。但是我说不好什么是小说。

既定的事实表明置于"小说"之前的以形容词充当定语的小说概念已开始淹没小说的自身。这个现象不好，也许很好。

相当一个时期以来雅各布森的理论使得一批小说家大出了风头。因为这些小说家们自己说不好的事全被批评家们整理得井井有条。他们为自己的劳动同一个流行的理论有关联而得意非凡，这也是自然不过的事。

我习惯站在理论的反面，这不是轻视理论而且害怕理论。在我看来理论总让人遭灾。

一些有识的朋友在不屈不挠地从事废除小说法则的工作。我还弄不清楚这种工作的实惠所在，但我知道创造是愉快的。我不喜欢针对创造加以动人的修饰。所谓"先锋"所谓"前卫"听起来有点像一个夜间独行者在吹口哨，自己给自己壮胆。说今年是某某之年也同样是令人作呕的。有人把几千年出土的东西用丙烯颜料临摹一遍便冠以"前卫"称号，实际是"后卫"。

我赞赏用刀子朝词典里随便捅一下，就产生"哒哒"响的潇洒之举。还有"这个人很像我的舅舅奥斯卡"。

我选择写小说这个职业与我的胡思乱想有关。我觉得在小说里胡说八道至少不会触犯法律。我在小说里做一些生活里不敢做的事，比如同时爱上一百个女人。另一个原因在于，我可以目中无人，甚至敢同任何人反目，包括权威大师。谁也不会把你硬按在一位大老爷膝下作揖。

我于是就这样写起了小说。我的小说和我这个人一样不知天高地厚。实际上我和别的作家大致差不多，比如每一自然段开始得空出两格不写。我当然也需要构思，需要人物在中间走来走去，需要风景、性和眼泪。我的全部努力同样是在追求真实。一种奇异的真实，但它的本质相当朴素。从一个父亲的肛门里抽出一根镀镍的拉杆天线是令人无法相信的真实。可我确实写过这种事。了解我的读者会在我的一部叫做《省略》的中篇里注意到这个细节。这篇被来自青海果洛的一位杨姓读者称之为

"凉拌猪头肉"的东西发表于 1989 年 10 月号的《作家》杂志上。这个细节最初起源于梦中的一片风景。很简单。我们有理由把梦看做所谓的"超现实"。另一种更自信也更自然的说法是，它就是现实。我们都一样向往未来向往更实惠的日子。未来的日子里我们整饰自己也许可以不用梳子、牙刷和系列化妆品，也许得用钳子、螺丝刀和扳手这些小五金。我们可以根据需要随便拆洗身上的零部件，甚至把自己一分为二：让一个我满怀激情地躺在席梦思上去和别人做爱，另一个我则去海边散步作伏尔泰式的思考。

1987 年 11 月 28 日深夜，我安静地度过了 30 岁。那夜没有月亮。我破天荒地喝了两杯白酒。一会儿有了敲门声。进来一个看上去马马虎虎的男子。他呼吸短促，面颊泛红，仿佛自天边赶到这里。我根本不认识他，而且对他随便拿我收藏的好烟抽以及乱翻书柜表示反感。我想问他是不是敲错了门。我又想刚才我并没有去开门，我的门是双保险锁，这个陌生的闯入者是怎么进来的？"我带着钥匙，"他说，"我觉得我们还是应该心平气和地谈谈。我叫潘军，你可以认为我是一个浪迹天涯的漂泊者。"

"你是不是想同本人争夺生存权？"我不屑地说。

这让他很悲愤，终于振振有词地指责我用虚构的方式让他时隐时现是"不公正的"。"从某种意义上讲，我比你更真实。"他激动地说，"这是不需要用户口簿和身份证加以证明的！"

他的话也许是对的。这个晚上我寝不安席，感受到前所未有的孤独。我开始怀疑身上的胎记，担心被水洗掉。我不知道躺在床上的是我还是他人的依托物。我思索了很久，觉得通过小说是做出判断的唯一手段。一个我在灯下写作，随之出现的是另一个我。

我决定在岛上完成《流动的沙滩》。我是个记忆系统十分糟糕的作家，比较适合叙述"没有十分把握"的事。我承认自己套用了一个老人的书名。仅仅是书名而已。我好像很蠢么？其实我心中有数。我有一种预感，老人很难把他的书写完。他不会活得很久。我的意思是说今后不会出现两部《流动的沙滩》。这本书的作者是一个现年 33 岁的男人。

我将成为胜利者。

老人自述

我不是个老人。年迈的里根当年竞选美利坚第 40 届总统时就申明，他不是个老人。"我坚持性交。"他说，表述得十分精彩。我也是。不同的是里根针对的是女人，而我面临世界。我每天跑步、吃素，尽可能减少吸烟量，我热爱旅游，希望在经纬度上跳来跳去。

30 岁之前我是个懒惰的小说家。同时又雄心勃勃，认为禀赋不比塞林格差。每次接到一个国际长途，我都觉得是通知我到斯德哥尔摩去领一份不义之财。钱是个好东西。对待这个问题我和萨特不一样。萨特以"拒绝一切来自官方的荣誉"为借口使该他拿的那一笔款子黄了（实际上他想拖着肖洛霍夫一块儿领）。但是后来萨特又后悔了，又想伸手，不过钱已经没有了。这不是据说，可以作证的是一位叫辛格的用意第绪语写作的小说家。这位犹太人懂得实惠，深信钱比政治重要，因此 1978 年他获得诺贝尔文学奖时神采飞扬。

曾经有一位艺术家朋友劝我尽早放弃汉语，而用英语或世界语写作。这的确是个不坏但过于天真的想法。我不行，因为我本人也是汉语的一部分。一个人很难背叛他的影子。

我的写作生涯枯燥。我写过谁看都懂和谁看都不懂的两类小说。这也可以看做我前半生的历史。女人和酒是这部历史的插图。我爱女人但不愿意收藏她们，我不喝酒但喜欢收藏酒。29 岁那年我出版了第一本小说集子，名字要多庸俗有多庸俗，这个责任在于出版商生财的谋略。第二年我写了第二本书——那是个近 25 万言的长篇，写的是一场灾难但取了一个气象学上的名字。由于这个原因使得订数很惨印刷日期一拖再拖。《流动的沙滩》是否可以当做小说或许还要讨论。如果是，那也是基于批评家的需要。我要重申，这至少是一部有点意思的读物。在这座岛屿上来写这本书，看来是命中注定的事。

我喜欢岛上的一切。这个白色的寓所简直是按照我的意想设计的。我可以随心所欲地过日子。白天的时间我一般用来散步、接待来访者，有时候也看一点杂书。黄昏前去海边游泳。我写东西都是在人们睡熟之后开始的，我讨厌在别人的监视下做这件可笑的事，虽然我的屋子里并没有第二人,但我感觉到窗外大睁着不怀好意的眼睛。所以说自然界的一切动物,包括人,都有自己生存的方式。我的习惯实际上是为了寻求自我保护。世上的事都不是无缘无故的,都会有交代,有着落。小时候我总担心屋后的小河有一天会被水涨满,我不知道水会流到哪里,害怕把世界淹没。我不知道蚂蚁靠什么维持生命,为什么糖放在任何地方都能把蚂蚁们招来,而穿山甲又怎么能吃到那么多的蝼蚁。人的担心总是多余的,说明人对这个世界实在太不熟悉了或者由于自信养成了狭隘和偏见。

我们是不是先聊到这儿?

徘徊的黄蝴蝶

第二天早上,我在海边期待日出,遇到跑步锻炼的老人。他的气色很好,外人能够相信他目前还滞留在青春的斜坡上并且拥有一个完整的世界。然而我觉得,这种表象是虚伪的。人世间什么都可以掩饰,唯独生命不可以。他已经衰老,甚至是过于衰老了。其原因是他在女人身子里忘乎所以。从步入中年起,他以鳏居的名义四方求爱,以性爱保持生命的活泼。他曾经结婚,他的妻子是无法忍受他晨昏颠倒般的自言自语才与他分手的。我想这有可能。

我们顺着环岛的小路走着,观赏剑麻和仙人掌。太阳没有按时升出海面,海依旧很蓝很蓝。不久我们发现海面上盘旋着一个黄色斑点,蓝黄是对比色,因此我很快分辨出那是一只漂亮的黄蝴蝶。我知道,它是来看望我的。多少年过去了,无论我走到哪里,它总是追随着我,就像从前我追随它一样。现在我格外地相信这一点了。

"还是那样漂亮……"老人叹息道。

"你是说黄蝴蝶?"

"是的,黄蝴蝶。它在我记忆里栖息,舞蹈,使我年轻。"他点上香烟。

坦率地说,他的谈吐并不能够吸引我。但我预感到他将要叙述的这个故事会渐渐让我发生兴趣。尽管他以后的叙述跳跃性很大,语言组织得也比较凌乱,我相信我仍然可以听懂。我暂时不准备插话。

此刻，老人的表情像秋天一样忧伤，他的视线凝固在那只黄蝴蝶身上徘徊。他用低沉的语调说：

"12岁那年我开始了恋爱。她是邻班的，大约小我一岁。她长得很可爱，很安静。她总是梳着一根齐腰的辫子。有一天，辫子上飞起了一只黄蝴蝶——用一寸宽的黄绸带结成的。"

"是黄缎子。"

"也许是。这个不重要。我喜欢的是黄蝴蝶。我几乎是迷上了。每天她从我的教室窗前走过，我都分心。为此我付出了代价，被罚站。一天放学的路上，我和几个男生走在她后面。过桥的时候，有人捅了我一下：你敢不敢大声地喊一个'琴'字？我就大声地叫'琴——'。突然前面的她应了，转过身来看着我。边上的男孩子们全笑着跑开了……"

"是芹菜的'芹'么？"

"也许是风琴的'琴'。这不重要，重要的是我们认识了……以后我再见到她，脸也不热了。到了第二年春天的一个晚上，我们走进了一条雨巷……"老人眼神恍惚，仿佛那条雨巷没有个尽头，他还在走，跟着她的黄蝴蝶走。

"你还记得那个晚上你们是怎么走到一块的吗？"

"记得。她告诉我她的外婆去世了，家里的大人都去外地奔丧了。她要我陪陪她，她怕。"

"是她的外公死了。"我纠正说。

我显然冒犯了他的尊严，他做了一个极不耐烦的手势："纠缠这类无关紧要的细节是愚蠢的！难道外公死了更有价值？"

"就算是外婆吧。后来呢？"

"后来的事不像你想象的那么浪漫。一个12岁的男孩和一个11岁的女孩还能干什么呢？他们集合在一把伞下。一把黄油布伞，是么？"

"对的。那会儿没有折叠伞。"

"伞打得很低……他们只想拉拉手。她的手像雏鸟一样的可爱。"

"如果不是迎面遇到一支出殡的队伍，他们或许要接吻。"

"是出殡的队伍么？我怎么觉得是迎亲的队伍，那唢呐声是十分动听的。"他吸了口烟，脸上的悲伤在静静流淌。

"后来呢？"

"没有后来了……"他低声说,"不久她的家迁到外地。我得到这个消息已经很迟了,但还是赶到了码头。我想把我的铜刀送给她,可是轮船已行至江心,其时雾锁江面,不过我还能够看见那只蝴蝶。这天黄昏,我的母亲从外边回来告诉我,那条船在江上触了礁,沉没了……"

老人很悲痛。然而并不等于事实的真相没有受到歪曲。真实的情形是:那是一个黎明,也的确有雾。一个女孩在公路的拐弯处采花,被突如其来的大卡车碾碎了。据后来司机说,他分明看到的是一只黄蝴蝶,并没有看到孩子,所以才未鸣号、减速以至煞车。这是一场意外的灾难,芹死了。可是那只黄蝴蝶却没有死,每年气候适宜的时候,她都徘徊在我的天空……

我不是信口开河有意同老人过不去。我有凭证。秋天里我写了一个叫做《四季》的中篇,是应一位朋友之约写的,近三万字。这篇也许叫小说也许不叫小说的东西总共记录我和四个女孩子相爱的经历。平均一个季节一个,平均八千字一个。在第一章里写的就是我和芹的故事。为了读者,我删除了悲剧性的结局,集中笔墨写那把油布伞下的故事。我写得犹犹豫豫,不像玛格丽特·杜拉的《情人》来得那么酣畅。但这篇东西没有发表,那家刊物的负责人认为"缺少一根骨头"。这是正确的,我们无法要求一个12岁的男孩身上会多出一根骨头。

眼下,我不想就这个问题多说。

博尔赫斯的记忆

没有人把博尔赫斯的记忆传授给我,却有人把莎士比亚的记忆给了博尔赫斯,使他成为"因近视而富有远见"的诗人和小说家。这个阿根廷人一生只做了两件事:读书和写作。他对旅游兴趣不大。我们也可以说,他在卷帙浩繁的典籍中旅游。他曾一度担任过布宜诺斯艾利斯市立图书馆馆长。庇隆下台后,又出任阿根廷国立图书馆馆长。因此他坐在家里见多识广。世界上实际不存在一堵墙。博尔赫斯用科学的笔法撰写不科学或反科学的故事。他的创作无一不显示着智慧和狡猾。

30岁左右我结识了博尔赫斯。我觉得他手里把玩的那柄中国老人的拐杖是我送的。那时我甚至连大师也敢轻视,但这个阿根廷人是个例外。

我想，要打倒博尔赫斯是困难的，需要一个或几个世纪的努力。我于是断然放弃了这个可能是狂妄的念头，转过头来公开效仿他。我认为向博尔赫斯投降是明智之举。但是我没有博尔赫斯的记忆。我只有我的记忆，而且，我的记忆历来是残缺的，我依靠想象在缝补它们。

"所以你觉得有条件写《流动的沙滩》了。"我说，"因为你对很多事情，包括你亲身经历的事，都没有把握说清楚。"

他做了一个手势，说："说清楚本身就是一个错误。我们对世界的认识一般都是一知半解的，你无法说清楚你面对的一切。这是连博尔赫斯都感到棘手的问题。他于是采取了聪明的也可以说是滑头的做法：只是说，不对后果负责。博尔赫斯征服了时间，把时间随意操纵，像揉一团面似的，甚至让时间凝固。但他最终没有征服空间，因此他总把空间比作迷宫。这个工作将由其他人来做。"

"不过，恕我直言，你讲的后一点在我看来博尔赫斯也解决了。"我说。我觉得他过于自信了，想同他唯一崇拜的人扯平。

"你现在这样想是很自然的事。"他说，"到了我这个年纪你会主动放弃自己原先所维护的观点，同意我的说法。空间也是流动的。比如这座岛屿，它也许是真实存在着，也许是梦幻中的一片风景；我可以把它看做任何一个空间，从宇宙到微尘，无限伸延……"

坐在沙滩上喝早茶

这个早晨发生的事与一个女人有关。我坐在沙滩上喝早茶。很长一个时期以来我没有早起的习惯，总觉得睡不够。这个早晨我是受到某种启示才起来的，也可以说是预感。退潮了，沙滩上出现了无数贝壳的斑点，像文字一样捕捉遗失的记忆。我发现那棵银杏树的位置和昨天不一样，由北边偏移到东南。这棵树仿佛地球上最后剩下的一个人，异样孤独地立着，为人类的末日祈祷。这是个男人，俨然像图腾，又像一个盲者，一个行吟歌手——用哑语诉说着世纪沧桑。

预感是一种奇异的心理状态。通常的情况下，我运用预感去掌握未来。在未来成为现在时预感便成为直觉。我在玩麻将的时候深切体会到这一点，牌上得好总顺手。我觉得一个人最大的憾事是不懂得运气的存在。

　　这个早晨天气并不好，是个标准的阴天，连海都变成了灰色。沙滩上风很大，甚至有点割脸。我出门时犹豫了一下，又预感到这种气候海边该发生点什么邪事，比如漂来一只上个世纪某国海员遗失的瓶装酒或者一具企鹅的尸体。我就多穿了件衣服出去了，带着茶和几样咸点心。我已有近20年不吃甜食，牙不好。我不喝酒不喝咖啡，就喝一点好的茶。我尽量放慢喝茶的速度，期待臆测中的奇迹出现，然而没有。而这时的潮又开始涨了，岛屿渐渐缩小。我的裤管已被打湿，我想我可能要背时一阵子，准备离开。刚转过身，忽然听见一个浪声响起，接着我看到左侧掠起一道蓝光。我怔了一下，煞住脚，只见一个穿蓝色泳装的姑娘在对我微笑。她浑身水淋淋的，头发变得很少，肤色却更显得白皙光润。这个美丽的姑娘仿佛是被刚才那个浪头打上来的，两眼并没有恐怖。她的年纪大约在18至28岁之间，有着完全成熟的身体。我首先想到的是，如果岛上就剩下我们两个人，就好了。那么，最大胆的假设也不过是日常生活的一个细节。

　　"这儿果然有一个男人。"她说，把头发拢到一边滤水。

　　她的话让我感到疑惑。有一瞬间我把她看做传说中的海妖。我觉得这个美丽的精灵在很久以前就已经盯上了我。命运早已安排了我们将在多少年后的一个不晴朗的早晨见面，让我们一见钟情。这不是幻象，生命的气息让我相信眼前发生的事千真万确。

　　"我是从很远的地方来的。"她说，"我来写生。我母亲说到这个岛上可以画出很多奇异的东西。"

　　"你母亲没来？"我问。

　　"她或许没来过一次，或许天天都来。作为具体的人，她已不存在了。但她时常在梦里给我喂奶。"

　　"你母亲是哪一年去世的？"我说，"如果你不介意的话，我想知道这一点。"

　　她摇摇头说："我也不清楚。有人说我很小的时候她就死了，也有人说她至今还活着。后一种说法的人依据南方流行的一些歌曲，他们认为那些歌最初是由我母亲吹奏而出的，别人记谱拿出去发表了。我母亲是一个长笛手，偶尔也吹双簧管。"

"哦……"我不知道这种语气表示明白了还是越发不明白。我自觉是个有点学问的男人，自尊和虚荣都不允许我在一个女孩子面前发愣。在谈话出现障碍的情况下，我可以把话题自然岔开，从另外的方向突围出去。

"你的出生地在哪？"我说。

"好像是 huai nin。"

"是怀宁么？如果这样，我们应该是同乡。我也是怀宁人，和陈独秀一样。我生于1957年秋天。"

她笑了。她说："我不认识你。我也没听说过你，尽管你可能有些名气。我认识你是几分钟前的事，不过，现在我们是朋友了。"

我们一本正经地握了手。

观察过去的窗口

我在他的门外听见了他的咳嗽声。有近十年的时间里我枕着这样的声音就寝。后来我一听到老人的咳嗽就觉得脚下踩着了一口痰。这种对欲望缺乏信心的声音连接着对一百个女人的贪婪。

我还是推开了门。

他和我在路上预先设计的一样，穿着一件宽大的带棕色长条纹的睡衣。但不像是刚起床，他在北边的窗户下已站了好久，脚边有一些烟灰。连我进来他也没有觉察到，显然正专注地思考着什么。他的背影仍是令我肃然起敬的，我来得不是时候，不过我没有很快离开的意思。我把门关重了些。老人持重地转过身来，我的不期而至也并不让他意外。我想他这会儿也许正希望有人来同他聊一阵子，确切地说，是他想对别人添油加醋地吹嘘自己所谓的传奇经历。他曾不止一次地宣布，他曾同一头黑豹相持达十分钟。"我打扰了您，很抱歉。"出于礼貌我这样说。

"我刚写完一节，正需要放松放松。"他说，"按这样的速度，我可以在秋天完成这本书。"

"你写得很痛快，我能看出来。"

"写作是愉快的，"他说，"不是写小说，是另一种写作，随心所欲地写。追求下意识的写作是我30岁的觉悟。我比布勒东之流晚一些，但我比他们干得持久。"他的兴致很高，替我沏了一杯茶。

据我所知他不是个诗人。在近 40 年的创作生涯中他没有写过一首诗，至少没有正经地写过一首。他当然也阅读一些诗歌韵文作品，可能喜欢庞德、埃利蒂斯和金斯伯格。但未必喜欢布勒东。他倒是读过布勒东的几篇宣言，不过真正使他受益的乃是布努艾尔和达利合拍的一个短片《一条安达鲁的狗》。之后的一个时期他专心研究了达利的绘画作品。

"曾经有不少人把我当做诗人。"他喝了口茶说，"这个判断也许不坏……"

"可你没写诗。"

"不，我写过。"他纠正说，"我的诗发表在我的小说里，套着发表。我羡慕诗人的劳动，可以在一只香烟盒上建立丰碑，很潇洒。但我不会去做一个诗人。我无法找到'一个窗户把人切成两半'这样的感觉。另一个原因，与我认识一名刻苦手淫的诗人有关。"

他似乎有些兴奋，在我面前踱着步。我们之间构成了师生般的情形，我好像是跑来补课的。我讨厌这种气氛。不客气地说，我对老人并不存在由衷的崇拜。我接近他是想知道《流动的沙滩》的底细。我们在用一个名字写着不同的书——但愿是不同。从我决定非写这本书不可的那刻起，担忧就一直追随着我。我想起安德烈·布勒东在"一个晚上"打电话给菲利普·苏坡，建议两人分别写一本叫做《磁场》的书。结果近 50 页的文字中竟有"很多相似之处"。我不希望这个十分有趣的掌故在我们身上重新排演，那将是不幸的。我们应该及时摊牌，自觉避开一些可能的重复。

"你写得那么顺手，我羡慕你的运气。"我说，"我的运气不佳，所以我只好耐心等待。"

"等待是不可思议的。追求同样不可思议。"他摆摆手带有咄咄逼人的口吻说，"运气，无论好坏，总是在你放松的时刻到来。你防不胜防。你也可望而不可及。32 年前我在海滩上散步，抽了很多烟，为失恋痛苦不堪。我的情绪就像那个早晨的天气一样阴冷灰暗。我那时想，爱情已像小鸟一样从我心中飞走了，我已走到地球的边缘……但是后来的事简直是难以想象的，一个姑娘湿漉漉地出现在我面前。她自称来自大海的彼岸，可我觉得她是来自哥本哈根的鱼美人。我们一见倾心。"

"她是个画家。"

"不，她说她喜欢摄影。她要到这儿来拍些风情民俗方面的照片，但首先拍下了一个当时还算年轻还算洒脱的男人。'你和我心目中的那个人很像，'后来她这样对我说。"他稍停了会儿，好像有些沮丧，又接着说，"当时我就觉得，这女人是可疑的。可我是个正度华年的男人。我不能放弃猎艳的权利。我没有必要研究她的背景和她到此地的真实目的。我把她抽象化，提纯，考虑用什么得体的方式去向她求爱——这是通俗的说法，实际是引诱。在以后的几天，我信心十足，每一步都进行得很漂亮，而且比我设想的要快。结果……上帝插手了。"

"她拒绝了你？"

"不。"他肯定地说，"她没有拒绝我。拒绝我的是上帝。很长时间后我才意识到这一点，可已经无法挽回了。"

老人用感伤的语调结束了回忆，去盥洗间了。有水滴声传出来，分不清是在洗手还是在小便。我不能不钦佩他的想象力——他可以把无意之中窥视到的别人隐私的一个细节，扩充成为属于自己的一段魅惑十足的故事。我知道，从我们相识的时候起，他就在监视我，或者说，我们在互相监视。我走到他刚才站立的窗口前，让我吃惊的是，这儿根本看不到海滩，只能看到很远的海平线。

速写的暗示

我们站在滴水的屋檐下。我抽烟，她在画速写。我注意到她用的是自制的速写钢笔——把笔尖折成大约75度的角，这样可以画出粗的线条，使画面变化。这种钢笔我先后制过四支。

她的线条果敢，准确，透出自信。在别人看来，她的作画方法也许很古怪，比如线条是不中断的且从右往左从下往上运动。可我感到十分的亲切。我曾经以这样的线条度过八年之久的时光，两千个不眠之夜。如果上溯到我的童年和少年，自然更长。

"你是什么时候开始画画的？"我说，"看得出，你有这个禀赋。"

"可以说，我在娘胎里就开始了我的事业。"她不无骄傲地说，"我觉得子宫像颗柠檬，黑色的柠檬。所以我以后只画黑白画。我从来就不使用颜色。"

她显然过于迫切地要表现自己的不同凡响，让别人一眼看出她是个难得的天才。我不喜欢这种矫情。实际上她换一种朴素的说法，比如说"我家那时候很穷，限于经济的条件我无法奢望画带色彩的画"。我会受到感动。

"我觉得黑白是最值得玩味的色彩。"她说，"毕加索玩了一辈子五颜六色，随着时光流逝，全都黯淡了，衰败了。唯有《格尔尼卡》永葆青春。当然，这也有政治因素的作用。政治是一只魔手。"

我不能接受这种极端的观点。我也无须同她讨论，我的兴趣不在这上面。

"你绘画好像是自学的。"我说。

她很高兴，默认了。接着她又开始为自己作不必要的辩护："我不是乱来的。静物、石膏的素描我至少画下了一千张。以后我去了山里，那地方很野，每天晚上都有狼嗥。那个时候我主要进行人体写生训练。"

"你是不是用一包香烟换了一个老头光着身子狠画了一天？"

"基本情形是差不多的。"她说，"我用一支口红和一把梳子作交换条件，请了当地一个患有'桃花疯'的女人做模特儿。画了两天。我当然希望也能画男性身体。可那儿的男人都不肯这样，觉得大老爷们干这种事抬不起头。他们睡觉一律是一丝不挂的，做那种事富有热情，据说一个晚上可以干五到七次。"

我不说了。我的脑子里载满了乔木状的回忆，一只知更鸟在选择着栖身之所。我现在已不感到任何困惑。面临大海，一切都显得渺小与无知。我好像明白了达利为什么喜欢选择海作为背景。一面幻象的镜子反映着刻骨的真实。她应该画海。然而她的笔下渐渐出现了一个男子的侧面肖像。

"这个男人……"

"是我的父亲。我想象中的父亲。"她画完最后一笔，把速写本放到窗台上，观察着。

然后她向我叙述关于父亲的故事——

我至今不知道我真正的父亲是谁。在我五岁也许是六岁的一个夜晚——是个月夜，我在窗口看见我母亲在我们家后面的那条河边同一个男人谈话——低声的。我几乎什么也没听见。那个男人个头不高，甚至是矮小的，穿着一件灰色的衣服。在他的上衣口袋里别着一支大概年代很久的钢笔。我始终没有看见他的脸，当时他的面部正好处在树影中，但我能想象出，他很和善。

整个过程看上去相当的平静，尤其是他，始终倚着树干站着，像一截被斧头伐断的树桩，风吹动着他的头发是树桩上绽出的新叶。只是到了分手的时刻，他流露出了男人的激动。但他没有去拥抱她，而是用手指了指月亮并且就势在空中划了一道灿烂的光弧。之后，他好像交给了母亲一样很小的东西，就走了，走得很快，一会儿便为月色所埋葬……

我母亲坐在河边的一块石碑上，坐了很久很久。我想这个夜晚母亲肯定流泪了，因为后半夜那条河突然响了起来。这是条历史上有名的死河，从那一刻起有了生命。我被咆哮的水声惊醒，看见母亲在灯下擦洗好久不用的双簧管。我问母亲：那个男人是谁？和你说了些什么？而且我更关心那个特别的手势。我母亲对我淡淡地却相当艰苦地笑了笑，说：那是个问路的哑巴，大概想急于知道哪条路好走，他要趁着月亮还没被狗吃掉时启程。但母亲对接受的那件小东西缄口不言。

"天亮的时候我起来小解，看见母亲还坐在窗前，正吹奏着双簧管——她不可能把它吹响，三天前我已经把簧片做了吃冰淇淋的小铲子。"她说着不禁为儿时的天真逗笑了。

我听懂了她叙述的故事。但她没有听懂她母亲的作品。她母亲在那个属于从前的不眠之夜创作了《安魂》。虽然没有簧片，但优雅的旋律照样从双簧管腔流泻出来，需要用心灵去听。她毕竟还是个丫头。不过她的判断是无可非议的。那个矮小的男人正是她的父亲。她没有看清他不是因为月光下的树影所碍。即使在白天，我想她也无法看清。

"有一回，在放学的路上，有人给了你一把糖果，对么？"我问道。

"不，是两只发卡。"

"也行。但你又没有看清那个人是谁。"

"对，正好有人扛着一面旗子经过，把我们隔开了。"

"你后来找了他三天。"

"是两天，我骑自行车。"

"是的，骑车方便，减掉一天可以。结果你只在一片荒野里发现一棵橡树……"

"不,是桉树。"

"怎么会是按树呢?"我不禁这样感叹。她用不屑的眼神看着我,然后开始修剪指甲。我想她的厌烦是合乎情理的。我已30岁,对于发生在少年时代的事,显然不可能比她记得清晰。她并不十分任性,因为她对我产生了好感。另一个原因是她把我看做一个推理作家,把只言片语缝成一块文章。

这时候屋檐停止了滴水。海显得宁静,蓝得令人不安。我们约好明天上午去海滩晒太阳。

海滩经历 (一)

我的记忆已破烂不堪,所以写得很苦。另一方面又使我的劳动充满欢乐。我相信记忆中能够保存下来的东西,其价值与时间成正比上升,就像珍藏酒或者古董一样。

在文章基本连续的前提下,我尽可能删除一些让读者讨厌的枝蔓。

我的写作状态始终是处于冷静的。包括写到对女人的欲望。我不喜欢也不希望任何人在我的笔下做爱。我的卷面总是清洁的。

我已明白地告诉你,我和那位可爱的女摄影师最终的结局是不幸的。我说原因在于上帝从中插了手,这完全不是故弄玄虚。从前那个早晨发生的事历历在目,看上去仍然那么生动,情调是优雅的、罗曼蒂克的。

我们约好再见。选择上午是因为阳光。我们都需要阳光作爱情的背景。我们不打算在黑夜的林子里去干类似偷鸡摸狗的勾当。第二天虽然是个好太阳,按预定时间,我不过先到了两分钟。她穿着当时十分罕见的泳装,整个看上去像一枚成熟的果子。我在心里感叹着自己的好福气,毫不犹豫地拥抱了她。

我们先下海游泳,只是随便游游,保持良好的体力去伺候爱情。爱情是脑力劳动也是体力活儿。这时候太阳已升得很高了,从海里爬起来丝毫不感觉到凉意。我们并排躺在暖烘烘的海滩上。沙子刺激着皮肤点燃了欲望之火,我想从她的领口往下看,但她又坐起来了。

她朝我的胸脯上堆沙子。然后用这些沙子去创作一件作品,一件沙塑。这事本应放到我们做爱之后去干。可是我不想阻止，她干得津津有味。那个年纪的女孩子正是痴迷艺术的阶段，对自己的前途充满信心与幻想。我就看着她干，渐渐地认识到她的才能。她塑了一座奇异的塔，具有巴罗克意味。然而谁也没料到会有一阵大风自海面上刮来……塔倒了，我们的故事也完了……

我企图挽回这一切，以男人的激情来驱散她的沮丧。可是她轻轻地从我怀里挣脱出来，冷静地说：这是不可能的了。"不祥的兆头会毁坏我们之间的一切。"她说，"上帝证明了我的预感。"我问她什么预感，她没有直接告诉我。在我们将要分手的时刻，她说她昨天夜里梦见一只红蝙蝠在头顶上盘旋，而一只红蜘蛛把她织进了大网里……

姑娘从此离我而去。第二天我去她的寓所找她时已是人去楼空。别人告诉我，她是在我到来的前三分钟离去的。她还说，如果八点一刻还见不到我，就说明任何力量都无可挽回失去的一切了。事情就是这么不可思议，我本来是打算八点钟去她那里的，结果在路上不小心跌了一跤，弄脏了衣服，就又回去换……我还有什么可说呢？在未来的日子里，人们可以看到一个男子在退潮的时候去海滩上寻找，那就是我。你也可以认为，我现在仍然在寻找。寻找的继续。

这就是我刚刚写好的一小节，你觉得怎么样？现在我们可以聊点别的，比如你这几天干了些什么。从你的气色看，你好像又开始了恋爱，是第几次？

海滩经历（二）

一部与沙滩有关的小说是不可以不去写沙滩的。因此在这些日子里我都用一定的时间对沙滩进行观察。我其实是个平庸的小说家，和别人一样也需要观察，之后滋生些怪念头。

现在，我站在经常喝早茶的地方观察沙滩变化。沙滩本身是没有颜色的。有颜色的是阳光。沙滩像海绵吸水一样贪婪地吸收阳光。在时间摇摆中七种颜色互相渗透。我们通常看到的也就是醒来看到的沙滩是浅黄色，在阴天又变成深黄色。据说张艺谋拍《黄土地》大量的镜头就是阴天拍的，使黄土地黄得似乎随时可能要滴下来。

在我面前大约五米的地方，印着一男一女的身模。女的臀部显然过于成熟，凹下去的那块像个小弹坑。男的脚非常有力，蹬踩出来的脚印富有摇滚乐旋律感。我可惜手头没有照相机，再回去取已来不及了。海潮渐渐爬上来为情侣们铺床。海实在是又宽容又负责。

这时候她款款地走来了，穿着我第一回见到她时的那件泳装。

"太阳是最可怕的窥视者。"她说，"是宇宙间谍。"

拥抱是自然的事。但是我感觉到我像是抱了一团空气，并不实在。我想这是我把调子定高了的缘故。我正处在生命的辉煌阶段，感情很富裕。我们没有接吻。"你口腔烟味太重，"她说，"你应该先用海水漱漱口。"说着她舒展双臂扑向海里。我把衣服脱了，没有立刻去追她，我这一瞬间有了被捉弄的感觉。不是被她，捉弄我的是老人。我现在的生活仿佛是在为他的过去经历补充细节，使他的书总是写得那么顺畅。严格地说，这些日子我一直处在惶惑的气氛里，感到魂不附体。冥冥之中有一只手在撮合着我们的缘分。但是我不能接受。我就是我。认识我的人都说我是一个"很有个性"的男人，没有人怀疑这个天生的事实。大概只有我本人对此缺乏一定的信心。我觉得，成为别人的孩子是极其可悲的。我决定改变面对的现实。首先，我不下海。我就这样躺在沙滩上晒太阳也蛮开心。

很快发生了一件可怕的事。我先是听到她在惊呼"救命"，看见她的头顶一上一下，我立刻扑下水拼命向她游过去。在接近她的时候我采用潜泳，然后把她托出海面。海的浮力使她轻盈得像一朵云，我没费多少事，呼吸却很短很粗。事情到这步其实也没有多少好怕的，但她的脸色非常的苍白。这让我相信其中存在着不一般的恐怖因素。

她说她给什么东西抱住了，往深里拖。

"可能是错觉，"我说，"人在性命攸关的时候总出现错觉。"

"这是什么？"她指着大腿外侧的五道血痕说，"谁在我身上留下的?!"

我委实惊了一下。我仔细去看那呈平行状态的血线，并不深，像是指甲刻下的。我站起来望了望这一片海域，除了一群白鸟和一个太阳，没有第三样东西。我不想就此多发感叹了，重新躺下来。

"怎么会是指甲痕呢？"我自言自语，"应该是牙印……也是五颗……"

"你说什么?"她推着我的膀子说。

"没什么。我在想一个少年的冒险经历。他从前在河里被什么东西咬了一口。"我说,尽量处理得平淡些。

"那个少年是谁?"

"是谁不重要。"

在恐惧飘逝后我们重新回到爱情的跑道上。阳光依然很好,暖暖的。我们并排躺在沙滩上,通过墨镜进入一个幽静的世界。我保持镇静保持清醒坚决不从她的领口往下看。我必须这样做。我的眼睛在她身体上巡逻。她的确可爱。一眼让你喜爱的女人毕竟有限。我珍惜一秒钟的爱情生活。

她跪坐起来,用手按了按我的腹肌,评价说:"这块地方可以作为我的王国的基础。至于它是否可靠,我不妨检验一下。"接着她开始往我的腹部堆沙子。

"你干什么?"我坐起来,粗暴地把沙子去掉。

"你不情愿?"她诧异地看着我。

"我想知道你打算在我肚子上干什么活。"我又笑着说,心中无限忧伤。上帝的意志是不可抗拒的。我又躺下来,觉得身体的某个部位出现了破裂,凉风飕飕地往里灌。

她很快在我的肚皮上塑起一座似塔非塔似城堡非城堡的东西。这便是她的王国。她说:"我数到十,如果不倒,就说明我找到了爱的归宿。我可以痛快地把自己交给你。"

"你数吧。"

"你数吧。"

"一、二、三、四、五、六、七……"

王国在一个浪头里覆灭了。

上帝的脚印

当时的情形类似火山爆发引起的海啸。巨浪劈下给我的感觉是死到临头,溅起的不是水而是血。在相当长的一段时间里我失去了知觉。现在太阳已走到我的背后，和我的臀部在同一水平线上。关于这中间发生的事我一无所知。

像习惯中的英雄一样我醒来后首先要做的事是关心我的同伴——她已经失踪了。沙滩上有一串脚印。她的背叛行为我始料不及。不过有一点非常可疑：脚印很大，也不浅。我的意思是说这不是一个女人的脚印。我把自己的脚放进一个脚印里，竟然完全一样，这就奇怪了。可是我算不上魁梧的男子，体重在58至59公斤摇摆，我压不出这么深的脚印，除非背着另一个人或同等分量的东西。

尽管这些脚印可能是我留下的，但这是目前唯一的线索，没有第二条路可走。我于是开始寻找姑娘，她会落到谁手里？几小时前发生的事是个大阴谋，有人设下了圈套。我不准备报警。这件事与刑事案件无关，与政治也无关，警方爱莫能助。我沿着脚印往前走。它会把我带到哪里我暂时不关心。我预感到这些脚印是循环的，每一步都有可能成为起点或者终点，但是我不能不走。

不久，我又见到了那棵银杏树。在它前面的沙滩上老人正背着手凝视夕阳。我耳边嗡了一下，撵上去。

"那个姑娘呢？"我直言不讳。

他被我突兀生硬的语气弄得不知所措，紧接着目光里射出轻蔑。这时候他不希望我来打扰，我很清楚；但是他已经打扰了我。

"我已经说过，寻找是徒劳的。"他极有涵养不动声色地说，"几十年的经验使我不得不相信这个残酷的事实。她走了，永远抛弃了我……"

"我是说，"我平静下来解释道，"你刚才在海滩上见一个穿蓝色泳装的姑娘吗？她很漂亮。"

他沉思片刻，摇摇头。"你是说你的恋人失踪了？"他反问我。

他的表情变化得自然，对他的怀疑是没有根据的，况且谁也不会相信一个精瘦的老人会压出那么深的脚印。可是这些脚印是谁留下的呢？我向前望去，脚印似乎无有尽头，像僧侣手中拨弄的那串念珠。

我们回到老银杏树下，像每次一样，我们首先要抚摸一下刀疤，缅怀遗失的铜刀。

"一把无与伦比的刀。"老人感叹道，"像时间一样锋利，可以把山巅削成岛屿。"

"你用它杀过什么人吧?"我说,我不知道为何提出这个问题,"比如说一个女人。"

他看看天空,然后严肃地说:"暴力是可耻的。如果那把刀还在这世界上,没有任何血会去玷污它。"

他的情感和语气一样凝重。但他企图掩盖未来的另一个事实。那把刀最终会沾上他的血,我想这也有可能。当然这件事倘若发生了,是丝毫不具有暴力性质的。我们完全可以认为这是情感交织的生动图景。那把刀从前在他身上失去了,将来必然会再回到他身上。这个逻辑是不是荒谬,我不愿在这里展开讨论。我们现在所处的这个岛屿已越来越大并且越来越高,我想老人不会没有意识到。

但他是乐观的。纵使在这样古老的银杏树下,他的情绪也变得晴朗。这种反常在我看来是一次拙劣的表演。生命的局限不会因此而改变,我相信这一点但我没有必要去拆穿他。我至少可以把他当做心地善良的老人,尊重他,祝他健康。

"你的精力充沛,我想你过去一定是个棒小伙子。"我恭维地说,"你的力气我能想象得出,你是不是曾经背过一个女人在沙滩上行走?"

他很快受到鼓舞,接着吹嘘自己当年的体魄是何等何等的健壮,又说一遍和黑豹相持的掌故。但对我提出的问题,他想了很久,又笑了笑,表示终于记不起来。"也许有过。"他说,"从前的脚印浅显了,所以我觉得是一个人在行走;要不,就是我背着一个女人的灵魂。"

说完他做了一个潇洒的手势,为他机智幽默的回答心满意足。他先走了,说是要等一个长途。我注视着这个在夕阳里略显伛偻的背影,想到一句忧伤的诗:

围绕你每个手势可作出一大堆乌云似的解释

自然的骗局

这天晚上粗犷豪爽的船长骄傲地宣布:三天内将有海市景观出现。"遗憾的是,这儿只能看到它的侧面。"他说,"不过大家可以随'迷惘号'调整一下位置。"

不用说报名的人很多。我和老人也在其中,认为轻易放过这一千载难逢的机会是错误的。我想过是不是应该劝阻老人使他放弃这次安排；又觉得我没有理由说服他，相反会引起他的误解，就算了。我的意思是明显的善良，希望老人不再冒险。实际上，老人已经意识到了什么，又不肯让别人，尤其是我，识破他的心事。或者，他带侥幸的心理随心所欲。

我请老人到我屋子里喝一杯白葡萄酒。岛上夜气很大，喝点酒能驱寒，也能驱散寂寞。人到了这个年纪，寂寞难耐。我的另一个意思带有阴谋的性质。我关心他的写作。那部《流动的沙滩》究竟胡扯了些什么鸡零狗碎的东西，是我所感兴趣的。我们一边看电视，一边对外部世界指手画脚。这是铺垫。我必须等到酒起作用的时候刺探所需的秘密。然而我发现，老人一点也不恍惚，甚至比平时更清醒。在他心不在焉的眼神后面流露着对生命的警惕。他仍然对我掩饰，说了一些类似通俗文艺节目主持人那样的笑料串词。他说天黑了是因为有人把太阳偷走了。而太阳是一个红蜘蛛。总之，他的津津乐道让我失望。

突然我们听见了一个声响，从外面传来的，好像是玻璃的震动声。老人敏感地站起来，走到南窗下，观察自己的寓所。我注意到他的面部抽动了一下。但他若无其事地打了一个哈欠。他说有点乏了，该休息了。

我送他出门，说："恕不远送。"他晃晃悠悠的身影很快融入月色。这一刻，我很不舒服，甚至是忧伤的。这个没有风的晚上，是哪只手刚才替老人关上了朝北的窗户？

这天晚上老人的屋子始终亮着灯。

第二天一早，我又去了海边。但没有遇到跑步锻炼的老人。我独自沿着以前的那条小路走着。心中存着难以名状的悗惶。走至银杏树前我吃了一惊：银杏树竟不在了！我有点胆怯地走近它的遗址，居然找不到一点树皮和锯末。我知道，银杏树不是被砍伐了，实际上是失踪了。

一只手落在我肩上。我差点叫出了声，老人依旧和善地对我微笑着。他其实在嘲笑我，他还活着便是对我的嘲弄。

"多么好的树。可惜失踪了。"他感叹道。

"我想，还会有人来种的。"我说，口气像在安慰他。我又说，"你打算去海上观赏海市吗？"

"当然。"他说得很干脆。他是老人，既固执又顽强。

于是在这个迷人的黄昏我们又一次登上了"迷惘号"。海上风平浪静，几只水鸟在导航。旅客的情绪都非常饱满，他们期待着上帝绘制的风景出现，不过后来的事使他们格外扫兴。海市没有出现。他们埋怨船长是个见利忘义的骗子。可船长说真正的骗子不是他，是风。"风把海市还给了上帝。"

这样在海上兜了一圈，"迷惘号"又重返岛屿。船长为了洗刷自己的名声，表示退款。清点人数时，发现老人不见了。船长说，不会出事的。为了安全，他特地给每一位上了年纪的旅客都配备了救生圈。他讲的是事实，我当时看见老人接过救生圈时还气愤地说："这简直是侮辱！难道他们不清楚我的水性是第一流的吗？"但他还是挂上了。

老人是怎样离开我的，我已记不清楚。好像我一转身他就不见了。那个时候，我的兴趣全部落在海市——自然的骗局上。

他不会再站起来了。但他还会回来，海会尽情帮助他。

海　葬

老人的尸体是翌日凌晨 6 时 27 分被海送上岛屿的，比我的想象提前了三分钟。其时太阳冉冉自海平线升起，使那一时刻的海滩具有古典悲剧的情调，这与老人的死很和谐，与所有现代时髦服装掩盖着的心境也很和谐。

送走老人的那个晚上，我闭门杜撰了这个结局。我觉得让大海收容他是合乎情理并且也合乎审美原则的。我相信这也是老人毕生最大也是最后的愿望。既定的道德方针不允许我们粗暴地干预他人的私生活。让大海把老人送上岸则是基于如下两点考虑：

1. 老人毕竟属于名流，生前的道德文章在一定范围内受到推崇。我们不能让他悄没声息地死去，应因地制宜地举行一个朴素的遗体告别仪式，以寄托大家的哀思，包括我；

2. 必须让官方和警方相信，老人的死因完全是一次意外，或者是他自觉自愿地选择了死亡方式。简言之，他的死与别人，尤其是我，无关。

后一点更重要。

安排好这些，我去卫生间洗手。尽管道理已非常的明白，我还是觉得自己的手沾有血腥气。这之后我就上床了，自然睡得不好。在很远的地方，一个亲切的女声在呼唤：

"回来呀——回来——"

我是在警笛声中醒来的。我还是有点惶恐，在门口的台阶上停了一会儿。海滩上有一群人像抢购紧俏廉价的商品一样乱哄乱叫。我知道老人回来了。我小心地走过去，通过人群的缝隙我看见一个个子很大的警察把沙滩上的一具尸体翻过来——正是老人，他的面容像昨天一样安静庄重。据现场的勘查推测，老人确实死于意外。他是不慎落水还是故意跳下海的，目前尚不能作出结论。不过有一点很清楚，老人在水里碰上了一把刀子，不仅划破了他身上的救生圈，而且也切断了他的动脉血管。这一切看起来像一个优美的圈套。

"那是把什么样的刀子？"我问负责这宗案件的警官。

"铜的，样子很漂亮。"警官说。

"哦……"

"你'哦'什么？"

警官白了我一眼，又充满怀疑地看了我一眼。然后他把围观者像赶苍蝇似的往边上赶，一边指挥摄影师拍照："这儿，这儿，特写！"

我估计事情会搞得复杂起来，不想再凑这份子热闹了。正欲离开，猛听见一个女人在叫："这个人必须死，因为有人提前出生了！"

这句话引起了一串哄笑。我后悔刚才走神了，没有看到说话的人。

警方负责人通知我："下午到局里来一趟。"

审　讯

作为老人在岛上逗留期间"最亲密的人"，接受警方的调查看来是理所当然的事。他们让我几乎一丝不挂地坐在一间空旷的房子里，进行审讯——

你和死者以前熟悉吗？

不熟。至少我以前根本不认识他。

你是说死者认识你很久了，而你才刚刚认识他，这是什么逻辑？

与逻辑无关，只是一种可能。

据我们掌握的情况，你们不是一般关系。

我们一见如故，这很平常。

死者难道真的死于非命？

你们希望不是，因为草草收兵会让别人瞧不起。我知道，老人在劫难逃。

你凭什么这样说？

凭感觉。两天前的夜里他北面的窗户自动关上了……

这与关窗有什么联系！先生，你应该清楚，你现在是坐在警察局而不是在你的小说里。你要对法律负责。据我们侦查，你和死者存在着利害关系。你们是在争夺一项权利，还有一个女人，是不是这样？

我们可能在共同打捞想象中的权利和一个女人。

想象？

警官的脸由愤怒转为喜悦的过程只有一秒钟。这使我意识到审讯我的人可塑性很大。他哈哈大笑，与陪审兼做记录的女警官交换了一下眼色：这人是疯子。我不悲哀。我记得以前在一本书上读到过这样一句话：疯是智慧的升华。

警官宣布：审讯暂告一段，本案没有了结。因此目前不允许我离开这座岛屿，随叫随到。

其实这是件简单的事。算不上案子。一个人的劫数已到，这是任何力量也无法抗拒的。老人显然意识到这一点，尽管他贪婪人生悲欢，但还是有所觉悟。他很镇静。为了减少不必要的猜测，他写下了最后的文字，也就是遗嘱。这张简单的条子夹在《辞源》（1983年12月修订版）第四卷的第3027页。我想这是可能的事实。让我棘手的是，我不便向警方披露这些。这势必会让他们觉得更像一场阴谋，我会沦为法定的凶手。警方应该仔细检查老人的遗物，而不是捕风捉影地审讯一个"疯子"。

流动的沙滩

我很沮丧。不完全是因为老人之死。我不在乎暂时受到不公正的待遇。我沮丧是对自己的小说缺乏应有的信心。创作是件愉快的事，而我写得很苦。苦不堪言。

《流动的沙滩》究竟是关于什么什么的小说，对于我仍然是说不明白的事。在文思不畅的情况下，我习惯点一支烟去户外散步。然后开始怀念与我相处过的姑娘。崇拜毕加索和达利的姑娘失踪了，她活得很好。她也许现在不画画了，改行写小说。她认为"瞬间"的艺术其表现力是有限的，她要探索源源不断的时间。但是她现在只是练笔，写着玩玩；她得意的写作大约在30岁至32岁的时候。她将来是否也写一部《流动的沙滩》？

我又去看看银杏树的遗址。这儿自然应该有一棵树比较好。在我离开岛屿之前，我会重新埋下一粒白果。也许有人会超我之前来做这件事。

后来的几天我一直处在半睡眠状态。偶尔我也看一些通俗的读物和电视连续剧。调剂一下，我认为是必要的。如果不受外界干扰。我将按计划把这部小说写完。

大概是第八天的头上，一早我就被一位年轻英俊的警官唤醒。那人面目和善，见我睁开眼便把两腿一并敬了个礼：

你彻底自由了。他说，我是奉命来向先生宣布这项决定的。

他接着说，他们已在老人的《辞源》第四卷里发现了遗嘱，那上面说得简单明了。老人清楚自己的命运。

"夹在哪一页？"我问。

"3027页。您对这个有兴趣？"他很敏感。我摇摇头，轻松地吐了一口烟。

警官从公文包里抽出一只类似卷宗的东西交给我："遵照死者遗嘱，这个交给你。"

"是《流动的沙滩》手稿吗？"

"对。另外还有一张条子。"

交代完毕，警官转身离开了。我掩上门，按捺着内心的冲动坐下来，拿出老人的手稿。

"《流动的沙滩》是一部关于退想的妄想之书。"

我无比吃惊，这个事实我难以接受。我不明白我的劳动是创造还是抄袭。

不需要再看下去了。

我把手稿扔到桌子上,看见一张条子飘下来——

这部书最初是由谁创作的,我无法判断。我申明:我不过是一个抄袭者。我在研究人生66年之后,发现了这个不幸的事实,决定中止这项劳动。但是,仍然有人会不断地干下去。对此,本人深信不疑。

1990年3月7日

(原载《钟山》1991年第4期)

爱情岛

作者申明

　　这篇小说所叙述的是否属于爱情的故事，我至今没有把握。在写作之初我顾虑重重：我不是写爱情的老手。而且出于某种心理障碍，我通常抵制他人到我的作品里来表演爱情。我后来之所以硬着头皮把它写出来，完全是因为偶然。那个夏天的经历，那个著名的岛屿对我来说不过是过眼烟云，然而又似乎永远散之不尽，循环重现。故事中的人物都还活着。他们常给我写信，打长途电话。我想，我与他们做了朋友是有缘分的。

　　那个夏天我莫名其妙地跑了出去。时髦的说法把这种花大把的钱去过颠沛流离的日子的行为称作旅游。可我不喜欢旅游。我是个懒人，不喜欢出门，不热衷户外活动。最现成的例子，是我作为活了30几年的皖人，迄今没有去爬黄山和九华山。我有我的理论。在我看来，究其本质山依然是山。山上除了石头就是草木。这可以随便看到。别的东西，比如亭台楼阁呀，碑刻雕塑呀，云梯索道呀，都是人为留下的痕迹，就更没有多大意思了。山不会因为游者来临而成为海。况且海也乏味。

　　那个夏天我去了那个岛屿也纯粹是偶然的。本来只是路过，可是偏偏在接近岛屿之际轮船抛锚了，坏了，一时半刻开不走。我们不得不在岛上逗留。好在这座美丽的岛屿日渐成为人们心目中的避暑胜地。船上的旅客除了个别前去奔丧的以外，大家情绪都保持着平稳，甚至是兴奋。因为轮船公司有规定，遇上这类情况，可以支付旅客全部生活费用的一半。

岛上设有先进的通讯手段。旅客们用电话或者电报向关心自己的人表示了一下，然后被安排住进宾馆。像鸟一样，每人找了自个儿的窝，而且是很舒服的窝。这些建筑都很现代，我觉得带有北欧风格。我叔叔是浙大建筑系毕业的。我在他的书柜里看见过类似图景。现代建筑的主要特点是简洁，使活动空间灵便而没有障碍。

　　一位来自南方的画家说，这是座爱情岛。他的结论源于他的直觉。我以后发现，这座岛是椭圆形的，在它的中央地段突兀地挺着一棵茂盛的棕榈树。设计者在树下布置了一眼喷泉。泉边是开得很好的郁金香。我钦佩画家的眼力。可是有一天船长告诉我，这个岛屿从古至今都叫私囊。"航海图上也这么标着，"他说，"据说是海盗窝赃的地方。"

　　关于岛屿的背景材料我只能提供这些。

　　爱情岛作为小说的名字我以为是合适的。我的故事算不算爱情故事取决于故事中人物的努力。我们不要怀疑他们的能力，不要苛求也不要责备。我说过，他们都健在。他们都是好人。

　　我要叙述的故事可能是比较复杂的，又可能是比较暧昧的。一些将要出现的细节意味着什么我和大家一样感到惶惑。我觉得，从一开始我就处在被动的地位，这会给叙述带来麻烦。我不能像罗布－格利耶写《嫉妒》那样始终站在第三者的角度观察。在观察不足的条件下我需要道听途说，需要推理和想象。这些我以为在所难免。

公开与半公开人物

　　导致故事复杂的原因之一是与故事相关的人物比较多。而且有些人物是在传说中或者在回忆中出现，甚至是出现在想象之中。

　　人类的尴尬在于人总是与人待在同一空间。在这个稠密的空间里，人们希望相互沟通、理解，然而事实是这样做很困难。于是产生了一个挺现代的词：孤独。我们可以把孤独当做人类面临的困境之一。人们像岛屿一样，彼此观望，互相揣测，有时也会被一种变化，如火山爆发和海啸，使之融为一体。但是岛屿还是岛屿。物理的变化不意味性质的改变。陆地之于海洋也是岛屿。所以我说，人类永远孤独。

　　我没有意思来写一篇关于孤独的小说。自从有了卡夫卡，孤独作为小说要反映的对象我看业已全部完成。我是说，我们不容易摸清一个人的底细。我在岛上结识的第一位旅伴是我前面已经提及过的那位画家。他是个挺拔而且举止洒脱的男子，年纪在35岁上下的样子。像许多搞艺术事业的男人一样，他留长发蓄胡子。不是一部大胡子，是八字胡，向上稍翘，和我从前在列宾的一些作品中看到的哥萨克人很相似。他说曾有一位瑞典姑娘把他当做俄国人。"我不喜欢俄国，"他说，"我喜欢法国。具体地说，我喜欢法国女人，她们又现代又传统。"这口气听起来好像他见识过不少法国女人似的，但他说得很轻松，给人以朴素的感觉。有一点我想是很清楚的，这个男人对女人有魅力，尤其是对正经的女人。我留心我身边的一些同志，他们待人接物非常有分寸，洁身自好平静得像一尾鱼。可我始终怀疑他们属于意志薄弱者。

旅途交友又方便又愉快。彼此不知过去的底细，又无须考虑将来的利害关系，即时行乐，情不投意也合。我很愿意首先认识这位画家。他很坦率，尽管有点夸夸其谈。他似乎有意让我对他的过去感兴趣，并不关心我对这些事的态度。我想这不妨可以理解为一种满足。

"我觉得我能在这个岛上找到一位好情人。"他一边吸烟一边说，"而且很快就会找到。我想这才是爱情岛的奉献，我会不虚此行。"

画家住在我的对面。从第二个晚上起，我注意到他回来很迟，一般在零点之后。他或许成功了，我想。

我的左邻是位中年男子，由于他保养得很好，说他是青年人也不算溢美之词。他是位处长。这个人长相穿着都很斯文。他告诉我，在大学读书时他写过诗，并且还在《诗刊》这样规格的刊物上发表过。"那是一组情诗。"他说，"是纪念我的初恋的。"我说我不写诗。我弄不清楚为什么许多人都认为我有写诗的经历。我也弄不清我为什么就是不写诗。我想也许与我的经历平淡无奇有关。另一个原因可能是我穷怕了，写诗不来钱。我写小说，记下一些胡言乱语。

"那么，我称你处长好还是诗人好？"

"处长在这儿没有用。如果你慷慨一点，我倒希望你把我当做写诗的，你的一位同行。"他说得十分真切，这也蛮可爱。

但是一位真正的诗人就在我的左边待着。这是几天后我得出的结论。我的一位朋友曾经宣布：诗人有大师级的。这之下有著名诗人和诗人。

再往下是民歌手。"有没有超大师级的呢?"我问,朋友想了想,说:"有,那就是魔鬼!"我认为将要出场的这位,便是魔鬼。这个人在船上并没有出现,他在黄昏时推开了门。他是个残废,只有一只眼。他不像一般的眼残者那样在鼻梁上架一副墨镜。他戴眼罩。这东西如今街上见得太少,你不能不联想到外国影片中的盖世太保头目或一名职业杀手。他好像是有意突出这个生理缺陷,也可能是衬托另一只好眼——它简直像鹰眼那样灿烂,让你望而生畏。

这个人从走廊上走过来不时回头看看身后。他像拿一把匕首似的拿着房门钥匙,鼻子马一样有节奏地喷着气。我当时正打算同处长去楼下餐厅吃晚饭,独眼客迎面逼来,我们几乎同时挪到一边侧着,让他过去。可是他停了下来,看了看我们。

"应该还有一位才对。"他说。

对于这样一位颇具神秘色彩的不速之客,我是欢迎的。直截了当的说法,是我的小说很欢迎。这种人在任何一部小说里走来走去都会给小说带来有趣的东西。比如说,这个人经过千辛万苦到达这个叫做爱情的岛上来寻找爱情。"应该还有一位才对。"他很自信。那么这一位就应该是个女的。生活中离不开女人。我的小说也自然离不开女人。但是现在还没有。然而我相信牛奶有了,面包也会有,油条有了就少不了烧饼。凡有男人的地方就会找到女人。上帝不会把男人晾在这个孤岛上,何况这是座以爱情命名的岛屿。

于是这个晚上,独眼客在安顿好自己之后,来到我屋子里找火柴吸烟。他吸雪茄,并说是正宗的哈瓦那雪茄。"是好东西。"他说,"男人抽给女人嗅的。至少我见过一百个女人是这样的。如果你不相信,我可以很快证明这一点。你不妨打开你的后窗。"

后窗所见

很长时间过去后,我在一个半夜由梦中醒来,想到那个并不十分遥远的夏季,我觉得发生的一切都是经过一双手事先编排过的。

独眼人说着就把后窗的帏幔拉开了,从这儿可以看见海滩。其时月亮已升得很高,海滩像雪一样白。"一幅古典主义忧伤情调的作品。宁静的表面掩饰着狂躁的内心。谁能保证在这么好的月光海滩上不出点什么事呢？"这时候他划着火柴点上了雪茄。之前他一直拿着看，像拿一个道具似的。我印象里拿雪茄的男人都是些有权有势的家伙。可他不是这样的。他看上去并不富有，甚至有点寒酸。这种好牌子的雪茄在他手上玩着总让我觉得别扭。我当然不是说它来路不明。

"倘若你有兴趣的话，你不妨守着你的后窗。你会有收获的。"他对我做了个轻慢的手势，准备离开。后来在门口他又说了一句："对于一个自以为是的小说家，经验和想象同样重要。"

你可以想象得出我当时的情形是多么狼狈。事实上我并没有错。一个疯子站到我肩上指手画脚一番，训导我，给我出题目。我没有去制止他。我的心智和胆量都显得不够。我隐隐约约地预感到，刚才那个独眼男人不简单，不能看做普通的神经质。我想我大概是遇到异人了。这个晚上后来发生的事看起来也是平淡无奇。我果真就守着后窗坐着，不时去看外面的月光和海滩。除了轻柔的涛声和风声，外面的一切都是静止的。但是我心里越来越慌乱，我猜不出谁会用何种方式来破坏这个夜晚。我吸烟，打开电视，以驱散我面临的这种又孤寂又恐惧的糟糕气氛。电视里出现的是南美一个职业拳击比赛场面，一个黑人和一个白人打得精疲力竭。在一个回合结束后，双方同时把护齿吐出来就像吐出一只刚脱胎的幼鼠。这项运动起源于人类的天性。当初人们争夺的不是奖杯什么的，而是一匹马或者一个女人。

忽然就听到了一个女人的笑声。这笑声是兴奋的产物，夹杂着喘息，来自电视机画面里那个漂亮的白种女人，她摆动着一面三角小旗在跳摇摆舞。镜头对着她的屁股推过去（如果摄影机在我手里，我也会这样干）。她真漂亮。她笑。但是镜头又摇到了赛台上，又一轮开始了，可她的笑声还在延续。我这才意识到我犯了错误，连忙回到窗边。笑声向海里去了，窗外依旧是月光海滩。

这个晚上无疑我是沮丧的。我后来神情专注地观察窗外，一直到月光卷走。我觉得自己被人捉弄了，又像是参与了一场阴谋。我都三十出头了，在生活上还如此幼稚。有一种人，会把生活安排得出人意料。我向来把他们看做大师。大师总是出人意料的。

后窗实在就是个阴谋。

故事边缘上的脚印

第二天一早我就去了海滩。似乎是让昨夜月光洒过的缘故，这片海滩显得格外白一些。和我估计的一样，海滩上有脚印。一串脚印。一个女人的脚印，组成 S 形。由于潮拍上来，脚印的轮廓比较模糊。可是谁也不会否认这是女人的脚印。她大约穿 36.5 码或者 37 码的皮鞋（皮凉鞋也许更准确一些）。这个女人如果同我的故事我的小说有关，就该年轻漂亮。她可能开朗又可能善感多愁，我设想不出在深夜的月光海滩上走出 S 形的第三种女人。笑声无疑是属于她的。她利用我的错觉从我视野中滑过。但她没有去投海。笑声是让风送进大海的。在我们这个不平凡的时代，再也找不到自动投海的女孩子了。脚印在离海十米左右的地方消失。

我是个盲目自信的男人，一个自以为是的小说家（真让独眼客说对了）。我已在卷首申明过，我不是来爱情岛上寻找爱情的。这些年我享受一份清静的日子，没有社交，没有艳遇，顾影自怜。当然这也不是说我不需要爱情。我可能需要几分也是情理之中。我还年轻，自觉精力充沛。我的潜意识决定我此番出门是想在这方面碰碰运气的。命运会安排我在这爱情岛上作一次浪漫逗留。

但是脚印很深，就是说我们关心的那个女人体重至少在 180 磅左右（多么实在）。那么小的脚支撑 180 磅肉运动起来（而且是 S 形的运动）可真不容易呀同志们。她昨夜欢笑着自我窗后走过结果走到故事之外去了。我的故事不可能接纳她这么有分量的女人，这一点她是知道的。自知之明是这个民族的美德。迷人的爱情岛上不该发生这样的事是大家共同的愿望。爱情天生就是为年轻美丽的男女预备的一份菜单。

"你早。"独眼人来了。他知道我肯定会来这儿。"你居然在判断，可是你的种种结论都是错误。"

"为什么要捉弄我？"我质问他。

"是上帝捉弄了你。因为你写小说。"他又开始抽他的冒牌雪茄。他说："你希望在你的小说里尽早出现美女。可你没有抓住时机，以至她微笑着从你的窗口消失……"

"我讨厌胖子!"

"不。你又错了。她是个非常苗条的姑娘,极爱体育,感情细腻但不好对付。"独眼人把海滩上的脚印一个个弄乱,然后看着海说:"昨天夜里有人想打她的主意,可她把他灌得烂醉。后来她背着他走出酒吧,到海边吹风……"

"有这事?后来怎么样?"

"后来怎么样就得问你了。你不妨接着编下去。"

编也不容易

说小说家是编故事的,在我看来不算是诋毁更谈不上是攻击。我们需要对待故事的态度以及手段。在这个世纪以来的小说家靠手段苟延残喘。所以说编也不容易。我说的是编。

比如说眼下我待在这个岛上,享受着虚构的豪华,挖空心思地来写这篇小说,看不出有多大的进展。海滩上的脚印说明不了什么。这不是什么值得保护的现场,不暗示通奸招引的命案。也不是鸳鸯蝴蝶一类的戏剧铺垫。它本来就该是个偶然与平凡的生活现象,比如说一个胖老婆子多喝了几杯,摇摇晃晃地走了一截子路而已。我觉得此刻,我算是清醒了。但是后来发生的事又让我重新陷入了迷宫。

处长告诉我,昨天夜里对门的画家醉了,在旅馆的大门台阶上睡了一宿,天亮才被服务人员抬回他的房间。"我听到响声,就出来了。"处长说,"画家浑身散发着酒香。好像是白兰地。"

"他对你还说了些什么?"

"他睡得好像很沉,可他的眼睛半睁着。"

"你是说他故意装出那种傻样?"

"不,不,我把手突然从他眼前划了一下,发现他的眼皮没眨。有些人睡着了就是这样的,我老婆就是。"

"这样子真他妈讨厌,我不是说你太太。"

"是的,讨厌。不过习惯就没事了,而且还觉得蛮可爱。"

"你很爱你太太?"

"当然。"处长点点头,看看指甲说,"我们有两个孩子,是龙凤胎。"

"你可真有本事。"

"上帝安排的。后来她流过两次产,都是双胞胎。她好像专门生双胞胎似的,这也是奇迹。"处长有些得意,他显然默认了这些与自己的努力是分不开的。他笑着就离开了,说是到外面去看看风景。

我想这位处长来告诉我昨夜画家的事,是想从我这儿多知道一些背景和细节。可我不知道,也不觉得奇怪。我指的是醉酒本身没什么可咀嚼的。我有过类似的经验。但我想到独眼人的话,觉得可以把这件事同海滩上那串女人的脚印联系起来看,把偶然引向必然,使之逻辑化。就是说,有那么一个女人已经出现了,她首先落到了风流倜傥的画家之手。他们认识了,喝了一次,互相钦慕,结果在外面乐了一宿,后来她把他扔了。这是我中午的一厢情愿的归纳。我知道这样考虑很蠢,带有理性主义倾向。有思辨色彩。这与生活本来面目不相符合。生活无章可循,否则人人都会厌倦的。

午餐时我见到了画家。是他先发现我的,要我过去喝一杯。他看上去很憔悴,不过仍然神采飞扬。我们要了几碟凉菜两瓶啤酒,画家付款。他说他喜欢请人喝酒,不相识的也行,但后者都是女人。这很自然。

"昨晚的事听说了?"他问我,很有兴致地把酒瓶盖撬开,先给我倒满。

"知道一点,你醉了。"

"什么?你说什么?"

"我知道你昨晚给白兰地弄倒了。"

"白兰地?这岛上有白兰地?"

"或者是别的什么酒,总之你醉了,被人扔在台阶上。"

他站起来,把椅子移到我边上,一副很惊奇的样子:"你是在谈你的小说呢还是在谈我?"

"都是。"

"真是见鬼了,我昨晚根本就没沾酒!"他有些激动地说,"谁把我扔到台阶上了?"

我也弄糊涂了。"我是听别人说的,"我解释说,"你想想看是不是这么回事?你说昨晚发生什么事了?"

他慢慢地喝一口酒，说："有人给我打电话。是个女人，声音很熟悉，可我就是想不起具体的人。我讨厌具体。她说她想见我，约我出去……"

"去海滩？"

"你怎么知道是去海滩？"

"我这么想。男女海滩幽会很符合古典美学原则，电影里常见到。"

"对，是在海滩。"他说，"可是我没有发现她。我没有看到任何人。当时我觉得这样很刺激。我等了很久，白等了。这没什么，我被一个女人捉弄了，就这么简单。"

他显然在撒谎。我守在后窗，我压根儿就没见到他。这家伙。

"你是几点钟出去的？"我问道。

"大概是后半夜吧，那时月亮已经很灰了。宾馆的大门关闭了，我是从卫生间的后窗翻出去的。事情一开始非常有趣味，有色彩，结果却很糟糕。"他把酒喝干，接着说，"天亮时我回来了，在门口跌了一跤，服务人员把我扶了进来。你关心这个？"

"我随便问问。祝你走运。"我说，把酒喝尽。

麻将心理

爱情岛不是夏威夷。它不过是弹丸之地，人收拾起来很容易。我已经说过，它的设施是全新的，也掺有仿古的内容。尽管如此，一个旅游者只须两天顶多三天的工夫就对它了如指掌，再也产生不了多大的兴趣。余下要做的就是继续掏钱，洗海水澡，看日出，出席假面舞会，看录像，要不就去酒吧喝一杯，去游艺室玩桌球和保龄球，或者捣捣电子游戏机。老板在生意势头不好的情况下，也会使出些"有突破"的招来。比如在电子游乐机上输入新的富有刺激的程序：一个来自德克萨斯的牛仔用六轮手枪向一个吉普赛美女射击。打中了，女人就脱掉一层衣服。必须连中六靶，才能使她全部脱光。我看见有人射中了五发子弹，屏幕上的姑娘只剩下了一件比基尼。可是那人最后一枪没有射中，于是姑娘又飞速把所有的衣服全穿上了。笑脸相迎新的挑战者。自然谁也不能把六发子弹都射中。永远不会有。要看比基尼，海滩上多的是，还不需要花钱。

我不懂为什么还有许多人仍要去碰碰运气，并且女人也夹在里面。

不懂的事情还很多。

第三天晚饭后独眼人又到我房里来，手里提着一个很精致的木匣子，内行人一望便知是麻将。

"玩玩如何？"他说，"正好有四条汉子。"

我非常乐意地去把画家和处长喊来。他们和独眼人没处过，就彼此握了握手。独眼人这会儿已经把桌子摆好，筹码也分好了。他把东南西北风各挑出一只，又把骰子交给年岁稍大些的处长，请他掷座风。处长的动作十分娴熟，手气看来也不错，一掷便是东。我是西，画家是南，独眼人自然座北。大家落座，开始理牌。画家说这牌相当不错，坯子好，雕刻也好。处长的眼睛迅速把每张牌扫了一遍，调查是否有明牌。"怎个打法？"处长说，"麻将的打法太多了，我们先得设一个简单的条约，规定一下番数。"画家说打什么都可以。我说那也得先规定清楚。于是大家就议了，清一色多少混一色多少一条龙多少大三元多少十三幺多少杠后花算几倍。"打什么呢？"处长又问。独眼人说当然是打钱。钱这东西生来就是让人赌的。画家说所谓搓麻将就是指赌钱，至于定多少子儿一番是可以商量的。处长面有难色。说还是随便玩玩吧。这一说，大家都不响了。

独眼人把雪茄点上，说："玩是不可以随便的。麻将这东西很公道。首先，原则是参加者事先商定的，共同遵守；其次是机会均等，公平竞争，这些在现实生活中是绝无仅有的。至于麻将的乐趣，无穷而又深远。比如说你既要控制下家，又要钻上家的空子；你必须以三家为敌，同时又希望三家来成全你。谁都有可能成为胜利者，因为成功的概率是1/4，这是在社会生活中没法找到的，所以永远具有魅力……"

"可惜发明麻将的人早死了，"画家感叹道，"要不准获诺贝尔和平奖。"

大家笑起来，处长有点腼腆地理着牌，说宾馆方面会不会出面干涉呢？我说如果这样，我们就把赌金合起来买一面锦旗，上书：抓赌提成。处长的兴致陡然高涨，用指头一弹骰子，东风起。

处长的手气实在好，连坐两庄都是自摸。第三庄起牌时，我提醒画家和独眼人：别做大牌搞颠覆了，把庄家拉下来算了。画家说你小子难道不是在做大牌扳本？独眼人吸了口烟，说："眼下上帝还站在他一边，只好任凭宰割了。"处长嘿嘿地笑着说，也不能排斥技巧的因素，光靠手气是不行的。牌起好，处长突然打出第一张牌宣布：报听。这一下使空气紧张起来了，报听算自摸的自摸，庄门翻八倍，如果他做成了，便意味我们全军覆没。因此大气不敢出，每打一张牌都格外小心。几圈一过，处长不得手，自己也有点稳不住了，说真他妈的见鬼了。独眼人看看处长，说："五筒不能打！"处长说，这可神了，你怎么知道我就是等五筒呢？独眼人未置可否，说谁打五筒谁包下来。我觉得独眼人太自负，就反诘："如果五筒他不和，你是不是也包了？"独眼人说那是当然。正说着，处长摸到了五筒，却不要，朝独眼人面前一放："你看如何？"画家叫起来，正欲把牌掀倒，独眼人说："慢！"他站起身，把处长的牌一下摊开——果然是一条龙单卡五筒！

我们都怔住了。画家说："你小子认得牌吧？"独眼人说那样就缺德了："我也说不清，算是预感吧。我相信预感。"独眼人这样总结道。处长说："算我输了，作弊；我请大家吃宵夜。"

红蜡烛酒吧

对那天晚上发生的事我并没有善罢甘休，我是说月光海滩。有一部外国片子叫《阳光下的罪恶》，克利斯蒂的财产之一，说的什么我已记不清楚了。我就记得名字。那是一部推理的东西，和命案有关。推理总是有前提的，这是一般常识。我的意思是说我完全拥有一个前提，但我不推理。我着手调查。

岛上只有一间酒吧，名字很大气，叫"红蜡烛"。我至今没有去过。我觉得我应该去那儿看看，也许能找到白兰地之类的细节。事先我还打听到，这座红蜡烛酒吧不光卖酒，还卖点别的。当然不是指色拉也不是指大麻。

我以一个参观者的身份走进去。圆形的大厅里正在演奏德彪西的一首钢琴曲。琥珀色的灯光下几对蛇一样的男女扭动着腰和臀部，其他人在喝酒。我向年轻的女老板出示了我的作协会员证，她对我娇媚一笑，说："欢迎，欢迎。"这个女人可能会讲几国语言，以致简单的汉语讲得都别扭。她叫人给我上了一杯加冰块的红葡萄酒，显然是免费赠送的。我谢了她，然后坐下来听曲子。琴弹得很好。弹琴的女人穿着颇讲究，还披了一条白纱巾，有一种被月影笼罩的感觉。

"很美。"我自语道。

"你是说曲子还是说她？"老板问我。

"我想我说的是她。"

"她叫凯。"老板说，"她每天都上这儿来义务弹琴。"

"她不是你手下的人？"

"不，她和您一样，是我们的客人。"

"你是说她和我是坐同一条船来的？"

"我想是的。"

最后一个漂亮的和弦奏毕，四座响起掌声。老板站起来说："凯，请你来一下。"

被称作凯的她款款走来。我站起身。

"这位作家先生想认识你。"老板说，眼光不断从我和凯身上跳来跳去。我们握手，然后坐下。老板又说这儿太不安静了，请我们到单间里去谈。凯似乎犹豫了一下，但还是同意了。她的笑有几分矜持。

这家酒吧很别致，楼上全是单间。老板问我们是要软卧还是马厩，或者是热带森林？我弄糊涂了。

"就软卧吧。"凯说，"不过您可以带这位先生多参观几处景点，也许他会在报上帮您吹一下。"

"凯，你可真是有心人。"老板高兴地说。她领我们走进一个简单的"马厩"。里面和马厩完全一样，只是没有酸臭味也没有马。接着参观的是"海滨"，这儿有大型海滨壁画，有吊床和遮阳伞。老板揿动开关，立即有一柱橙黄的光泻下来，还有涛声的效果。我算是长见识了。

"还是去软卧吧，那儿整洁。"凯说。

"但是不刺激。"老板说。不过她还是领我们去了"软席车厢"。她带着炫耀的心情又捣了一下开关，"列车的窗口"便掠过树木、电线杆、田野和村庄。实际上这个"窗口"是块电视屏幕。如果你不想在田野里奔驰，你可以换盘别的录像带。"列车"开动时，间或传来一声低沉的汽笛。

"这儿很好，谢谢。"我十分满意地对女老板点点头。

"你们谈吧，再见。祝你们'旅途'愉快。"女老板把手中的半杯酒喝了，离去，随手带上门。

"你觉得挺有趣？"凯说。

我说是的。我还是头回见到这种安排，大胆，富有新意。

凯笑了笑，说："这不过是对巴黎高级妓院的拙劣摹仿。你见得太少了，作家先生。"

我很吃惊，也很窘。

"它的布置与陈设不过是为人再现一个偷情的场所。"凯说，笑声朗朗。

女人独白

我不想自然也不情愿自报家门。记住我是一个女人就行了。女人。不是西蒙·波伏娃所阐述的那种女人。波伏娃太害怕萨特了。因此把女人看做是第二性。它的确是第二性的，因为她不具备一个优秀女人的条件与素质。她参加女权运动说明她很不自信。我不。

我这辈子作为女人觉得很快活，很开心。很多男人喜欢我的美貌，像狗一样尾随本人之后，可又得不到我。这是多么有趣的事！我的周围有政客、艺术家和有钱之士。他们各自发挥自己的优势，扬长避短，又自信又悲观。你无法想象一个部长在发表关于世界前途的高谈阔论之后献殷勤的情景是何等壮观。当你和一位董事长跳舞时他的眼神他的手又是多么可笑。画家欣赏我的线条，音乐家赞美我的韵律，文学家则以所谓的气质对本人加以饱含哲理的颂扬。我敢说任何一个男人见我都会动心，想同我偷情。他们心旌摇荡神魂颠倒，以至不顾及大老爷们儿的风度对本人单腿下跪或者泣不成声。我领略了他们的风采然后亲切地喊他们作婊子养的。

我是不是这样的？你觉得我在抬高自己美化自己么？你应该知道我是怎样的人。你知道。我不是女权主义者，不是名女人女强人什么的，也不是有教养的婊子。我是个正常的女人，优秀的女人。我身上有一种"场"。现在你该明白我到这个著名的岛屿的目的何在了。所谓有缘千里来相会,太妙了,我信。

最初只是一片梦幻。

谁知道会发生什么呢?也许很久以前就发生了,眼下不过是延续,是结局也是开始。

黄昏海滩

我没有把去"红蜡烛"的事说出去。她的话我相信,她是来爱情岛找他喜欢的男人的。这个男人也许有也许没有,可能已经出现也可能始终不会出现。我们暂时不要去想这个令人忧心忡忡的问题,把它看做一个概念就得了。"红蜡烛"的事就算没发生,一风吹过。

我后来也没再见到她。

大约一周后,黄昏,我去海滩洗澡。那时候气温很好,微风习习,海水十分柔软。我在海里泡了一个多钟头,有点儿乏了,就上岸来休息。我把游泳裤前后拉了拉,免得像跳芭蕾的那样引人注目。我躺在一个别人留下的沙丘上,很想吸烟,可惜忘了带。

画家已洗了好一阵子,像个警察似的在岸上乱转。他对那些线条优美的女人又殷勤又矜持。他同她们聊天,时而在自己话里穿插几句英语和日语。天气很好游泳是一项抒情运动你好像是南方人?就这类屁话。几乎所有的女人都注意到他的八字胡。他很得意,为自己的成功策划感到骄傲。"给我打电话的是你吗?"他问了好几个姑娘。她们或者摇头或者微微一笑。画家耸耸肩,用英语说哦哦很遗憾,就继续调查去了。

沙丘很好,很舒服,我躺着。许多腿在眼前奔来奔去。我注意不长毛的腿。准确地说我是在观察那些像鸽子一样的脚。36码至37码。问题是几乎所有的女人脚都是这个尺寸的。后来移到我跟前的脚也是37码,也白,可这是处长的。我实在想不出这个身高至少在170公分以上体重绝不会低于150磅的男人,会拥有这么一双小巧玲珑的脚。我把目光虚了。

"你在找什么?"

"找脚。"

"是在找腿吧?"

"不，是脚。"

"现在可不兴三寸金莲。"

"我关心37码。"

"我就是37码，可惜我不是女的。"

为什么偏要是女的呢，我侧过脸看看处长，他也躺下了，用手细细地熨着自己圆润的小腹。他问我可看见他游泳的姿势了。我没看见但我说还不错。他说他从小热爱体育，是高校足球联队的主力队员和主要得分手，穿9号球衣，我说应该穿10号才对。他说本来是决定让他穿10号的，可他选择9号。

"我这辈子与九这个数字结下了不解之缘。"他说，"我发表的第一首诗就叫《我爱九》。"

如果我没有记错，我观察后窗的那天便是7月9号，农历闰五月十七，月亮才缺。

"今天几号？"我突然问。

"十八。9的倍数，所以我今天过得很开心。"他舒服地闭上眼，表情十分惬意满足。

"9号那天……夜里，你是不是也开心？"

我试探着问他。

"那当然，我想会是的。"他说。

我很想很希望他再说点什么，可他不说了。他从提包里拿出一块浴巾盖在自己羞处，又戴上墨镜。这个人也是挺有意思的。我不怀疑他有过写诗的历史，但我怀疑他当过足球主力。他太白皙了，浑身富有弹性，腿上竟找不到一根毛。这时我嗅到了一种气味，知道是谁出现了。我欠起身，转过头去，看见独眼人含着雪茄立在不远处的一棵棕榈树下。他一尘不染，穿着整齐，两手插在裤袋里，他冷静地注视着沙滩上横七竖八的人，不断地吸烟。风从他的身后吹来，把烟味吹散，吹过所有人的鼻前，于是所有的人都把头扭向了他。然后他离开了，一道余晖把他一分为二地劈开。

"你在寻找一张女人的面孔。"第二天我对他这样说。

回忆或者想象

　　你说得不错。我到这岛上是来找一个女人的。我觉得她在这里。我无法设想这个季节她会待在家中。她也不会去别的地方。我只是觉得，没有什么启示也毫无根据。我相信预感。在过去的几十年这种天然优势给我带来不少好运气。

　　我结过婚。我这等年纪冒充童男子情理上说不过去。一个三十出头的男人或者女人能有多干净呢？我是在三年前结婚的。你是不是在注意听？我是说我结过婚，也就是说我后来又离婚了。我如今是独身。其实这桩事从头到尾都十分简单。三年前的夏天我在一条河边遇到她。首先是她的惊人美丽吸引了我，打动了我。我当然要走过去。那是个比较凉爽的天气。阴天，早晨水边的空气也很好。当时，这儿没别的人。许多事情是无法解释的。那条河我从来没有去过，似乎也未曾听说过。那个早晨我醒来就产生了往东南方向走走的直觉，而且仿佛受一股力量驱使着。本来那天我是与朋友约好去位于市区西北角的网球场的。我当机立断地取消了原来的安排。我打电话给朋友，说我现在有"比打网球更要紧的事"。放下话筒我又自嘲一笑。

　　那河清澈，缓缓流动。它的形态也很别致，像一只手表。"表盘"便是一块突兀的陆地，当地人称之为"鸳鸯坟"。至于有否类似孔雀东南飞的动人传说我没有打听。我想是有的。

　　她就立在"坟"上。

　　由于早晨水面的雾气，我不可能一下子把她看清楚，但我仍不怀疑这是个美丽的女子。我们隔水相望。这时候我发现不远的杨柳树下泊着一叶舟子。我自然要使用它。我觉得自己划船非常在行。就这样，我们认识了。从认识到相爱的过程大约三分钟。我们省去了许许多多不必要的交代、铺垫和解释。似乎这之前，我们就是情人了，现在不过是恋爱的延续。"我一直注意着那只船。"她说，"第一个划船向我驶来的男人我不会拒绝。"后来她又说："我在这儿等了很久。"可是有一点至今让我疑惑，是谁把她送上"坟"的呢？她的衣着整洁，显然不是游过去的；而且当时风向不对，船很难漂回那个位置。没有第三个人。

我们是在"坟"上过夜的。她准备的东西很充分,所以后来的一切都顺利。她问我会不会埋怨自己稀里糊涂地爱上一个人并同她做爱?我说人生就是稀里糊涂的生命旅行,我不后悔。不过为了对你的尊重,也表示我的责任感,我愿意先履行结婚登记手续。"你是说准备对我的一辈子负责?"她问我,我点点头。她笑了,实际是在揶揄我。她说:"我可受不了一辈子闻一个男人的气味。我会厌倦的。"我把她的裙子放下来。我说,我是真心地爱你。我不轻易地使用"爱"这个字眼。对一般的姑娘我只说喜欢。她吻了我,边吻边说:"我的福气真好,我知道今天会有好事情,我也不是随便爱一个人的,我也不要求别人永远爱我。这是真话。爱情贵在真诚,但真诚是有限度的。就像我们在电影院里看一部悲剧,我们常常感动得热泪盈眶,这是真诚的流露。可是很快灯亮了,要退场了,大家忙着打哈欠、上厕所和抽烟去了,难道你一个人还在那儿泣不成声?"你看,算不算惊世骇俗?接着,她双手捧起一堆土,说:"撮土为香,这就算举行了仪式,结婚了。"她把土向空中抛去。再次投到我的怀抱。我们接吻。过了很久,天黑了,以后发生的事情和一般的夫妻间没什么两样。我觉得她的身体非常适合我。她还带了避蚊剂,所以这一夜的风餐露宿过得十分惬意。她问我是不是很快乐?我点点头。我说我剩下要做的是把这种生活无限延长。她笑了,说:"你真是个认真的男人。"

这一觉睡得很沉。第二天醒来,太阳已经移到头顶了。没有动静,她走了。在我的边上有她给我留下当早餐的一个肉脯罐头和一个苹果。我并不感到吃惊。所发生的事与我料想的一样。我感兴趣的是,昨天我划来的那条小船还在,她是怎样离开的?我的不安随之而起。我隐约感觉到自己落入了一个预先设置好的陷阱。在我和她之间肯定还有另一个人。这个人窥视了我们故事的全部过程。这个人也是男人。

闲话 《金瓶梅》

有一点我想是已经说清楚了:这部小说是不是关于爱情的与写作和阅读没有多大的关系。《爱情岛》可以不看做是表演爱情的公共场所,就像红海不是红的,黑海也不是黑的那么简单。作为撰写者,我自然有自己的想法。我会尽量使自己的文章作得扣题一些，于是就难免不东扯西扯，说点与爱情相关的事。

我这次出门随身带了一套《金瓶梅词话》，是前几年香港出的，六卷，有插图。当初是凭作家协会的介绍信购买的。官方的要求摆在卷首，郑重指出：此书属"特种图书"，供内部研究使用，不得外传，谁出问题谁负责。我藏这书就像藏枪支毒品那样受罪。其实我对《金瓶梅》不感兴趣。作为古典文学，它只能算三流货色。这本书的价值不过体现在我对它的拥有权而已。诚然《金瓶梅》是写性的，但写得不好。古人写性都写不好。我尤其讨厌那些字句对仗工整类似骈文的描写以及海阔天空的比兴手法，华而不实。

他们知道我带着这套书，偶尔也拿去翻翻。他们都读过《金瓶梅》，对其中某些伟大的细节记忆犹新，但他们全认为"不怎么的"。这天晚上，下雨了。谁也没有出门的意思。吃过晚饭，他们三个像事先约好似的进了我的房间，说是来闲聊。我当时正歪在床上看《金瓶梅》。于是话题就从潘金莲谈起。

画家说："潘金莲是个出色可爱的婊子。婊子未必就是下贱的女人。婊子有性经验，黄花闺女却没有。一个男人心理上喜欢处女，生理上其实需要的是婊子。处女是社会意义的，婊子靠近自然。前几年有人为潘金莲打抱不平，这就不错。不过潘金莲不该同安娜之流搞到一块去，那就被政治强奸了。潘金莲需要男人，不需要政治。潘金莲有本事，有功夫，还有心眼，所以可爱。""她完全是被西门大官人的身体吸引住了，不在乎身体之外的东西。而且西门庆一外出，她又去同陈经济厮混。西门庆一伸腿，她就把他忘了。潘金莲一辈子可真没白活！"

处长插话："如果潘金莲是你老婆，你会怎么样？"

画家说："不怎么样。她搞她的，我搞我的。这才叫男女平等。"

处长笑笑，说你倒开通得很，也蛮合算。人生在世不过几十年的光阴。各有各的活法。人的愿望总是无法满足的。愿望和满足之间的距离叫做痛苦。所以人生是痛苦的，自然这其中也蕴含着欢乐。其实性这东西和太阳一样，又平常又新鲜。新鲜才够味。《金瓶梅》少的就是这个新鲜。可是它在民间的流传却异常之广，不知是何道理。

这时独眼人说："很自然。第一，如今谁也没有三妻四妾，想知道一个男人和一群女人怎么个过法；第二，想知道先人做这件事和自己有何不同之处；第三，在性的问题上，人的好奇心还在于希望充当一名窥视者——这更刺激。"

画家就感叹了，说难怪那书的插图几乎所有做爱场面里都出现一个窥视的小厮。古人把后人的心摸得真他妈准。"你们大概不会盯我的梢吧？"他似笑非笑地说，"如果我知道了，我想自己会做得更好一些。"

这一说，倒冷场了。画家似乎讲的不是笑话，带有玩笑的口吻发出警告的意思，这是我的直觉感受。而且我注意到处长的表情有些不自然。独眼人又开始抽他的雪茄了。我不能断定这两人之中谁碍了画家的好事，反正不是我。本案与我无关，可是画家的目光始终落在我身上，他说："请你说几句了，别他妈装聋作哑。"这是什么意思？

我需要抽支烟。我说："《金瓶梅》写性，不过是停留在性的自然状态上，西方的一些书，比如《查泰莱夫人的情人》和《弗兰德公路》，刻画的是性的精神状态。中国人注重性的行为方式，无非是颠来倒去这般那般；西方人注重性的生命价值，表现性爱的神圣，性似乎进入了一个形而上的境界，化没了。"

画家打断我的话："你别把洋人抬得过高。你见识过洋妞没有？男女之间，恋爱不过是幌子，睡觉才是实质。你是不是可以爱一个不同你睡觉的女人？别装什么伪君子。西门庆可爱之处就在这，看上谁追谁，追到手就娶过来，好生养着。"

独眼人站起来说："对待性，人的态度是不一样的。有人关心目的，有人则看重过程。二者都是欲望的体现。每一次的欲望都会使生命获得弹性。每一次的经验都会令人激动。"

林语堂先生《吾土吾民》的第五章第六节是这样结束的——

辜鸿铭，爱丁堡大学的硕士，一个非常喜欢引用托马斯·卡莱尔和马修·阿诺德语录的人，一次在为纳妾制度辩护时说："你曾看到过一个茶壶四个茶杯在一起，但是你可曾见过一个茶杯和四个茶壶在一起吗？"对于这个问题的最好回答是《金瓶梅》中西门庆的姬妾潘金莲的话："一个碗内两张匙，不是汤着就是抹着。"她知道自己在讲些什么。

27 日之夜

  这天夜里实际上什么事也没发生，却大大地充实了我的小说。我当时正在写作，怀疑这部小说的逻辑性。一连几天岛上都是阴雨连绵，仿佛夏天的故事已经结束了。在我的窗台上落着一片叶子，但并没有黄。我知道这种叶子可以靠自身的养分生存下去。这给我的写作带来了信心。我的故事不需要长在一棵树上，只要是绿色的，就有生命。

  独眼人和画家晚饭后就出去了，这是处长告诉我的。处长过来向我要香烟，说是刚才吃了几瓣蒜，口腔的气味受到女服务员的批评，需要借烟来改一改。我说酒比烟的效果好。女人一般喜欢酒味讨厌烟味。我倒了两杯仿制的马丁尼酒。我想请他聊上一会儿，也许他知道独眼人和画家今晚的去向，我关心这个。

  "你是不是写不下去了，让我给你提供点什么素材？"他这样说。我估计他有心事要谈。

  "你觉得那两位在岛上有门儿了吗？"

  "这个……这可不能瞎说。不过这样的天气出去，总是有要紧的事的。"

  "你干吗不出去遛遛？"

  "你想套我的话呀，我可没啥让你感兴趣的。"他放下酒杯，"那种事，过了40岁就看淡了。"

  "可你关心姑娘对你口腔味道的评价。"

  "姑娘？不不，你错了。我对姑娘历来不注意。"

  "你注意少妇？"

  "不，我喜欢寡妇，或者文雅点叫独身女人。"他笑着说，"不过我从来没有什么不检点的行为，这是真话。我心里喜欢，就够了。"

  "伟大的柏拉图。"

  "和柏拉图又不一样。柏拉图只是空喜欢一场。我一喜欢上就什么都有了。"他站起身，把酒喝尽，"对你的写作有没有点启发？好了，我不打扰了，我得回屋子洗澡，看电视，今晚的闭路电视节目是《独身女人》，像是为本人专场放映似的。"

我觉得处长没有把话说完。刚才说的只是一个提示，也可以看做是暗示，必须意会。我的思路中断了，但这不要紧。今夜还会发生点什么事才对，我想应该这样。外面的雨越下越大，那两位在干什么我不清楚。他们当然不会杀人越货。我在晾台边静静地坐了一会儿，雨点溅到脸上已是冰凉的了。过后我就打开了电视机，确实是《独身女人》。这种片子不能吊我的口味。我喜欢看惊险片动作片警匪片。喜欢那种用左轮枪指着太阳穴进行赌博的刺激。但是这部片子的女主角我很喜欢。她长得居然有点像凯。

电话铃响了，是处长从隔壁拨来的。显然他早早上床了。

"你在不在看电视？"

"在。"

"好看吗？"

"不好看。"

"那女人好看吗？"

"还不错。"

"知道她是谁吗？"

"不知道。"

"她是我老婆。"

"？！"

"别吃醋呀作家。她不过是今夜做我的老婆……"

我放下话筒就过去了。处长光着身子趴在床上看电视，巨大的臀部被红色的裤叉裹着微微起伏，席梦思的弹簧吱吱呀呀响，倒蛮有节奏。见我进来，他便坐正，把毛巾毯拉到脐下，又在大腿上压了个大枕头。他刚才刮过的脸非常富有生气也平添了几分秀色。

"看不出你还会说笑话，处长。"

"我可不是说笑话，你该把我当诗人。"

"好吧，我的拜伦，祝你好运。当心别触电了。"我抽完烟，就离开了。

这时候大约十点钟的样子。我的生物钟此刻开始呈现兴奋状态。通常我利用这之后的几小时进行工作，我回到房间。不久周围都静了下来。但是我已找不到刚才丢下的头绪和感觉了，处长的一反常态让我玩味再三。人有时是可以忘形的,犹如进入梦境。我不怀疑处长那番唐璜般的表白是庸俗不堪的插科打诨。可我现在还不敢妄加推断出别的什么来。

后来的事并非是不可思议的。我刚刚有了点睡意,听见隔壁有了动静。最先是席梦思发出的强烈的有节奏的弹簧振动声,仿佛要断裂。接着是他短促的喘息,随着一声嚎叫什么东西落到了地上,后来什么声息都没有了。我又担忧又好奇,还夹杂着一点恐惧。我想隔壁一定是出事了。我应该过去看看。

门锁全部弄坏了,这是宾馆保安部门的防奸措施,所以我很方便地进了他的屋。一只壁灯依旧亮着,灯光非常黄。处长也依旧趴着,只是巨大的臀部业已不再起伏,枕头压在他的肚皮之下,他睡得很香,鼾声温柔。

刚才落到地上的是一把过时的剃须保险刀,镀镍的表面受到腐蚀而变得斑斑驳驳,我真不想去碰它。可那里面嵌着一张女人的肖像画片:竟是她!

我突然想起今天是 27 号。

海市明天出现

我弄不清昨天晚上是在什么时候睡熟的。但那个昙花一现的梦境我记得很清楚。是个简单的梦。这个梦有个鲜明的特点是没有一个人物,连我也被排除了。开始是一片蔚蓝色的大海,不久海给太阳点着了。海燃烧起来,烈焰冲天。一只巨大的白鸟在火中舞蹈,并不叫,以后它在天空上做滑翔运动。走 S 形。一粒沙子在不断扩大,变成一堆土,再变成一块陆地,最后变成一座大山。山上有一棵烧焦的老树,可是又吐出了新芽。那叶子不是绿的,是白的。这个梦的色彩很美,又抒情又恐怖。很长时间过去之后,我仍在想:那时候我去哪了呢?

随便梳洗了一下,就到午餐时间了。去了餐厅,居然没有发现他们中间的一个。这是反常的现象。我向客房部经理打听,他说不知道。但他说他们都没有离开爱情岛,未取走寄存的行李。"也许他们去海滩了。"他说,"气象部门说,今天有海市奇观出现。"

我随即去了海滩。

海滩上很热闹。人们都不下海了,守着遮阳伞等待传说中的奇观。我仔细找了两遍,还是没有他们。会不会去别的场所,比如那个"红蜡烛"呢?我又赶到那儿,接着大吃一惊:那个富丽堂皇的酒吧业已不复存在了,只有一片废墟!

"怎么……拆了?"我问一个年迈的警察。

"什么拆了?"他好像根本不懂我的意思。

"那个酒吧,红蜡烛……"

"对不起,这儿从来就没有酒吧。也没有什么红蜡烛,先生。"

"怎么可能……那这些石头……"

"这是一个古堡的残迹。"

"古堡?"

"是的,先生。这儿从前是一个江洋大盗的住宅,后来由他的妻子掌握。她把他杀了。她每天在顶上看海,据说是等待一个梦中的小伙子,等了一百年,可她并不衰老……再后来,一个雨夜里,她和这座古堡融为一体了。二十几年前,她被一群人摧毁了,是烧的……我就知道这些,是小时候听我外婆说的。我每天都要在这儿来看看,摸摸这些石头。"他说完,又摸了一下石头。

我不知道自己的脚是踏在现实里还是踩在梦境中。总之,我都难以自拔了。

黄昏又降临了,我没有找到我的朋友。孤寂和忧伤附在我身上。我负着它们重新回到海滩。人们还在等待。看着鲜红欲滴的大太阳慢慢沉到海里。突然有人高声宣布:

海市明天出现。

这个故事到此差不多可以结束了。为了多数的读者,我觉得有必要去观察一下故事的反面。这不等于是魔术师松开他的手腕。我不是魔术师。通常的情况下我调整自己的叙述方式企图把故事讲得略为复杂一些。我不希望故事被拆穿。

曾经有一位青年评论家在谈及我的小说创作时,认为我往往把自己当做导演,喜欢走到观众席里去,把观众都变成演员。其实我是个普通得一塌糊涂的小说家。我大概永远只能写出任何一部小说的一半。

在这部小说的构思阶段,我想试着写几个爱情故事。我希望写出类似玛格丽特·杜拉《琴声如诉》那种略带伤感和迟疑恍惚的情调。或者取艾·巴·辛格《市场街上的斯宾诺莎》那种又滑稽又深刻的效果。但是我发现，我的能力有限。我曾悲哀地想，爱情故事让大师们过早地讲完了。

于是我想了解故事的反面。我发现我要叙述的这个故事具有解读的可能性。在我同几位旅途邂逅的朋友混得烂熟时，我突然觉得，他们与我的故事存在着一种微妙的关系。那时我已相信，他们都是我要物色的角儿，我未来小说中的人物。正如生活本身是没有多少逻辑可言的，我的朋友在爱情岛上的行为也缺乏逻辑性。他们随心所欲地度过每一天的24小时。这样很好。这期间岛上发生了一些十分普通的事情，谁也不关心它们。但是我的想象总是对此呈现出某种象征和某种暗示的状态。我有了古怪的预感，觉得一种联系似乎让我找到了。于是在一个后半夜，我开始写这部小说。

我已经申明过：我永远只能写出小说的一半。

1991 年 5 月　合肥
（原载《花城》1994 年第 2 期）

情感生活的短暂真空时期

在暧昧的时间里，一切都成了"据说"。

1

1993年5月，邦的情感生活开始出现被后来研究他的人所表述的那种"真空时期"。据新近一期的《作家研究》杂志，一位叫伊达的人撰文所言：所谓"真空时期"不过是针对这位作家有过的一段缺少浪漫经历的诗意描写。伊达认为，这一事实可以从作家那个时期的创作活动中得到轻松解答。伊达的统计表明：从1993年5月至同年9月，邦共写作了一部长篇《虚无》、三部关于宿命的系列中篇以及八篇随笔。总计34.5万字。"在不足150天的时间里出现如此之大的成果显然是惊人的。"伊文这样写道，"而且，作品质量均属上乘，写作风格灵活多变。"研究者伊达确信：性是作家创作的原动力，一旦失去，作品便一发而不可收。"这是一个绝妙的时间差。所谓'真空时期'对作家邦来说可能是一个损失，但小说却意外地迎来了收获季节。"伊达以这种居高临下的口气结束了这篇文章。

署名伊达的文章在发表后不到一周的时间里，《作家研究》编辑部接到一个女人的电话质询。她以作家邦的"朋友"名义对伊文表示"很不理解"。问这位伊达究竟何许人，是男的还是女的？这个女人反对"性是作家创作的原动力"的观点，认为这是"很幼稚的"牵强附会，是一次对弗洛伊德的拙劣模仿。在编辑部恳切要求下，她表示"在适当的时候"愿意谈一些关于邦在"那个时期"的"情况"。

第八天，一位自称是邦大学同窗的读者致函编辑部，完全绕开伊文，仅就"真空时期"这一概念的引入发表意见。"我不知道是谁最先使用了这个词组。但这个概念让我想起邦的一部未经发表的小说《空心》。那是很久以前的事了,其时邦默默无闻,只是在国内三流期刊上发表一些可笑的小说。《空心》则完全是个例外,仿佛由神写出。"这封措词严谨行文规范并暗示出文字功力的信函,最后朴素地指出:

"据我所知,那个时期邦过得很糟。先是同志的出卖,接着是妻子的分手,不久,他的情人们也相继离他而去。能陪伴他的是一架老式钢琴——他并不知道怎么去弄它。"

2

关于小说家邦,现存档案只能介绍一些关于他的皮毛,而且,往往矛盾百出。比如,在权威的《文学年鉴·作家卷》中,关于邦的词目三年中变化五次。邦分别扮演"先锋派代表作家"、"本土意识作家"、"内心体验主义作家"、"三心二意探索者"、"游戏倾向分子"。但作为"自由撰稿人",邦的确与官方的文学机构和奖项无涉。很少有人见过邦,但关于他的传闻却十分逼真。最近的一次是他和一个女人双双投海,尸体腐烂不堪。然而在他的几位好友挥泪执笔作悼文之际,南方又传来邦一夜间成为大款的消息。邦对文学,如同成熟男子对待情人,始终若即若离。

1996年第三期《莽原》杂志载有作家潘军的中篇小说《朗诵南方风景》。在那篇散淡的文字中,邦应邀出演一位诗人兼老板的角色。邦演得很卖力,但他事后指出,你歪曲了我。而且你同时也歪曲了一个叫琪的女孩。

琪最初的出现与那架钢琴同步,这在小说《空心》的第一小节便可看出:

钢琴就这么放下了,紧挨着西窗。那个位置,原本是放电脑的。写字用的电脑——据同行说用起来十分舒服。可写字不是一件舒服的事。写字需要辛苦。问题还在于:作家可以面对虚无却无法面对一台机器。还是钢琴吧。黑色的钢琴。还有什么比黑色更哲学的东西呢?后来他才知道还有白色。钢琴的黑色表面映出一个白色的身影。那就是琪了,他想象中的女孩。

小说《空心》写于几年前的一个春季，由于众所周知的原因至今没有公开发表。但在南方，《空心》以手抄本的形式广为流传。这篇不足8000字的小说以其"隐喻式的忧伤"让人刮目相看。"现在看来，"有一次邦对几位朋友说，"《空心》的轮空，是一件命中注定的好事。就像天机不可泄露。"在这次命名为九号沙龙的聚会上，邦的神情变得幼稚而深不可测。"那时面对邦如同面对一块石头，弄不清它是矿物质还是艺术品。"——《蓝色周末》是这样报道那次聚会的，时间是1993年11月28日，恰巧是邦36岁生日，本命年。按伊达的文章所言，此时的邦应该顺利地度过了情感生活的真空时期。聚会于子夜时分结束。邦先离开，似乎有点慌乱，以至于把香烟和打火机都落下了。"他像风一样隐入夜幕，从此消逝。"

3

我们的认识是一个偶然。说是一次玩笑也可以。那天晚上，我是给我的男朋友拨电话的，每天都拨，可这次拨错了。电话拿起来，我说嘿，想我吗？对方不吱声。我说你怎么啦，还为昨天的事生气呀，不就是一本昆德拉的书嘛？这时对方说："你知道昆德拉？"吓我一跳，知道拨错了，还没来得及反应，他又说了："小姐，请不要放电话。我喜欢你的声音。"我的声音特别吗？我还是第一次听见有人这么说。我当时，怎么说呢，觉得很刺激吧，就傻笑了。我想对方是个很有趣的人，有幽默感。我喜欢有幽默感的男人。"你的声音确实很好听，像个孩子。"他又说了。我倒觉得他的声音像个孩子。感冒才好的孩子。我猜想他长得也会像孩子，而且，我预感到他的职业是个作家或者诗人什么的。我就试着打听了。我问他是干什么的。他说弄不清，目前是写字。写什么呢？他说写小说。我就有点得意，说和我想的一样，就问他的名字。他说他无名，就是说他没什么名气吧。我大胆说了句：我想知道你身份证上的姓名。他笑了，他说明天见面时告诉你，并让我记下那个阴错阳差的电话号码。然后，他把电话挂了。

他这人就这么自信。一次意外的电话便导致一次有准备的约会。那天晚上我非常高兴,电话放在床边,我抱着双膝傻傻地看着它。电话是白色的,很可爱。我回味着他的声音,他说的每一个字。忽然有了一种感觉:这个男人现在就坐在我的客厅里,在读昆德拉的书。他刚洗好澡,头发上有水珠,穿着睡衣。这么想下来,我就有点害怕了。那一年,我27岁。我是单身,当然性经验是有的。我的男朋友是我的老乡,也算是同学吧,中学在一个学校。他是话剧团的美工,为了我才来南方。我知道他害怕南方,害怕这个不利的环境。但他不知道,魔鬼在人心中,尤其是女人。读过几本书的女人更是如此。女人往往是莫名其妙的。

那个晚上很要命。我没睡好,没法睡。一会儿电话铃炸了,我急忙抓起来,是我男朋友的,想过这边来。我装作很疲惫的样子,说我累了,想睡。他只好算了。这一瞬间,心中的魔鬼出现了。我主意已定,明天见那个家伙。我立即下床,翻箱倒柜地找衣服比划。我知道我是一个有点味道的女人,男人对我发生兴趣是很容易的事。我并不想去引诱谁,只想把主动权握在自己手上,只想由我来说 Yes 或者 No。可我没想到,从一开始我就丧失了这个权利。

4

他决定称她琪。

琪那时仿佛云彩自九天而下,落在那架黑色钢琴旁。琪看着他。琪的眼睛明澈,睫毛的阴影使她的面容略带愁苦。他期待这神情已久,现在他见到了,他需要珍藏。

他缓缓站起来,把琴凳让给琪。可是琪没有坐,而是从他的床底下找出一把很旧的枣木椅——这是已故的母亲留下的唯一财产。他从前坐着它写字。现在有了钢琴,他便将它隐匿起来。琪怎么知道?

琪轻轻拂去木椅表面的灰尘,在他旁边坐下。然后她说:弹琴吧。

他很茫然。他不会弹琴,甚至不识五线谱。选择这架钢琴完全是一个梦中意念的暗示,一个暧昧的手势。

琪从书案上那叠手稿中抽出一份,放在钢琴上:这是乐谱,你的乐谱。

他抬眼看见手稿的封面上写着两个字：

空心

至今没有人见过《空心》手稿。在那一年深圳拍卖文稿活动中，曾经传出《空心》手稿将一锤定音的消息。但据专家介绍，连续收到的七份《空心》手稿均属赝品。"更可笑的是，"专家说，"七份手稿都不一样，个别的甚至大相径庭。"这无疑是一次打击，使本来就扑朔迷离的事实又蒙上了一层深厚的阴影。

《作家研究》编辑部后来所出示的《空心》，极有可能是一次大胆的仿作。但毕竟事出有因，况且当事人邦至今没有"来函照登"。值得安慰的是，《空心》只是关于"真空时期"的依据之一，编辑部某种意义上仍看重与邦接触的异性的"口供"。他们认为面对一群生命远比猜想一份手稿更有价值。

5

第二天，我们见面了。他好像一直在等我的电话。刚通，他的声音传过来：我是邦。其实我不知道他的名字，我就笑了：是肖邦还是詹姆斯·邦？他有点不高兴：他们算什么东西。这人多狂？谁都不放在眼里。后来，那是我们认识很长时间了，有一次我问他：你算什么？他说我连东西都不是。他确实是这样说的。

我有所准备，认为第一次见面既要做到礼貌又要做到让对方不觉得你轻浮。而且方式也不能流于俗套。那时这座城市正迎接上海来的什么"小剧场演出"，就是演员在观众中间表演，都说挺有意思。我选择了这个。我当然不会冒失地选择夜场，觉得下午不错。看完，如果感觉好就一块吃晚饭，不好，各奔东西一风吹过了。可他一口否决：那种演出不过是在毛玻璃后面让女人脱衣服而已。如果你有兴趣，我可以请十个女人在镜子面前脱给你看。话说得真损。我一下没辙了，只好把自己交出去，让他安排。他说我哪儿也不去，就在自己屋子里。接着他把自己的住址说了，并让我重复一遍。然后他似乎有点动情地说："我只想听听你的声音。我无法想象你那未经电话过滤的声音是怎样的颜色。"

说真的，我感动了。心里又委屈又难过，还流泪。我知道我的弱点。

我最怕碰那种貌似大男人其实骨子里是个孩子的家伙。可我已经无法拒绝。

邦那时才上岛不久，住在沿江三路的一间民房里。后来他发了，住上了别墅。再后来他又去了民房，但已不是原先的那间，据说离市区很远，那会儿我们已经分手了。

那间房子我印象深刻。就一间，在顶层上，出房门就是晾台——很大的晾台。有许多个夜晚，我们就是在晾台上度过的。晾台上有洗澡间和卫生间，用起来还算方便。屋子里和我的想象比较接近，简单，凌乱，很多书堆在地上。引人注意的是墙上挂着一张很旧的航海图和一把同样陈旧的箫。我不知道什么意思。在我同他相处的日子里，我问过他很多次，他都没吱声。我没见过他去吹那把箫。日子过去很长了，这两件东西时常在我眼前晃动。甚至，穿过了我的梦境。

6

关于那把箫，在伊达文章中有两处提及：

"现存的辞书不能对箫——这种简陋的古乐器，有更多的注解。对箫的关注实际上是凝视邦心灵的一种投影。在迪斯科或者摇滚乐称霸乐坛的今天，研究一把朴素的箫或许意味深长。这一截独特的竹子能发出惆怅的缠绵悱恻的声音，发思古之幽情，以唤起作家对往昔情感生活的缅怀。毫不夸大地说，这把箫某种意义上占有了邦的'真空时期'。"

然而到了最后一节，箫的意义有变——

"……这时候再看那把箫，已从高处不胜寒的地位上跌落而下了。箫已不属于形而上，箫的表面光洁可鉴，但不再是心灵的慰藉，而是肉体的抚摸。他握着它，改吹奏为吮吸，他不再为它的声音所震颤，而是羡慕它的长度和它的坚挺，以找回或者幻想令人骄傲的岁月。那时候他极度悲哀，离用左轮手枪指着脑袋的日子仅差一步之遥。"

不难看出，伊达由箫引发的议论与感叹属于司空见惯的借题发挥。然而伊达的口气是自信的，他（或她）不是在评述而是在倾诉。伊达仿佛是一个目击者，连邦最隐秘的生活也了如指掌。如此看来，伊达的身份远比伊达的文章重要。

编辑部期待伊达的再次来稿,最终按图索骥。

7

这就是我的乐谱?他惊异地看着那份叫做《空心》的手稿。他喜欢这个标题,但在他的记忆中,他从未写过一篇名为《空心》的小说。

琪用纤细的食指翻开"乐谱"。那确实是他的字迹,笔画结体明眼人一望便知是从王羲之《兰亭序》上拓下来的。他写作喜欢使用笔画较粗的钢笔,喜欢黑墨水和略渗的方格稿纸。他喜欢手写。他曾为此作过一篇散文叫《手写的欢乐》,但他的确不曾写过《空心》。

他说:这不是我写的。

琪说:第一乐章是关于山毛榉的传说。

他说:我无法相信我的眼睛。

琪说:在我的家乡,山毛榉叫水青冈。一种植物,它的名字有山有水,多么可爱!

他疑惑地看着身边的琪。答非所问已是明显的事实。使用同一种语言却无法沟通,不能交流,这难以置信。突然他有了一种不祥的预感,这念头让他心律紊乱。但他还是决定来试一下。你喝水吗?他问道。

看见她偏了偏脖子他如释重负地吁了口气。与此同时,他的双手重重落下,钢琴发出巨大的轰鸣令人眩晕,然而他听见了琪的解释。

这是破土之声。琪这样说道。

1994年初春,一名外籍汉学家专程来到中国南方同一名叫邦的小说家会晤。那时候邦正忙着挣钱,商场的风云变幻使他看起来像个花花公子。外籍汉学家是位女性,拥有修长的身材和京腔的汉语。但那是一次貌似亲切实则难堪的会谈,最终以失望而草草收场。

问:你现在,还写作吗?

答:写。但不一定用笔。

问:你还爱文学吗?

答:我爱文学,但不爱文学界。

问:为什么?

答：因为文学可爱，文学界不可爱。

问：听说过罗兰·巴特吗？

答：连他爹都知道。

问：你对你在文学史上的地位怎么看？

答：没有地位。一个鲁迅放在那儿，至少可以压三代人。

问：听说你有一篇未发表的小说，叫《空心》？

答：我也听说过。

问：能给我看看吗？或者介绍一下。

答：我只是听说过，很抱歉。

显然，狡猾的邦和从前一样，对实质性的问题仍是避开不谈。最后，邦做了一个很含糊的手势离开了餐桌。他说他晚上还有一个不同寻常的约会。这是实话。

8

当时他不在屋里。门开着，我走进去，一眼就看见那两样旧东西。我立在它们面前，正想用手摸那把箫，感到室内光线暗了，知道主人已到了门口。我收回手，听见他的声音："你来了。"

这平淡的一句话消除了我的顾虑和紧张，两人间的距离一下缩短，好像是老朋友了。我这才转过身，他站在原地方，手里抱着一只西瓜。一个很不错的男人，我这样想。说不错是因为他让我不觉得陌生，说很不错就意味着这种男人我能够接受了。我当时就这么想的，不能算一见钟情。就是说，如果他将有什么小动作的话，我不意外。这是下午的感觉。到了晚上，这感觉已变成我希望他对我有所动作了。这轻浮吗？我问过自己。结果是越问越轻浮起来。当第一次做爱结束后，我清楚地意识到，此生我已无法离开这个男人了。

那个下午我们席地对坐，交谈。他总让我谈，谈什么都可以。"我倾听你的声音，"他这样说，"胡言乱语也无妨。"我想这是真话，很快乐，很开心。人一放松，口齿就伶俐，东扯西拉越说兴趣越高。他用手托着下巴，头稍稍歪到一侧，神情专注，像是在听音乐。偶尔抽一支烟，偶尔插两句话，这个样子我心里能画出来。

天色暗了，饿了，该吃饭去。但又不想离开，割舍不了那个我看重的氛围。我自来南方，上这个大岛，没有说过这么多的话。这么多想说的话。他看出了这一点。我们停止了交谈，都看着窗外，看天彻底地黑去。然后他将我轻轻拉起，又轻轻拥到怀里，轻轻拍我的背脊。

什么都没说。

需要做爱。

女人看重气氛，即使是做爱也不例外。我属于这种女人。那时候我有一种迫切想献出去的感觉，哪怕他是一个流氓。以后同他在一起时，还是这样。这个念头追随了我很久。那一截日子，是我此生最好的光阴。一切发生的都是意外，一切意外又都是美好。这第一次，意外而美好的第一次。他的手法让我快乐而痴迷。他的力量、他的汗和巨大的喘息让我铭心刻骨。他在雕塑我——在我离开时，我发现镜子里那个女人显现出从未有过的动人。那是我的赝品，邦的杰作。

可是他流泪了。他后来的目光停在那把箫上。

9

十指随心所欲。

琪翻过一页"乐谱"，依旧轻声在说：它像黄昏里的炊烟那样生长，升腾。它姓山，所以要与山齐。外婆说，它像月子里的婴儿，一天一个样。你听，它在哭。它需要风来哄它。

十指划过键盘。

琪说：风就来了。

十指突然停住，琴声戛然而止。

琪说：秋天也来了。

他感到累了。他不知道自己刚才在做什么。弹琴吗？当他的指头有力敲击键盘时他进入到一种忘我的境界。那绝不是音乐的。谈不上所谓第一乐章，但他确实于震耳的琴声中看见了山、炊烟和山毛榉。他只能看见一次而且是朦胧的。没有重复，唯一的一次。这让他想起绘画，中国画，写意，酒后的一气呵成，没有重复也容不得修改，无法描摹与仿制。这是两个惊人相似的形式与过程。他内心渐渐有了安慰。他看看琪，这个梦中女孩，向她伸出手。琪就把手给了他。琪的手像一只鸟雏，他小心地握着。

他说：你是谁？是琪吗？

琪无语。

我知道你就是琪，他说，琪不会离开我对吗？

琪说：你弹得很好。

他把琪的手贴在脸颊上。

琪说：秋天来了。叶子纷纷落下。

琪愁苦的表情凝固了，湿润的双眼看着黄昏中的风景，而他只看琪。他注意自然的光线在琪面部的变化。琪还在体味秋风中的山毛榉，体味那逝去的琴音。他用中指触及一个单调的低音键并让它拖得很长。

于是琪说：最后一片叶子落下了。

10

在迄今为止所见作家邦的全部文学作品中，"黄昏"是使用频率最高的词汇。酷爱黄昏的邦在29岁出版第一部小说集的"后记"里，果断地运用了加西亚·马尔克斯式的叙述——

"很多年以后，在一个秋日黄昏里，人们会发现一个叫邦的老人，在故乡那座简陋的小楼上，通过西窗眺望余下不多的忧郁时光。"

这种视角下的黄昏之景总让一些文学青年联想到海明威在哈瓦那的瞭望台。"但海明威只是侨居，他通过瞭望台观赏流血和革命。一旦革命成功，他便回了爱达荷。"将近十年后，邦重提这件事时这样说道："我不同。我从一开始就向往着叶落归根。"批评界对此予以关注，认为这种古典主义情怀与现代主义探索格格不入。认为怀旧意识与先锋精神集于一身不可理喻。批评界决定抛弃邦这个先锋文学的黄昏没落者，而邦也远离了朝气蓬勃的批评家去了南方。

署名伊达的文章在对箫大发感叹之后也涉及到"黄昏"。

"这是一种'黄昏情结'，"伊达指出，"它某种意义上证明了邦的色厉内荏，果敢的形式遮掩着空虚乏味的内容，就像他的情感生活，一次轻松得手便意味着一次真正失败。于是他开始自恋，走进所谓'真空时期'，最终走进黄昏。那时，他期待着一次黄昏之恋，以便完成他洋洋大观的回忆录。"

话说得很重，但不无道理。伊达在分析其根源时还有一段描述：

"邦生于黄昏，少年丧父，后寄养于叔父家中。在四个堂姐妹中邦如同宝二爷而鹤立鸡群。后因一次'不正当的游戏'，而被逐出，于黄昏中逃回其母家乡。此后，邦郁郁寡欢，黄昏看炊烟成为每天生活最重要的内容。这种习惯一直延续到他的知青时代。"

伊达的文章就"不正当的游戏"作如下注释：

一说是指邦与堂姐模拟大人生孩子；一说是指邦在叔父的尿壶里塞进了一只癞蛤蟆。

二说都与性有关。但游戏应该属于游戏双方，因此伊达实际上强调了第一说。

然而伊达遭到了驳斥。

自始是邦的同窗好友的人第二次致函编辑部，就伊文中"某些细节"提出商榷。依旧是老辣的笔法，依旧是有力的实证。

第一，邦使用最多的词汇并非"黄昏"而是"夏"或者"夏天"、"夏季"。"夏季是他耕作的季节，他喜欢挥汗如雨，无论是面对稿纸还是女人。"

第二，关于邦寄居叔父家中并因"不正当游戏"被逐出家门之说"纯属无稽之谈"。邦确有一叔父，也确有四个孩子，但都是男孩。"直到'祖国山河一片红'时，邦仍梦想有一天看见孩子从母亲腋下诞生的辉煌场面。（详见邦的随笔《生命之门》）对性的迟钝也许是多年后对女人觉悟的一次相反相成的铺垫。"

但是信函对"箫"只字不提。

11

我正想取下那把箫，他进来了。"别碰它。"他低声但又严肃地说。我有点吃惊，从相识到现在，他没有这样严肃过。他的脸色和他的眼神都是平静的，好像对待一个傻瓜。我一下觉得好没面子，不想停止。这时候他走近我，一字一句地说："请你别碰它。"一个"请"字，把我们隔开了。那时我真是委屈到了极点,我一把将箫取下来,同时准备接受他的耳光。

他没动手。他的脸色一下转为惨白,目光从我的胸脯一寸一寸地移到我的脸上。他怔怔地看着我的脸。我感到有些害怕了。他像整个被挫败了似的坐到地上……

我至今心有余悸。对不起,我得抽支烟。我就是从那时候开始抽烟的。那个时候,天晓得那时候是怎么过来的。我想离开他。我不能和这种神经质的人待在一起。可是他坐在地上,环抱着胸,低着头,散乱的头发在我眼下,没有光泽。我的鼻子酸了,觉得这个一向自命不凡的男人垮掉了,好可怜。我想我可能是伤害了他。这把箫,那时我这样想,可能是他的一部痛史伤心史,不能碰,谁也不能碰。但他把它挂在眼前,仿佛卧薪尝胆的那个"胆"。我忍着眼泪把箫送回原来的位置。我对着他坐下来,用双手托起他的脸,让他看我。他突然用一根食指压住我的嘴唇,声音有点发颤地说:

"不要说话不要说千万不要说话。"

我哇地一下哭了。我伤心。我放声哭,好像要把这辈子的苦全哭出来。

他眼睛一闭,躺在地上。我扑到他身上,我哭着说,为什么为什么?不就是一把箫吗?为什么?他无话,像喝醉了一样软软地松开四肢。

我一直纳闷这件事。以前,我们也时常争吵。他的脾气很坏,争起来样子很吓人。我也哭。每到这份上,都是他主动休战,过来哄我,然后做爱,更疯狂地做爱。完事了,他又说:其实刚才是你的不对。或者,我刚才并没有恶意。我就彻底地乖了。于是他不无骄傲地总结道:"当女人向你进攻时,不要采取抵抗的姿态。应该利索地躺下,让她当一回骑兵。"

然而这不是一条规律。那次,我们失败了。我可以说是竭尽了全力,但无济于事。他过早地患上了那种男人病……

12

琪每天像太阳一样在他身边升起又落下。明媚的琪是和阳光一齐走进他这间房子的。在没有阳光的日子里琪是风。风掀开的第二乐章是关于风的行姿。

他手下生风。风通过手指、键盘和琴弦向自然传颂。琪就是风，他这么认定了，风的行姿是琪的步伐。琪自九天而下，走近了他和这架黑色的钢琴。

没有阳光的日子里他深深地怀念琪。

风在指间流动，琪的裙摆如白色的光从眼前划过。他知道琪并没有离开，琪陪伴他度过这阴冷的时光。他的十指移向低音区，他听到风已走进了山谷，琪在一泓泉水下开始梳妆，琪的头发在风中飘舞。他把右手跳回高音，"弹"出一组明亮激越的"旋律"，又缓缓依次下滑，他感到眼前豁然开朗，琪在风中旋转，她的裙摆完全打开，像一朵绽开的白莲，琪在舞蹈，随着琴声，他的手指灵活有力地跳动，琪也跳动但是非常地轻盈，仿佛一片羽毛。于是琪的裙裳从肩下滑落，他第一次看见了她瓷一般的胴体。这是他所见最美的女性胴体，他不能不专注，但是琴声骤然轰鸣，他眼前一黑，心灵跌入深谷，伏倒在键盘上……

13

后来的事与米兰·昆德拉有关。我喜欢这位夸夸其谈的东欧作家。谈他的书我能感受到他的气息，说是托马斯的气息也可以。气息，这很重要，你不会知道男人的气息对女人有多重要。那个气息，我没有感觉到邦的气息。他成了一个男性标本。他很沮丧，经常对着镜子用绷紧的食指顶着太阳穴轻轻吐出一个字：啪。这期间他提到过海明威。"他因受不了病的折磨而用心爱的猎枪打碎了自己大半个脑袋。"有一次邦对我说，"那是什么病？！"他说种种诊断的解释皆属胡说八道，只有海明威的情人最清楚。你看，这人就这么狭隘。他不行了就希望全体男人都不行。

有一天，我们谈起了米兰·昆德拉。

其实我们的认识本来就与昆德拉关系很大。这至少说明我还不俗。他后来说他无法同一个俗女人生活，但做爱可以。我说那不是做爱，是性交。他想了想，说没错。结果他又不行了。我做错了什么？我不过是动了一下那根有眼的竹子。这个不提。

那天的话就这么往下说了。我拿出那本《生命中不能承受之轻》，是中译本但不是大陆出的。他说他没看过这个本子，据说比大陆的本子多几百字。他就找这多出的几百字看，看过了没说什么。他把我搂到怀里，吻我的脖子，吻得乱七八糟的，我都有点烦了。过了会儿，他从书架上抽出一盘录像带。"这里还有一个版本，"他说，"也很好看。"那就是电影《布拉格之恋》。我以前看过，喜欢那种结构样式。那两个女演员，也是喜欢的。但我不喜欢这个托马斯，太瘦，没有力气。我讨厌男人干瘦的身体。

开始放录像。他拉上窗帘，把灯也灭了，只有电视机的光映在我们脸上。出现做爱场面，而我们无动于衷。他的手在我身上滑来滑去滑来滑去滑来滑去！

我打掉了他的手，站起来。他仍坐在地上，不看我，看刚才被打掉的手。

托马斯和萨比娜越玩越欢，而我睡下了。我没想到这一睡就睡着了。我感到睡得很香。

14

伊达再次出现是在20天之后。像第一次一样，伊达是以文字的形式出现的。伊达郑重向《作家研究》编辑部提出：愿意收回那篇文章。

这显然是不可能的。文章已经发表，就是下中央文件也无法收回。"虽然是亡羊补牢，"伊达写道，"我还是希望编辑部尽最大可能收回那篇文章，我愿意承担全部经济损失。"在谈及动机时，伊达一笔带过：

"所谓'真空时期'不过是一个圈套而已。我现在开始怀疑这一提法的真实性。邦的情感生活好像与此无涉，即使有，那也是短暂的，犹如日食。"伊达认为在文学处于"艰难跋涉"的今天，纠缠一个小说家的私生活"纯属自作多情"。

但是，编辑部基于某种考虑，没有来函照登。他们或许以为这样做会激怒伊达，最终使他（或她）原形毕露。

一切仿佛经过了事先的编排。大约两天后，那位自称是邦同学的人也"闯"进来——那份从南方飞来的特快专递一经撕开，便吸引了所有人的目光。

那是一组有关邦的照片。没有女人。身着白色T恤的邦神情平淡，略显呆板地靠在那架钢琴前。照片的光线显示的时间是黄昏或者黎明，邦的轮廓染有浅浅的橘色，而作为背景的钢琴一如既往地于黑暗中发出锃亮。

编辑部同样没有公开这组照片。

15

风之后，阳光重现。

琪的呼吸把他唤醒。现在，琪正依偎着他。他隐约感觉到琪在用手指梳理着他的头发。他又一次握住了琪的小手。

他说：你来了，我盼你好久。这个阴雨连绵的季节，阳光突然失踪了。

琪说：我想替你生一盆火。你的手很凉。

他说：你不能再随风而逝。

琪说：你需要火。

他说：你一分钟也不能离开我！

琪说：男人需要火。

他说：答应我，琪！

琪说：我喜欢火的语言。

他拥抱了琪。他想吻她，可她已转过脸去看那份"乐谱"。琪说你该弹琴了。他紧紧拥抱着琪，认真感受着琪的脚。琪看着他，琪说：你想要我吗？

他竟吓住了。琪的话没有一点责备，他弄不清这是怎么回事，两手慢慢松开，不知所措。琪笑了。这是他第一次看见琪的笑容。微笑的琪让他闭上眼睛，他就闭上了眼睛。他感到琪在用睫毛抚摸他的脸颊，然后琪吻了他，没有吻他的嘴唇而是鼻梁。他听见琪仍是痴人说梦般地说：

第三乐章是倾听火的诉说。

他受不了地大声说：没有第三乐章！

他说什么都没有我不过是空守一个白日梦我要和你在一起我要。

他无比沮丧地坐下，用力敲击键盘。琴声奔放而激越。他感到十指业已充血，浑身发热。这是火的启示，他蓦然意识到，这就是火。他挥动双臂近似疯狂地与琴搏击，他觉得火围住了他，就像两千年前的一个晚上，楚歌围住了项羽。

琪说：这是火的形象。

16

我醒来时大约是在午夜了。邦不在我身边，屋里没有一点动静。我昏昏沉沉地起来，外面的月光很不错。房门是开着的，我想邦此刻在晾台上。那会儿，我的心情很糟糕。提起下午的事，知道自己对他不公平。他这个时候需要安慰，我的安慰应该说对他很重要。但是，一切都太奇怪，太不可思议。他"病"得很重，就像车胎扎了刺似的，说没就没了。我私下问过几个医生，他们也感到糊涂，认为在他这个年纪，不应该出现这档子事。即使有，也只是极短暂的，不可能拖这么久。

有一天，我遇见了以前的一位朋友。多年不见，异地相逢，高兴是自然的事。她是学中文的，好像也写过些什么东西，但没什么名气。她来南边让我有点意外，因为她性格很内向，文文静静的，天生住绣楼的模样。她当时对我说是来找一位朋友。我问她是不是男的。她脸红了，说是。她又解释说那个人和她只是一般关系，她找他是想探讨什么问题。然后她又问我的情况，说我这种人是离不开男人的。这一说，倒让我心苦了。我笑了笑，又莫名其妙地流泪，弄得她很不知所措。我这人有诉说欲，事憋久了，就想一吐为快。我就把与邦的事原原本本地都说了。她显然是知道邦的，说邦的作品一直很棒。我说他确实很棒，样样都棒，可现在一切全改变了。我希望她帮我判断一下，问题的症结在哪，我该怎么做？

她陷入沉思。她对那把箫感兴趣。"问题就出在这把箫上，"她说，"某种意义上，你破坏了他生命的支点。这是一个形而上的问题，与生理无关。"

事情越说越玄了。我的朋友有点书呆子气，但说的也似乎理直气壮。

我当然不明白。临别，她认真地告诉我："恕我直言，一切已无法挽回。"

那天晚上我又想起了这句话。我在黑暗中想了很久。离开邦对我来说是件容易的事，我们彼此不欠。但我不能稀里糊涂地离开，至少，我要意识到一点什么。邦这个人，你可以走近他，但永远走不进他的内心。这是我现在的认识。

那个晚上他就待在晾台上。我没有过去，看着月光下的邦一动不动地坐着，背对着我，光着膀子，手里持着那把箫。

他始终没有将它吹响。

17

在以黑色钢琴作为背景的那组照片中，邦的神情仿佛一位牧师。照片拍得比较讲究，无论是构图还是用光都显示出摄影师的艺术功力。这组照片的每一张后面都有一段用铅笔写下的文字——

第一张：一个男人的侧面和一架钢琴的正面。请注意钢琴的白色键上有口红的痕迹。男人的指甲和耳朵都不干净。指间的香烟只是道具，没有燃烧。

第二张：男人面部和钢琴的右角。焦点定在人的鼻尖上，因此琴的线条柔软。如果放大不难从男人的瞳孔里发现一个秘密。

第三张：男人和钢琴平分画面，以墙上的树影为界。人有3/4处在暗部，琴正好相反。两个光源，也许三个，仍无法造型。一张平面的照片有时就是一个平庸的头脑。

第四张：请注意弹琴的手势实际是握着一把想象的手枪。钢琴巨大的投影布满墙壁，如同秃鹫的翅膀。

第五张：双手平放，是送出去还是迎回来？反正那东西都是赝品的爱情。琴盖合上像人抿紧嘴唇，沉默是最好的方式。

似乎无须再说。关于作家邦情感生活的那段真空时期的讨论，编辑部认为，已到了该收场的时候。但是邦那部为人关注的小说《空心》仍在纵深发展，未完待续。

18

　　那是个神奇的黄昏，地球出现了逆转。在昼与夜交替的时刻，表现于想象中发生。天渐渐亮起，原已坠落的太阳又呈升腾之势。

　　他兴奋无比地与琴搏击。

　　琪说：野火烧不尽。

　　他说：我看见了。

　　这是他第一次同琪的真正对话，显然他早已习惯了她的答非所问。琪，我真的看见了火。他按捺不住激动地说：我不敢想象火会从我的手下诞生。

　　我知道会有这一天，一个男人会用钢琴给我送来火。琪把头靠在他的肩上。

　　他慢慢停止了"弹奏"。燃烧的火是无声的。他舒了口气，看着窗外冉冉西升的太阳——在这一天，全世界只有两个人看见这颗太阳。他们是幸福的。太阳把琪留在了他的身边。

　　他吻她。然后他将她横抱起来。他觉得双手托起的是一块云彩，一个梦。但琪起伏的胸与越发迫切的呼吸又证实这一切是活生生的。他就这样抱着她，走出屋子。阳光灿烂。他要去爬那座梦中的大山，到达山巅，在阳光下和琪在一起，让太阳来见证一个爱情的开始。他身轻若燕，仿佛脚下生风。当他们到达山顶之际，太阳也同步移到中天。他把她放在一块清洁的草地上，放眼眺望。四野寂静无声，草绿了，树叶开始生长，蛙声与泉鸣此起彼伏，模糊的季节让他心旷神怡。他没有看见人烟。现在，他自语道，人们在安睡，在做着各式各样的梦。他们现在是晚上，太阳只照顾我们。

　　他躺在琪的身边，吻她并爱抚着她。

　　琪说：阳光真好。

　　这时候袭来一阵暖风，吹走了他们的衣裳，他情不自禁地把她搂在怀里。

　　琪说：风真好。

19

小说到此出现了障碍。

障碍来自当事人邦。在今天的上午,邦终于向大家从容走来。邦说这篇莫名其妙的文字纯属虚构,责任完全在于一个叫潘军的人酒后的胡思乱想。此人居心叵测。"他们,"邦说,"那个曾经扮演我的情人与我的同学的,还有那个见好就收的伊达,都无权谈论我。他们没有资格。"

接着,这位小说家以自己习惯的方式,介绍了自己失踪文坛后的有关情况。据《作家研究》后来的综述,邦"仍很健谈",但给人的感觉是巧妙地回避了"一些重要问题"。首先,邦开门见山地否定了所谓"真空时期"的种种谬论,声称自己的情感生活"一直非常充实"。"我有一个足以值得骄傲的家庭。"他说,"我的家庭与法律关系不大,但非常真实。我有一个女儿,而且还会有一个或者两个,这也与国策无关。对于一个小说家,杜撰痛苦和想象幸福一样重要。"

邦于1992年春天去了南方,三年的神出鬼没使他看起来像个手艺人或者总统。他不苟言笑或者哈哈大笑,优质西服里面往往是汗渍油污的衬衫。在时代飞速发展的今天,邦仍习惯以日照来判断时间。"有些东西是无法改变的,"邦这样说道,"就像火不能改变铁一样。或者说,在改变形状的同时又证明了品质。"在今天这样的场合下,面对众目睽睽,邦最后指出:纠缠一个莫须有的词汇远没有虚构一篇文字有意思。"比如说眼下这篇叫做《空心》的,就比一个叫邦的人有意思。我正看着,期待不可知的出现。但我似乎有一个预感,最终一切将是不了了之。"

20

现在看来,这次类似新闻发布会的场合,邦的出现是不明智的。邦使人关注的问题中断,使小说停滞不前,使整个想象中的建筑功亏一篑,但这只是想象的东西。实际上,"真空时期"的讨论越发深入并且超出了原先拟定的范围。对中心人物邦,也同样如此。比如在很久以后伊达所指出,"邦已成为艺术形象,由大家各自仿照自己的认识完成了塑造。"这是邦始料不及的。邦被交了出去，他自己也必须面对。生活的邦和艺术的邦显然是两回事，邦已扮演不了邦这个角色，就像普希金演不了普希金，卓别林也演不了卓别林。

得到意外实惠的《作家研究》编辑部加强了攻势，磨刀霍霍，希望这场文学阴谋使刊物身价与订数成倍增长。或许基于这种投机商的朴素心理，编辑部开始不断向社会披露一些鲜为人知的东西，提供实证，把作家邦剥得一丝不挂并企图说明这一切都是千真万确。在罗织的那些看上去"硬邦邦"的材料中，邦成为一个性变态者，一个习惯手淫自慰者，一个暴发户，一个野心家，一个爱情至上主义者，一个老庄之徒，一个沉浸于古典浪漫主义诗意中的文人，一个不甘落伍的新锐作家。编辑部利用了读者的纯真，也利用了社会的非逻辑性，在法律允许的范围内进行了最大限度的犯罪。

最先那三位帮助过编辑部的人均已销声匿迹。直到1995年11月16日深夜，自称伊达的人才给作家潘军打来电话，以不向社会披露其性别为先决条件，承认自己"某种意义上成了一个帮凶"。那时作家正在故里与久别的父母共享天伦之乐，伊达的电话破坏了他的心境。他开始为这桩麻烦事寻找出路，但在故乡漆黑的天空里，他后来只看见一架同样漆黑的钢琴在飞翔之中。

21

钢琴还在那里。

这是钢琴唯一被遗忘的一天。他们醒来时，阳光明媚地落在窗前。他们在床上，贴身的柔软让人缅怀一夜春宵。他从她颈项下抽出压麻的手臂时发现了这个事实，但他怀疑这个环境。我记得是在山上，他努力回想着，我抱着她。他看着依偎怀中的女人，想叫她琪。女人动弹了一下，再次用手抚摸男人光洁的胸脯。

他顺手拿过床头柜上的香烟点上，吸一口问道：几点了？

她没吱声。

他又问：现在几点了？

她只是侧了侧身。

他产生了疑惑,多日前的不祥之兆重新袭来。他灭掉香烟,凑近她问:几点了?

她因受到惊吓而本能地从他怀里挣开,惶恐不安地看着面前这个表情急躁的男人。

他指了指她腕上的表。

她一下明白过来,立即看表,然后努力地告诉他:九、点、一刻。

预感终于在这个阳光很好的上午得到证实,被称作琪的女子是一位失聪者!

他不想再说什么。沮丧的眼光从女人额前滑过时,他发现了她眼角的晶莹。然后,他企图用夸张的拥抱来掩饰这种悲哀,但她轻轻将他推开了。那个时候,他觉得梦的边缘已变得粗糙不堪。

他下了床,穿好睡衣,想到外面散步。他对她说:你再睡会儿,我……他蓦然意识到情形业已改变,煞住了。他去了书房,靠窗的钢琴布满了灰尘。这件笨重的乐器像个陌生人立在那里,等待着他的寒暄。他慢慢走过去,发现琴盖上有一排用手指写出的字,不是汉字,也不是外文或者某个民族的文字,但他坚信这是文字,是语言。语言不一定用文字来表达,他这样想,语言也不一定要广泛交流。画面,声音,手势和形体,都是语言。世界上总会有那么一种语言,只传达给一个人。就像现在这琴上用手指于灰尘中写下的,只针对他。

神写下的文字让他忘却了适才的沮丧。他仔细将钢琴擦拭干净,安静地坐下。他试了试音。这个举动让他觉得滑稽。煞有介事?他笑了笑,如同一位盲者面对一片风景,一位失聪者……他想到琪,急忙向卧室奔去。

琪已消失。

22

在那一年秋季出版的一本关于现代小说创作的理论文集中,收集了作家邦的一篇创作谈。这篇不足千字的短文以一贯的阴郁和晦涩让人厌倦。"我在与妻子离异之后寻找到了一种方式,让我随心所欲而具有安全感。我想这就是创作了。"邦这样写道,"在法律和道德系统日臻完善的今天，对于一个胆怯而又妄为的人，可以利用的就是写作了。创作的自由仍然受到官方的保护。"

重温这段奇文或许是必要的。检索这位小说家的创作，有一点很明确，邦所谓"拿得出手"的作品基本写于其婚变之后。时间从1993年5月开始，这与伊达的看法完全一致。邦后来有关家庭与子女的言论属于小说话语，犯不着认真。发生在几年前春天的那场婚变据说是一次彩排，法律不仅失去了应有的约束力，相反，使一切变得更加宽松。邦曾经说过，对于一个成熟的人，男人或者女人，"结婚与离婚都是一次宣言，它的背面总是像社论一样让人不敢相信。"邦的确过得很好。这个干什么都三心二意的男人此刻可能隐匿在某一个角落，在干自己喜欢干的事。他习惯构造也习惯毁坏，就像眼下这篇小说。

《作家研究》编辑部现在发现于不经意中绕了一个很大的圈子。他们开始怀疑这场争论的全部内容。比如，撰文的伊达与那位同窗，还有那位以电话方式大谈其邦的"朋友"极有可能是同一个人。一个女人。这个女人掌握了邦，又时时显得信心不足。这个人分别扮演了不同的角色轮番登场。再比如，那些以钢琴为背景的照片仔细看起来有拼接的痕迹，这种暗房的雕虫小技学习起来只需要一小时。

于是一位年迈的长者教训道：事情往往就是这样，你以为非常真实的时候它已漏洞百出。

陷入困境的编辑部最后选择了突围的方式：向社会公开征询小说《空心》的结尾。为了挽回一点面子，那张赫然在目的"启事"，严肃说明"由于不慎"而使小说《空心》尾部"丢失""敬请手稿收藏家"将相关的复印件"从速寄来，以飨读者"。

编辑部后来收到的"尾部"大约不下十个。在经过审慎研究后，决定择优发表。

一切看起来仍是井井有条。

23

然后消失的是阳光。

在他后来的日子里全部没有阳光。他被阳光特殊钟爱之后遭到彻底地抛弃。他怀念阳光以及与阳光同在的琪。怀念只有一种方式。

回到琴边的他十个指头的指甲同时生长。这是启示，他现在和今后的生活只有一个内容：弹琴。这或许够了，他想，弹琴是时间的脚印，一步步走过去，把声音留给空间欣赏。这时候外面的天气已黑，但他隐约听到人们去菜场时的那种声响。有人说物价又涨了。有人说秤有问题；秤砣显然是锯掉了一厘米，得向消费者协会投诉。他轻轻击下几下琴键，突然听见有一个人声指责道：谁他妈咳嗽?！他果然就咳嗽起来，而这时传来了"二黑哥，县里去开（那）英雄会……"

他放平双手，静等外面的声音远去。很久，终于安静了。琴锃亮而庄严。仿佛有种力量推了他一把，他为之一振。这个原先打算安置电脑的地方现在是一架钢琴。母亲留下的那把旧椅子还在身边，枣木随时间推移越发亮泽，那上面还留有一个女孩的体温。他小心击键，琴声顷刻使空间扩大。他一往情深埋下身体开始了弹奏，琴声穿过石墙在旷野里回荡。当琴声悠扬散开，琪的声音在空中出现：

这是爱的语言。

（尾部之一）

24

他弄不清琪为何要不辞而别。面对一个失聪者，现在他除了爱又多了一层怜悯。我可能太粗暴了，他这么想，一个掩盖得天衣无缝的事实是不能轻易揭穿的。而且，这是一个互相掩盖的事实，以自欺欺人的方式加以沟通。可是，他眷恋这份不可分割的欺瞒。现在是收拾残局的时候了。

面对这台钢琴，他表现出极大的自嘲与无奈。他喜欢的是钢琴的形式，放在靠窗的位置上就像沙发靠着墙角。那个位置需要一台钢琴而不是他。然而这台琴毕竟给他带来了一位好姑娘。他怀念和琪相处的日子。琪会回来的。他想琪不久就会回来。那时，他要像一个真正的钢琴家那样为琪弹奏，弹德彪西的《月光》或者圣·桑的《天鹅》。这些钢琴曲的经典作品让他受到鼓舞，于是在那个下午，他不惜重金上了城市最权威的钢琴速成班。一切从零开始，但他踌躇满志。

在很久之后的一个阳光重现的日子，悠扬悦耳的琴声终于将琪唤回。

如同第一次那样，琪仍着白色的衣裙飘然而至。他动情地拥抱着琪就像拥抱了一只天鹅。

我已经可以弹奏《天鹅》了，他这样告诉琪，圣·桑的《天鹅》。这是这位法国天才1886年作的，原来是用中大提琴独奏，但我改用了钢琴。这台钢琴。

琪在他身边坐下：你需要乐谱。

他说：我记下了，乐谱在我脑子里。

琪说：你需要你的乐谱。

他说：我把这首曲子献给你。

他稍稍调整了一下身体的姿态，等一口气自鼻腔呼出，两手像燕子一样落下，"天鹅"也就自湖面向我们浮来了。这个聪明人弹得如醉如痴，不一会儿，窗外来了许多的人，他们又惊讶又兴奋，都说他的琴弹得很好很不错，进步简直是他妈的太快了。而这时，琪已睡去。

（尾部之二）

25

他醒来时那个白衣服的女孩子不见了。那是琪么？应该是。可琪是不会离开我的。他环顾四周，发现这个环境很奇怪。窗外有走廊，走廊上有许多长凳子还有吸顶灯。琴呢？我的钢琴呢？是边上这又大又蠢的铁东西么？那上面怎么会有许多仪表而且颜色变白了，全白了，这儿一切都是白色的。这不是个好地方。

走廊上响起了脚步声。这声音十分空洞，像一个锤子在敲一根被白蚁镂空的老树。我就是那老树，被白蚁镂空了。脚步声逼近，在门边停下来，他缩成一团。

门开了，白衣服的女孩子侧身立在门边。这是琪。他兴奋地迎上去，想握琪的手。可是进来的一位白衣服的老者阻隔了他。在老者后面又跟进来一个很有派头的中年人。他们全都对他笑。

他向后退了两步。

老者和善地走近他，像察看牲口那样把他看了一遍。然后，老者回头对那个中年人说：看来恢复得不错。

中年人表示了满意。

老者说：刚才他企图拥抱我们的护士，这说明，性已开始觉醒了。这样就很好。

中年人未置可否，但他又问道：那么，所谓钢琴又是怎么回事呢？他是个写小说的，从未染指音乐。

老者陷入沉思。片刻后，老者说：这个问题比较复杂。是个学术问题。

中年人问：需要专门研究吗？

老者说：那当然。必须从头开始。

退至墙角的他紧紧抱住了头。

窗外阳光很好。

（尾部之三）

26

《蓝色周末》记者12月19日报道：

曾以未经证实的小说《空心》引起好事者关注的作家邦于本周三在第17号公路死于非命。在那场鲜为人知的交通事故中，邦是唯一的遇难者。据目击者说，车祸发生在正午时分，当客车行至105至106公里拐弯处，左前轮胎突然爆裂，车身受到严重顿挫而倾斜。车上旅客一场虚惊，唯有邦一动不动。最初，人们以为他是熟睡，等鲜血自耳孔流出后方才引起注意，但为时已晚。这位不动声色的小说家以不动声色的方式走完了此生全部旅程，时年38岁。

在邦身上发现两件遗物：一张航海图和一根竹箫。它们同邦的那部手稿《空心》一样显示着可疑。

但是再也没有人对此大发感慨了。很长时间过去后，南方的夜间时常听见一个女歌手的吟唱：

在暧昧的时间里，

一切都成了"据说"。

1995年12月2日　合肥

（原载《花城》1996年第2期）

三月一日

1

3月1日发生的车祸当晚的电视新闻里就介绍了。汽车左前轮的位置上，那个穿夹克衫一脸是血的家伙就是我。从画面上看我似乎没救了，一条膀子垂在担架下面晃来晃去让人很不舒服。我被送进本市最好的急救中心。一小时后，我的家属和亲友开始陆续到达。虽然在路上他们已做好了思想准备，甚至还替我买了一套牌子很硬的西装，但一到现场还是显得有些手忙脚乱。他们在手术室外面流了很多眼泪，又吐了很多痰，据说场面很感人，可惜我没有看到。我至少昏迷了72小时。后来我苏醒了，医生都说这是一个奇迹。我妻子小心地问医生，我身上是不是少了什么？医生就表情庄严地回答，说左眼保住的可能性很小。我妻子就要求不实行眼球摘除，因为那样将会使大家感到别扭。形同虚设也是可以的，她这样总结道。

这样，实际上我已失去了左眼，我用手捂起右眼时，世界完全黑了。但从镜子里所见，我的两眼在形状与光泽上毫无区别。这多少给我带来了一些安慰。我认为可以像从前那样，毫不拘束地同大家交往，照样可以谈论文学、绘画和室内乐这些高雅的话题。我很激动，因为我自觉是死而复生，对每一滴水都怀有极大的兴趣。房子、书籍、时髦的家用电器以及像妻子这样的美女，仿佛都是上帝所赐。我有一种坐享其成的感觉，一生下来就拥有了这些。我妻子说，现在我的脾气好多了，以致看起来像另一个人。她当然无法体会我的心情。也许，我的记忆力是有些衰退了，但对"前辈子"的某些大事的片断，我还是能想起来的。不过我隐隐地感到，那些事好像不是发生在我身上，而是另一个人替我做了。那个人的长相，除了左眼功能健全，与我毫无二致。他的姓名、性别和年龄也都与我一样。我们抽同一个牌子的香烟，用黑墨水为晚报写稿，以传统的姿势做爱，但我们还是不像一个人。意识到这一点，我难免有些忧伤。有人替我活过了36年，而我才刚刚出生。我知道这是一个复杂的问题，应该由海德格尔那样的人去思考。有一天我对着镜子刷牙，不知不觉地流泪了。然后我又发现，我的左眼失去了第二个功能：不能流泪。我的脸上只有一行泪珠，稍稍离开一点，镜子里就产生了一种滑稽效果。

现代外科手术的发展明显超过了传统的修补业。我不知道我的伤口是怎样缝合的，除了头顶左部有一个蜈蚣样的疤痕（不久为重新生长的头发所掩盖），看不出一点破绽。据说在我头颅的内部至少缝合了三处，脑血管和脑神经网络可能做了重新的搭配与调整。总之，这是一个成功的手术。掌刀的医生此刻正握着钢笔，流畅地将它做成了论文。可是对于我呢？车祸发生的当天，认识我的人基本上都认可了我将死亡的事实。现在我突然又回到了他们中间，他们似乎就很不习惯。今天我去上班，在楼梯上碰到打字员小郭，她准备去打开水。我招呼她，这个可爱的姑娘像鸟一样跳到一旁，吃惊地看着我。几个月前，她和我之间还有点浪漫事；车祸的电视报道如果她看了，我猜她当时一定会很伤心。我对她笑着点点头，想着那天傍晚在文印室里的事，觉得她不应该吃惊。

经过很长的长廊，我看见右侧各处室的人都往外面瞧，有的还欠了欠身，但没有一个人迎出来。左侧的情况我不清楚，我也没有扭过头去观察，猜想和右侧差不多。大家发现了走廊上一个似曾相识的形影，却怀疑着一个难以置信的事实。我的办公室在走廊尽头，隔壁是厕所，孔副厅长一边擦手一边走出来。这位前列腺患者对我迟疑地伸出手：哦哦，来了，好了？我说好了。我以为他会多说几句，因为他平时很健谈，但他没再说点什么，只是拍了拍我的肩，就走过去了。我在办公室门口站了会儿。我在想，是先咳嗽后推门还是先推门后咳嗽？正犹豫着，门从里面拉开来，处长老吴与我差点相撞，他大叫道：我的天！你，你这么快，就好了？老吴一叫，处里的其他四个说说笑笑的人都回过头来。他们同样感到意外，过后就显得有些尴尬，好像目击了一件不该见到的事。

我也很尴尬，两只手交叉地放在肚子上。从前我喜欢把它们插在裤袋里，是很随便的、近似吊儿郎当的样子。我像个初来乍到者，腼腆地同大家依次握手，再依次散烟。这个仪式做完，一切又平静了。我希望有人挑起关于车祸的话题，这样能使气氛活跃一些。他们本来在说笑，因为我的不期而至，才弄得这样不自然。我真觉得抱歉，可我不过是暂时离开了这屋子一段时间，我并没有做错什么。

我的办公桌本来放在靠窗的位置上。现在那个地方坐着老罗，这个看上去总没有洗脸的男人。我的办公桌已放到了门边上，而且桌面上堆着当月的各种报纸和热水瓶。这个调整意思很明显，大家都认为我必死无疑。这可能是那个现场采访的扛摄像机的家伙造成的后果，他采用的角度和镜位都非常哗众取宠，血淋淋的特写和俯拍让人触目惊心。当时连我妻子都以为我是没救了，其他人谁还会相信我能捡回一条命呢？所以说，对此我非常理解。让我不安的是，我没有像大家相信的那样真正死去，从这个意义上看，我显然是让大家失望了。而且我非但没有死，竟然迅速而神奇地好了起来，以致从外表看不到一点伤痕。大家无法正视这个事实，哪怕是一只瓷瓶摔碎了，经过能工巧匠的整修，痕迹总该有一点的，何况是人呢？

现在我要回过头说说 3 月 1 日车祸发生的事。我们这个城市街道非常狭窄，这是历史遗留问题。据说第一任市长在规划城市的街道时，用腿走了 20 步，以此确定了宽度。但此人是一个矮子。我曾经估算过，12 步的宽度为 8.4 米，给了汽车；再腾出 4 步给了自行车；余下的 4 步也就是 2.8 米。是人行的地方，每边只有 1.4 米。如果一个胖子在前面走着，你只能侧身通过。3 月 1 日是个晴天。下午我接到一个电话，是个耳熟的女声，但我当时想不起来她是谁。她说有事相商，一些话需要"当面谈"。我们约定一小时后在第七街尽头的一个小茶楼见面，不见不散。我仍然想不起来这个女人，但感觉到我们之间应该有种联系。电话里还谈到"炊烟"、"风筝"这些字眼，可是缺少逻辑性，听起来有些颠三倒四。我认真听着，试图尽快想起对方是何许人，但电话突然中断了，之后是一串忙音。她也没再拨过来。我等了半小时，就带着这点疑惑离开了办公室，那时也该下班了。这些年我过着比较规律的生活，像鱼一样不声不响。我已结婚六年,但没有孩子。问题出在哪一方面至今还是个悬案。我和我妻子看起来都是很健康的,相处也说得过去。我们都不好意思叫对方去医院做有关生育能力的检查。另一原因是,我们都不觉得非要孩子不可。妻子说,孩子不过是表示生命延续的"一种标志"。就是说使生命得以延续的标志还很多。一句笑话也能使人不朽,她说,难道不是吗?她讲的或许不错,我爷爷已死了近20年,他的模样我早忘记了,但我还记得他在北京看马连良演出时,一个喷嚏挣断了牛皮裤带的事。这个细节还是别人告诉我的,正是它使爷爷活在我记忆里。我想倘若将来我死了,大家绝不会因为我经常主动打开水而记住我的。致使我不朽的一定是3月1日的车祸。大家会说,我们都以为他死了,没料到他会活过来,而且看不出身上丢掉了什么。那天下午我突然有些激动,努力去想电话里那个女声。我把这些年与自己有过交往的女性都排了队,还是不能确定。那个人是了解我的,因为她问我:"你现在还穿带条的衬衫吗?"这种语气提示着两个问题。第一,我曾经喜欢过带条的衬衫;第二,我现在可能不穿带条的衬衫。这说明给我打电话的女人一直在某个地方关注着我。三月的天气已经转凉,衬衫一般人是看不见的,至于露出来的领子完全有可能是假的。那么,就是说那个女人能了解到我的夹克衫、羊毛衫下面的内容。我想我应该有些激动。对于像我这样无足轻重的男人,来自任何异性的问候都是幸福。六年前我妻子嫁给我,直到今天我还觉得是一次施舍。现在我去赴另一个不明身份的女人约会,我不觉得有什么障碍。我没作非分的设想,只想去看看那人是谁。我从一条巷子斜插过去,往西拐便是第七街了。我想先到一步。这时候,我突然听见背后一个声音在叫"月亮"——这是我的乳名,连我自己都差点忘了。叫"月亮"的也是一个女声,但不像是电话里的,似乎夹着我老家的方言口音。我不能不感到亲切,便急忙刹住车。我捏的是前闸,所以一下就倒了。后来的事电视台的记者已作过了介绍,大家都看得很明白。这的确是一次普通的交通事故。有点玄奥的是突然背后有个女人叫"月亮"。但以我妻子的看法,这也没什么。她说,一定是某个女人在推销"月亮"——一种新型的香皂。

2

按照今天劳动人事部门的政策,对我这样的人,工龄的计算自插队当知青的那一年开始。就是说,我已有20年的工龄。这是颇让人感到荣耀的。36岁,就有了20年工龄,这样的资格并不多见。如果没有3月1日车祸,我可能会得到重用,甚至当上副处长。据小郭透露,厅长办公会曾研究过我的提拔问题,这一定不会错,会议纪要是经她手打的。1982年我大学毕业分配到机关,坐的就是靠门口的那把椅子。11年后我又回到了原地。这个轨迹很像一只苍蝇。我自觉是个老实人。处里有六个同志,除了处长老吴,开水是轮着打,而我一周总打三到四次。后来降到两次,因为我怕别人说我靠打开水去竞争副处长。我是学中文的,写材料的活难不倒我。除此之外,我还向晚报投稿,以此证明我笔头子还不错。但我也不多投,适可而止,所得稿酬也都用于买瓜子香烟,与同志们有福共享。大家都蛮喜欢我,曾经争着要给我介绍对象。处里唯一的女同志沈群有一天说我不够洒脱,第二天我就换上了带条的衬衫,并常常把两只手插在裤袋里。沈群现在大约将近40岁,我不知道该怎么称呼她。继续喊她小沈显得虚假,但绝不能改口称老沈。我决定叫她沈大姐,可是后来我才知道这样也不妥。后来的事我暂且不说。

我回到原先的位置上。老罗有点不好意思,他说我以为你还要休养一个时期,就……我再换过来?他看看我,又看看老吴。处长弯腰用一块红绸子掸皮鞋,掸完皮鞋又拨电话。老罗的语气是不想换过来,他希望处长表态说算了,别挪来挪去的,哪儿坐还不一样?偏偏老吴要掸皮鞋打电话。剩下就由我说了。我还能说什么呢?老罗是去年底刚从别的处调来的,大家都私下认为这个动作有背景,只有老吴不说。坐在老罗后面的是白玉才,从前是给厅长开小车的。后来上了电大,成为拥有大专学历的干部身份,送到了我们处。这是个无所不知口若悬河的男人,并且认为普天下的美女都会对他有好感。他的话最多,往往把一些挨不上边的事扯到一块。他说1950年麦克阿瑟指挥的仁川登陆,险些把中国人民志愿军包了饺子,彭德怀气得喝下了一斤酒。大家听得津津有味。其实仁川登陆那会儿,志愿军还没过江。大家究竟是心里不明白还是明白不愿点破，我就不得而知了。白玉才爱说就由他说好了。可是那天我来上班时，他竟一句话没有，脸涨得通红。我想一定是他最先宣布了我的死亡消息，他是司机出身，谈车祸是他的专利。处里年纪最小的是王林，90年代的大学生，至今未婚。以前总是他同我争着去打开水，如今呢，他每周只打一次。王林平时不爱说笑，但也不扫别人兴。他没事就看报纸，逢到有用的，便拿小刀裁下来。白玉才可能看不惯这个小爱好。每次卖过期的报纸，处里照例要去街对面小馆子里吃一顿。这时白玉才便说，小王得少喝一杯酒，那报纸要是不挖掉一些，会多卖几个钱。王林说：我正是因为不喝酒，所以才挖点儿报纸。王林果真不怎么喝酒。能喝的是沈群。她可以一点不喝，也可以一次喝很多。沈群喝酒不拉不扯，叫喝就喝。有一次我同她出差到县里，席上三个男人都把杯子对着她，结果她没事，他们都倒了。我就觉得奇怪，沈群哪来这样的海量？沈群说她自己也不清楚，酒喝下去并不感到有什么特别的不适，只是多上几趟厕所。我们处在厅机关是个小处。这个提法不准确，依照老吴的说法，应该是职位少、任务多、责任重。大与小是相对的，老吴说，中南海陷在北京市里头，你能说中南海比北京市小吗？自从去年冬天老吴由副处长提为处长，他的语气总含有任重道远的味道。

今天我来办公室，在门口听见白玉才对老罗说：多出一个人，这屋子就觉得更小了。老罗微笑着，用手理理鬓角。我怎么是"多出一个人"呢？我进这间屋时，白玉才还在驾驶班。我没抢着进去，先去了厕所。我又遇见了孔副厅长。他大概在思考着什么问题，没留心过来的人。孔副厅长每天八小时至少要上40趟厕所，平均每小时五趟。他前列腺的毛病有好几年了，每年都南来北往地治疗，仍不见好。但谁也不会怀疑他还是不是副厅长。我不过出了次车祸，不过脱离了机关几个月，而且恢复得非常好，却成了多出的一个人。

这个星期我几乎没干什么事。我翻了一下记事本，那上面只记着唯一的一件正经事：星期四上午，听厅长报告。这件事，大家都一样在做。厅会议室能容纳两百人，每次开会都坐不满。这样大家便很容易发现我，发现了就对我点头示意。厅长是新调来的，不认识我。大家往我这边看，厅长就有些奇怪，也看过来，一脸的狐疑。孔副厅长对他耳语了一阵，他就走近同我握手，说一直没时间去医院看你，今天这会能坚持吗？我说能坚持。我又说错了，这意思表明我还是个病人。我想再说几句，可厅长已放下了我的手，转过身对大家宣布现在开会。我已好久没开会了。今天的会是讲城市文明建设的，内容和报纸上讲的差不多。但作为会议，它对我产生了吸引力。我参加了这个会，说明我还是本厅的一名工作人员。我还拿笔做记录。沈群用肘拐了我一下，低声说：大家都不记，你记什么？等散了会，她又说：你怎么越看越像个新来的？

我把沈群的话说给妻子，后者说没错，女人的感觉一般都准。我想起她也说过我"像另一个人"。我出院的那天晚上自然想同她做爱。我的手刚放到她身上，她就挪到一边。你别碰我，她说，我一点都不习惯。我问是不是真这样？她说是，继之建议道：你最好住到北边屋子去。等我慢慢习惯了，你再过来。她的语气是诚恳的。而且她又胆小，躺在一个从死神身边偷跑回来的人怀里，不能不害怕。我妻子算得上美女，我能娶上她是很大的福气。车祸前我们基本上一周做爱两次，每次时间都不长。但我很满足。我甚至有一种占便宜吃豆腐的感觉。我怎么能让她胆战心惊寝不安席呢？我接受了她的建议，住到了朝北的小屋子。这屋子原是给小孩预备的，一直空着。触景生情是我这种人的薄弱环节，我难免要想小孩。如果一结婚就怀孕，这孩子已经上幼儿园了。我曾经私下给这个孩子取名叫太阳，因为我小时候叫月亮。这个名字可能会受到知情人的嘲笑，他们会认为把关系弄反了，应该是我叫太阳才正确。他们认为是先有太阳后有月亮。我觉得不该是这个样子。我认为月亮温温吞吞的，象征着衰老。而太阳呢，是像歌中唱的那样，"每天都是新的"。16岁那年我就完全成熟了，如果那时候我结婚，某个女人第二年为我生个儿子，那么我儿子现在将近20岁。如果我儿子也在16岁时结婚，那么我孙子可能已有三岁。我很自然地做着爷爷，因此我应该衰老。

这个晚上我住进朝北的小屋子有点孤独。这也是衰老的征兆。我这种孤独不是知识型文化型的。"感时花溅泪，恨别鸟惊心"，那种优美的孤独与忧伤不属于我。我的孤独是"古道西风瘦马"型的，但我自觉又不是一个"断肠人"。我甚至有功成名就、衣锦还乡的感觉。这样一想，我就产生了写回忆录的欲望，有一种沧桑感。多少年后——我喜欢加西亚·马尔克斯这种忧郁的叙述。对于我，此刻就是"多少年后"。这个回首远眺的视角,能让我看见四岁那年打碎邻居家尿壶的事。整个事情发生的过程和周围的环境,甚至尿壶的釉色和纹饰,我都看得清清楚楚。然而越往后,越靠近现在的事居然越显模糊。比如3月1日的车祸,我只是记得确实有这么回事,在城市的第七街岔路口一个穿夹克衫的男子给车撞倒,差点没命了。但那个倒霉蛋不像是我。我顶多只承认他穿的那种款式的夹克衫我也有一件。这也是个奇怪的问题,我不知道在医学上能否找到答案。我想这样未尝不好,发生在眼前的事简单地就过去了,我不会往心里去。大家都说我有涵养,遇事冷静,宽宏大量,我想这是事实。他们处在"现在",而我提前到了"多少年后"。他们在发展,而我已经总结。他们都是太阳,我一个人是月亮——虽然这是我被遗忘的乳名,拾起来却非常贴切。其实3月1日我死于车祸也没什么,因为我总觉得自己不止活了36岁,而是360岁,太够了。

我在黑暗中似睡非睡地躺了很久。后来月亮出来了,我便去上卫生间。路过妻子的卧室,我不禁有了点生理上的冲动。我觉得在月光下观察一个女人的身体是件很幸福的事。我就轻轻推开门,想看看她、摸摸她。可是我发现,妻子不在床上。第二天我问她,昨天夜里去哪了。她说没去哪,就在后晾台上吹风。我问是不是分开睡不习惯?她说不是。她说已经习惯了一个人睡。我问这样算不算浪费青春?她说难道在一起睡就不算浪费青春吗?我想她的话也对。做爱就像花钱一样,花一张少一张。

3

1957年我出生时,阿尔贝·加缪获诺贝尔文学奖。到了我三岁时,他已死于车祸。获奖和车祸使这个法国酒窖工的儿子成为了不起的人。如果阿尔贝·加缪没有获奖,或者只获奖而不死于车祸,他都没有今天这样的知名度。阿尔贝·加缪只活了46年,算得上英年早逝。不过他再活46年又怎么样呢?他会成为一个喜欢跃跃欲试而又无所作为的糟老头子。

3月1日我没有死于车祸,侥幸地活了下来。从此我成了一个新人。这个人每天准时上班,坐在靠门口的桌前,做些装订文件、拿报纸、整理档案之类的事情。回到家里,依旧像从前那样做菜做饭,看电视体育节目,然后洗脸洗脚住到朝北的屋子,躺在床上想写回忆录。这就是我近期的生活。我的时间一下显得很多,这让我感到自己像一只松了箍的水桶。我就给几位要好的朋友打电话,可是对方不是不在就是占线。他们都很忙。我妻子的呼机平均九分钟响一次。她这样对我说时,我就很羡慕。车祸之前她还没有呼机,后来做股票有了赚头,就配了这东西。发明呼机的家伙,我一直认为很了不起。那么多的人,一下就能把你拨弄出来。那天夜里我发现妻子不在床上,很有些着急,却忘了给她打呼机。今天妻子正在洗澡,呼机响了,我就替她回。我问谁打呼机?对方没出声,电话给挂掉了。我觉得这事有点怪,后来就对她说了。这有什么怪的,她一边擦头发一边说,肯定是别人打错了。我问是不是经常有人打错。她说经常。

　　妻子洗好澡,换上新买的裙装。她对自己腋下喷了点香水,又把头发吹干,盘成另一种式样。她晚上得出去办点事。以前出门,她都要让我审视一下她的仪表,问是不是很舒服。往往在那个时候,我就会说:你不穿衣服更舒服。她就过来掐我,说我狗嘴吐不出象牙。那个瞬间的调情至今让我神往。今天妻子有些匆忙,她把呼机别在裙带上就出门了。这个样子感觉不好,我本想纠正,可她已经下楼了。这个晚上我独自在家,很无聊。电视来回搜了几遍,搜不出什么好看的。我就拿出扑克替自己算命。算了三次,我能活到89岁。我吓了一跳。我从来没想到自己会活这么久。89这个数字确实太大了。到了11点,妻子还没有回来,我便给她打呼机。她没回(后来我问起这件事,她说呼机没电池了)。

　　我已经预见,手术可能使我的脑血管和脑神经网络做了重新的调整。这个事实不久便显现,但外人是无法感觉的。我妻子外出的那天夜里,后来我回到北屋,慢慢地就睡了。我已经连续好些日子睡不好,所以一睡进去就很香。我做了一个梦,这个梦不怎么吉利。我梦见我妻子和一个很英俊的男人在葡萄架下接吻。当然,这是个梦,但我还是给吓醒了。我醒来的时候天已微白,很远的地方传来单调的鸡啼。我还是不踏实,就轻轻走进了她的卧室。她在床上,放松的睡姿很迷人。但她张着嘴的感觉不太好,而且还微笑着。我替她理理被子,发现她身上什么也没穿。

我就顺势摸了一下她的乳房。她身体扭了一下，然后说了一句很清晰的梦话：我想吃葡萄。我很吃惊，因为我的梦境也与葡萄有关。我不知所措地捂着右眼和额头，这时奇迹出现了——我那"形同虚设"的左眼居然能看见她的梦境。没错，背景就是那个葡萄架，连藤蔓的形状也与我梦中所见一样。还是那个男人，穿着黄色的质地很不错的T恤。他果真就摘下了一串葡萄，还用手绢擦了擦，剥了皮，像喂鸟似的送到她嘴里。我放下捂着右眼的手，梦境倏然消失，但面前我妻子的嘴巴仍在动着。她在吃梦中的那颗葡萄。

我有些明白了。其实我刚才并没有做梦，而是走进了她的梦境。或者说，是我的左眼看见了她的梦。我又试着捂起右眼，那梦只剩下了一点轮廓，色彩全退了，他们好像又接吻了一次，然后这梦就像水银泼到桌子上一样，成为晶莹的颗粒。我想这是天亮了的缘故，到了梦醒时分。我退出卧室，去了晾台。天完全亮了，晨风吹在脸上很舒服。我又捂起右眼，世界是黑的。现在我知道了，这只不同寻常的左眼只能窥视梦境。虽然所见的第一个梦让我有点沮丧，我还是感到兴奋。梦不是现实。法律和道德也不会对任何越轨的梦境加以制裁。梦是幻想，幻想应该是大胆而奇异的，应该色彩纷呈。我妻子的梦境很像一帧情人卡，色彩明快，构图简约。从欣赏的角度看，我认为是杰作，散发着古典浪漫主义的情调。当然，倘若梦中给她喂葡萄的那个男人是我，就更好了。

她起床了。去卫生间忙了一会儿，她一边呲嘴一边梳头。我突然产生了一种恶作剧的心理，专心地看着她呲嘴。她说：我嘴里好酸。说完又呲。我就问是不是做梦吃什么酸的东西刺激了腮腺。她看着我，若有所思的样子。我又问：是不是葡萄？她的脸一下就红了，接着生气地说：为什么偏要是葡萄呢？为什么，因为我看见了。我当然不会同她解释，就笑着走开了。

第二天晚上，我又看见了她的梦。这回她穿着有些暴露，在大街上跑。大街上没有人，几辆汽车似乎是冻在那儿，就她在跑。街道两旁的建筑像布景一样，风经过时便晃晃悠悠的。她跌了一跤，鞋也跑丢了一只。然后她跑到一个很大很堂皇的楼前，那儿有很多的人，都往门厅里挤。门厅里到处亮着红色的电子显示屏，写满了阿拉伯数字，闪烁着。这是证券公司的交易所，从气氛上看，今天股市的行情很糟糕。我妻子拼命往里挤，可是挤不进去。她张着嘴在喊，我听不见，但口形给我的感觉是一句粗话。她挥着手臂，身体往上跳，想飞起来。后来她"哇"的一下哭了——我听见了，这哭声进入了现实，是从她卧室里传出来的。现实的哭声在半夜听起来有点恐怖。我就跑进她的屋，打开灯。她在床上翻动着，还哭，我扶着她坐起来，叫醒了她。我拍着她的背，她醒得有些勉强，两肩时而抽动一下。我做梦了，她抽泣着说，是个噩梦。我就问：是不是股票跌了？她点点头，突然惊讶地看着我，你怎么知道？我说这几天电视上都讲股市行情变化莫测，自然要往这上面猜。猜？她的表情有点怪，你怎么一猜一个准呢？你倒真该去做股票。这话的意思我明白，是讲前一个晚上梦里吃葡萄的事。她平静了，不再说。我也不说，又回到我的北屋。离开的时候我看见她在揉右膝盖。我想刚才她梦里的那一跤可能跌得不轻。

妻子出差了，所以午饭我在机关食堂吃。天渐渐暖起来，下午的上班时间后推了半小时，吃过午饭，去办公室翻翻报纸，还可以小睡一会儿。我没有午睡习惯，自出过车祸，按医嘱必须增加休息时间。路过文印室，我看见小郭正在喝一种养颜的口服液。小郭是机关公认的最漂亮的姑娘，是从部队文工团下来的。小郭的眉眼很像我从前的一个相好，而嘴巴又像我现在的妻子。可能是这点缘故，我比较喜欢接近她。老吴曾提醒过我，叫我要适度保持距离。老吴不说我心里倒没事，一说反倒有些不自在了。那时我正向着副处长的位置努力，需要严于律己。所以凡与文印室打交道的事，我都支给王林和白玉才。这个变化，小郭注意到了。有一次我们在食堂吃饭，坐一张桌子。她问我怎么不去文印室了，是不是听见了什么闲话？我说没什么闲话，只是怕其他人不平衡。她就笑了，说你这人挺好，文章写得也好。吃过饭，她让我去文印室坐会儿。我说不去了，中午得加班赶一个材料。她又说：你下班后来，我有东西给你看。这让我内心很高兴，也很好奇。那时我觉得，一个男人能得到一个漂亮姑娘的亲近是一种承认。所以下班时我仍伏在桌上写写画画。沈群问我怎么还不走？我说把最后一段写完，免得思路断了。沈群就说脑子里的事能断得了吗？沈群说话总是东一句西一句的，不过这句话像是敲到点上了。我没看她，仍埋头在写。窗外不久便有些灰了，楼里突然变得很安静。我单调的脚步声在走廊上响着,心里有种异样的感觉。小郭在等我,在笑。小郭说你穿带条的衬衫很好看,是你爱人给你买的吗?我说不是,是我妈买的。小郭就说你妈眼光很好。然后她从抽屉里拿出一个硬面的本子,递到我手上。我打开本子,看见都是我发表在晚报上的小文章,整齐地剪贴在上面,四周还用彩笔画着边框,很郑重的样子。我有点受宠若惊也有点自豪。小郭说喜欢吗?我说喜欢。小郭说等她结婚了或者等我离婚了,就把它送给我。说着她显出伤心而无奈的样子。我觉得事情弄严重了,有点上纲上线的意思,不知该说点什么,就叹了口气。我把本子还给她,想听她再说几句缠绵的话,可她没说,把头靠到了我肩上。我们后来是不是还有情节,我已记不清了。但我们的故事截止于3月1日却是事实。小郭不会再把我的文章贴到那个漂亮的本子上了。这个故事没头没脑,来去却很自由。现在我经过文印室的门口放慢了脚步,还有意咳嗽了两声,她也没回过头来。她喝完口服液,把小瓶子扔到纸篓里。瓶子没有碎,但我仍有点心疼。

　　老罗中午也没回去,说家里来了农村亲戚进城看病,乱得很。自从换过座位,他总避着我,现在避不开了便说些天南海北的事。他说从前曾想当一名兽医,为乡亲们看看牲口;后来又想当一名外科医生,因为他很欣赏电影里外科医生做手术的样子,动不动就把额头伸给护士擦汗。总之,他清清嗓子说,我这人不适应待机关,你说呢?我不好说,就给他杯子续了点水。老罗想欠身又不想站起来,问我身体恢复得怎么样。我说还可以。老罗又问会不会有后遗症?我说现在看不出来。然后我们就没词儿了,都躺到桌子上,用椅子架脚开始午休。窗外有孩子打球,很吵。我同老罗原是最谈得来的。他是老三届,古文底子非常好,而且也喜欢看杂书。所以谈到一些冷僻的事,比如"眼靠"和"手靠",别人都插不上嘴。老罗调过来有一度情绪不高,可能与厅里对我的考察有关。现在这事过去了,所以窗外再吵,躺在桌子上他也能睡进去。这真是福分。桌子很硬,我睡不着。走廊的另一端哒哒哒哒地响着小郭高跟鞋的声音,让我觉得欢快。我合着眼,想着那个傍晚发生的事,不禁生出些惆怅来。我很想做一个梦,在梦中把我们的关系向前发展一点。我的意念就朝这个方向努力着。不久我就见到了一片蓝天,我相信这是梦里的天空,城里现在是找不到这样的蓝天的。我翻了个身,蓝天便消失了。我隐约听见了老罗在打呼，节拍悠长，像拉风箱一样。但老罗不是在乡间的厨房里，而是坐在一个很宽敞很明亮的办公室里。那里只摆着一张桌子，很大，上面置着精致的文房四宝和红蓝铅笔。桌子的一端放着整齐的文件，还有市面上正时髦的一种磁化保温杯。老罗衣着清洁，脸也很清洁，在看一份材料。这时门开了，小郭走进来，递给老罗一条白毛巾。老罗擦擦脸，看也没看就把用过的毛巾扔给了小郭，后者便退下了。过了一会儿，门又开了，进来的是处长老吴。老罗似乎没发觉，老吴就站在门边，身体直直的像个军人。老罗抬头发觉了，就对老吴招招手，意思是让他过去。老吴双手送上一份材料，站在桌子边上，身体还是直直的。老罗把身体往大皮椅上靠了靠，然后拿起红蓝铅笔，用红的那端在材料上画了个圆圈。突然听见一个锐利的声音，我吓得坐起来，阳光直扎眼。另一张桌子上的老罗也被惊醒，他反应敏捷，嘴角的口水来不及揩就对着窗外吼道：球能朝玻璃上踢吗？滚！我走近窗口，看见楼下几个男孩抱着足球逃了。玻璃破了一块，我把碎片拾到废纸篓里。老罗余气未消地吸着烟，说刚睡着就被外面这群调皮蛋弄醒了。他还是没揩嘴角的口水，却从笔筒里找出一支红铅笔，在废纸上划着圆圈。见我凑过来，老罗便将这画下的圈改成了一朵花。

我出去倒碎玻璃，看见孔副厅长送沈群出办公室。沈群眼红红的，像刚哭过。孔副厅长对她说：再看看吧，凡事多朝好的方面想。我想可能是沈群家里闹了乱子。但我又觉得家里的事最好不要搬到机关里来。孔副厅长分管我们处，但并不分管我们家。孔副厅长是个儒雅持重的人，有学问，善言辞，厅里上下都很尊重他。但他也照样在家里吃不开，否则他两个老婆不会都同他离婚。

4

今天厅里发生了一件大事：财务室被盗。保险柜里五万多块现金是本月大家的工资，没来得及发就给弄走了。公安局来了好几个人，还牵着一条杂毛警犬，把包括厅长在内的人都嗅了一遍。警犬嗅我时我有些紧张，厅长在边上说：大家别怕，警犬的鼻子是有科学性的。嗅到沈群，她哇的一下哭了。警犬也吓了一跳，喉咙里拉锯一样响。沈群边哭边说：

我哭没有别的意思。颠来倒去就这么一句话，好在警犬已移向了老吴。老吴像体检那样敞开衬衫，双手叉着腰一呼一吸。接着是老罗和王林，两人都很放松。最后轮到白玉才，他坐在椅子上似乎懒得起来，眼睛始终看着报纸，很不屑的样子。这个程序做完后是依次按手印，十个指头都按。然后，办案人员牵着狗离开了。白玉才把茶杯重重一放，说这他妈是侮辱人格！老吴拍拍他说：不能这么讲，嗅过了，按过了，大家不都轻松了？上飞机还搜身呢，工作需要嘛。据说让警犬来嗅是厅长的意思，他刚到职不久就遇到这桩倒霉事，不能不急。以后的几天里，厅长大会小会都要讲到这宗失窃案。据公安部门分析，不排斥内部人员作案的可能性，于是厅长就要求大家积极配合。机关里起了变化，大家的穿着一夜间变得很旧很土气，女人们不再在一起议论新买的首饰，男人的香烟也降了档次。大家的话题总扣着失窃案，连街对面的酒馆失火了也不往眼里去。当然，工作还得干。

　　厅里要办一个基层短训班，具体工作落在我们处，人手似有些不够。老吴却说够了，办公室不留人，电话由别的处代接，都去，全力以赴。办班的地点靠近郊区，大家得住下来。老罗说处长的爱人身体一向不太好，建议他早出晚归。老罗的侄子是开出租车的，可以随叫随到。老吴说老伴是老毛病，几十年都拖过来了还在乎这几天？其实真动起来也没觉得有多少事。课主要是请大学的老师来讲，我们不过是做些会务工作。闲下来时，老吴也和我们一块打扑克，可他就是不回家。老罗让老吴住单间。老吴说一个人占两张床是浪费，让老罗同他一块住。老罗不肯，说四个人住一块可以打牌，否则跛了腿。老吴就笑了，说也罢，免得自己打呼吵人，又把一堆材料抱过去放到另一张空床上。王林说处长这人也真活得仔细，那张空床非得填上什么才睡得踏实。老罗说等你当了处长你也会这样，谦虚使人进步。王林鼻子哼了哼，说光谦虚有什么用？传达室李老头见谁都点头哈腰，进步了吗？白玉才插言道：李老头为什么点头哈腰？那是他自己当初屁股里有屎。我知道白玉才是说李老头十年前摸一个女同志奶子的事，就觉得有点亏，摸一回奶子，哈十年腰，太不合算。这一说，大家便又谈起失窃的事。刚说两句，老罗一挥手说：不谈这个，打牌打牌。可白玉才说晚上让基层的同志多灌了几杯，头昏，不想打。王林说来了一位同学，晚上不回来睡了。牌打不成，只好看电视了。我的眼睛遵照医嘱应少看电视,而且这个时间也没什么好看的节目,就去对面的屋子找沈群聊天。门虚掩着,我走进去,看见沈群头上裹着干毛巾斜靠在床上打盹。刚洗过澡,她有点乏,我准备离开。但在这个瞬间我不经意地就看见了她的梦。那梦是浅绿色的,环境是树林还是草原我没有把握。我想这梦是刚刚开始,我又处在完全清醒的状态下,看不清楚是正常的。但梦中的那个女人绝对是沈群,她穿着一件红羊毛衫,因此很醒目。一棵很高很直的白杨树竖在那里。沈群在树下洗脸,洗了一遍又一遍。然后她就开始爬树,样子很可笑。她爬得很卖力,可爬到一半便滑了下来。于是她又爬,又在一半处滑下来。第三次,她像男人那样对着掌心吐了口唾沫,搓搓,显得很有信心地爬起来。到了一半,她又僵住了,看样子又像要滑下来,连我都着急。这时忽然有一只手伸出来,稳稳地托着沈群的屁股,往上举。我就看见了这只手,不知长在谁身上。这手很白,皮肤却绷得不紧,甚至是松垮垮的,暴着蚯蚓一样的青筋。这手很苍老又着实有力,托着沈群的屁股毫不含糊地上举。沈群越爬越高,那手也越伸越长。我吓坏了,身体往门上一靠,弄得很响,沈群便醒了,我赶紧喊了一声沈大姐。

沈群坐好,不断地把裙子往屁股下理。她的神情尚有些恍惚,我便又叫了声沈大姐。她不高兴地看着我说:什么大姐大姐的,我能比你大多少?我愣了一下,拿眼前的沈群和刚才梦中的沈群作比较,觉得后者要年轻一些。这时沈群倒一脸忧郁,竟给了我一支烟,她自己也抽上了。她何时开始抽烟的?沈群吸了口烟说:"我是老了。女到四十豆腐渣。"我解释说我不是这个意思。她就摆摆手,说自然规律是不可抗拒的。但是40岁的女人和60岁的男人在一起总还般配吧?这话是什么意思,我听不明白。沈群便流泪了,说她家老陈外面有事,两人已分居一年,想离。突然又口气一硬:离就离吧,他一个小处长就这样猖狂,我忍不下这口气。将来我未必就干不过他。我觉得沈群好辛苦,即便是在梦里。她干吗偏要去爬那棵树呢?

我回屋时,老罗和白玉才都已躺下。他们的床都靠墙,中间的位置留给了我。中间的位置其实不好,左右都没个依靠,让人睡不踏实。我先洗澡。妻子出差后我一直没洗,但也不觉得怎么脏。郊区的水不错,淋在皮肤上很舒服。我搓自己的身体就像摸一条大鱼,我觉得我的皮肤很好。从前和妻子睡的时候,她喜欢在我大腿上摸来摸去,说滑溜溜的,居然没有一根汗毛。我说汗毛都长到她腿上去了。她就说,如果有一个色狼摸黑进屋,肯定会把我干了。她这么说不是怀疑我的性能力,那方面我相当不错。我现在用莲蓬头冲到那个地方便有异样感觉,这说明它的质量还是很好。我就有点想妻子,觉得她应该习惯我。洗好澡,我便去服务台给她打呼机。打过了才想起她在外地。可是一会儿她竟回了电话,问谁打呼机。我说是我,问她何时回来的?她说还没有回来,呼机是全省联网的,问我有什么事?我说没事,只是有点想她。她停顿了一下,然后说谢谢你。我觉得全省联网的呼机很好,妻子不出省,我就能找到她。

  这天晚上我有些兴奋,折腾了好久才合眼。我想起妻子的梦境和沈群刚才的梦境,觉得女人的梦境都富有诗意,而且色彩也好。男人的梦过于写实,也过于琐碎。比如现在老罗的梦,和几天前中午的那个梦一样啰嗦。环境还是办公室,但他不再是主角。当主角的是老吴,正被那只警犬嗅着。这与现实发生的情况没有区别。有区别的是老吴的表情,变得十分慌张。那警犬还继续嗅着,像古戏中的老生那样绕着我们处长兜圈。老吴额头上的毛孔花一样张开,渗出细密的汗珠,两腿发颤,那警犬便呼地一下扑过去,老吴倒了,我也吓了一跳。我翻了个身,听见老罗悠长地嘘了一口气,一会儿就起了均匀的鼾声。现在我面对着的是白玉才,他口腔里呼出的酒气让我的胃不舒服。白玉才的梦境像一张发黄的照片,他的梦居然也跑进去了一条警犬。但那个环境不是办公室,而是他家厨房。警犬在厨房里转悠着,突然对着液化气罐大吠——我听不见,但它确实在吠。于是就出现了两名穿制服的警察,拖出液化气罐,摇摇,是空的,就当即撬开,从里面掏出一包东西,正是钱。这下我着实吓坏了,霍地坐起来,不小心将床头柜上的烟缸碰到地砖上,发出砰的一响。大家全醒了。我打开灯,看见老罗对着空床直眨眼睛:老吴呢?我说老吴不住这屋,空床是留给王林的。老罗含糊地点点头,又躺下了,轻轻叹了口气。白玉才一醒就进卫生间撒尿,撒了好久才捂着胸口出来,说酒喝多了尿也多。这会儿老罗是完全醒了,说厅里这时候让我们处到郊区办班,会不会是项庄舞剑?白玉才就问什么是"项庄舞剑"?老罗很深沉地说：难道是调虎离山？白玉才就试着问老罗，是不是听见了什么？老罗开始分析，说我们处对面就是财务室，因此对财务室的状况比其他处清楚，此其一；我们处的人极少出差，因此有足够的作案准备时间，此其二；我们处没有实权，职务虚，因此就没有相应的实惠，于是饥寒起盗心，此其三。仅此三点即可缩小圈子。老罗这一分析把气氛弄凉了，白玉才平时话多，这会儿是尿多。我也不知所措。我觉得老罗的分析头头是道，但梦里怀疑老吴绝对是个错误。老罗有点自我欣赏地吸着烟，突然又提出一个问题：假如我们中间有人偷了这钱，打算怎么花？白玉才搭了句，说这年头花几万块钱还不简单，几样电器或者装修一下房子就没了。老罗说哪有这种花法的，是伸屁股让人打嘛。白玉才就问那你怎么花？老罗挪挪身子，说先藏起来，等风声过了再花。我便说，五万块钱有一包，藏也是个问题。不义之财，藏哪都不合适。老罗说这好办，我可以藏到沙发里，接着又说不行不行，说电视里抄家搜查都把沙发划破。老罗一时想不起好的藏处，就问白玉才往哪藏合适。白玉才说天花板上怎么样。老罗认为也不行，从下面敲敲，声音不对头。然后又问我可有什么好法子把钱藏起来？我脱口而出：藏到空液化气罐里。老罗一听，立即表态说高明，亏我想得出来。我说这法子不是我想的。老罗便感到吃惊，语气转为严肃地问我是不是听见了什么。我一时无话。白玉才也跟着追问。我往床上一躺还是没说。白玉才又去了卫生间，出来后就把灯关了。屋里比刚才还黑，像个枯井。

  没过几天，厅里传出话来：财务室被窃的那笔钱找到了，一分不少地放在财务室的门口，传达室李老头一早便发现，立即报告了厅长。第二天，我们办班结束，厅里来了辆面包车迎接。大家一路上向司机打听详情，司机只强调说肯定是内部人干的。老罗说这与我们处无关，因为我们全体都在郊区，没有秘密退赃的时间。司机说那也不一定，往返打个的只要个把小时，神不知鬼不觉。白玉才一听就火了，要司机指出是我们处哪个人。白玉才是驾驶班的老资格，平时骂司机像骂自己儿子。司机说这不过是开玩笑而已。处长老吴出来圆场，说钱找回来了就好，不要乱猜疑。沈群好奇地自言自语，说这钱就像鸟一样，飞过来飞过去，居然连根毛都没少。王林朝车窗外吐了口唾沫，骂偷钱的人没出息，既然敢偷就敢一气花掉，竟又退回来。老罗以总结的口气说：厅长很高明，敲山震虎。

5

　　一个人因为一次意外的车祸，实际上失去了一只眼睛。可是这只形同虚设的眼又能透视他人的梦境，这无疑是个奇异的现象，尽管日益发达的科学眼下尚无法证明。它存在着，像飞碟一样。只要在一定的空间里，只要做梦的人与我有关，做到这点很容易。但是我不好声张，更不便炫耀，因为窥视他人的梦也是侵犯隐私权，甚至是侵犯人权。做梦的人可以在梦中为所欲为乃至违法乱纪，但看它也是不道德的。如果有一天我当众宣布，我能看见你们的梦境，我想大家肯定会昏过去。我的某些脑神经可能是搭错了。

　　不久我发觉，我为此正付出着代价。我能看人做梦，自己却失去了做梦的权利。我像个馋嘴的孩子看人吃东西，自己在一旁咽口水。我认为人在梦中，大都是幸福的。我不能做梦，而且在别人的梦里也没有我的影子。我被遗忘在梦境之外，这似乎不太公平。最初我试图改变，每天吃一种安神补脑的丸药，夜间不喝茶，以保证睡眠的质量。我睡得很香，但仍然不能做梦。我至多只能梦见几块色彩和柳絮一样的东西。后来我又用胶布粘着虚假的左眼，以此挡住外来的干扰，建筑自己的梦境，结果仍是徒劳。再后来我去了医院，找到给我做手术的那位医生，想得到治疗。他说他只负责缝合伤口，制止出血，至于不能做梦的原因，属于脑神经内科。但他认为我的病例无疑是个好课题，便主动向我推荐了他的一位亲戚，本市的脑神经权威。他们信誓旦旦，决定联手合作。作为患者，我感到获得了空前的尊重。我按照他们的部署行事，接受各种先进设备的测试与诊断，一律服进口药。但是一个疗程下来，我除了睡得更香以外病情毫无改变。这让两个医生很无奈，觉得下不了台。于是他们调整方案，改从心理入手。我需要接受心理咨询。他们提出许多奇怪的问题，比如说在洗澡的时候是不是觉得自己作为男人很伟大？我说不觉得。那么做爱的时候呢？我说也不觉得，只是觉得舒服。他们问我有多长时间没做爱了？我说从3月1日开始。他们问想不想？我说每天都想。他们进一步问我，除了妻子之外是不是还同别的女人有过亲密接触?我说曾经有过,现在连妻子都没有。然后他们就借我一本人体摄影,叫我睡觉前至少看三遍。我突然觉得这有点小儿科。

  我中止了治疗,回家静养。这些日子妻子不在家,听不见呼机声和电话声,屋子显得特别大。我每天早出晚归,屋里一点变化也没有,东西都放在原来的地方。天已经热起来,每天都要洗澡。我把水弄得很响,这让我想起童年在河边戏水的情景,觉得很开心。我家乡在靠近长江边上的一个县城,从前是石板路,雨落在上面能照得见人影。现在都换成水泥的,夏天不能散热,家乡的水泥厂却越办越多。可能是因为这一点,我已有多年不回老家了。另一个原因是我妻子不愿意,她总埋怨县城一过夜里八点就没有了路灯。我妻子祖上是旗人,如果没有孙中山,她现在是正儿八经的格格。我第一次去她家,我未来的岳父一边剔牙一边同我说话,言谈举止都散发着王爷风韵,虽然他至今不过是一名人保干事。我坐在浴缸里,发现水上的身体和水下的身体像锯断了似的,我知道这是光折射的缘故,但我还是觉得很有意思。我就想,如果让一个女人只选择我身体的一半,不知她是选择上半截还是下半截?

  这天晚上城市的东北角在举行一个叫做"泼水周末"的活动,可想而知是仿照傣族"泼水节"的,大家集中到一个地方,水可以随便泼,但要买门票。我反正闲着,就去了。那里人还真不少,警察也不少。门票十块钱一张,附赠一瓶汽水。还有押金十块,发一只塑料桶。我刚进门,就有人朝我身上泼水,泼得很多,像是一桶水全浇下来,所以我看不见泼水人是谁,心想应该是个姑娘才对。我便也朝一个姑娘的背影泼过去,她蓦然回头,表情很严肃,我感到有点不对劲,就说了声对不起,走开了。我想不是可以随便泼吗?别人能泼我,我为什么不能泼别人呢?我没了兴趣,就坐到一旁等着别人来泼我。这时听见一个男人在喊我的钱包没了!警察就走过来,问是丢了还是被偷了?男人都点头,一脸的痛苦相。他边上的女人瞪了他一眼,说这么乱的场子你带什么钱包?算了,哪个王八蛋拿了好给他老娘买药。警察就笑着离开了。我也想离开,把桶退了。一个中年妇女对我泼了水,我向她鞠了一躬。从我左边传来一个熟悉的笑声,我侧身一看,竟是我妻子。她怎么又回来了?或者她根本就没走?她笑声朗朗,浑身透湿,一个男人在轻轻对她洒水,手势像神父一样。那个男人我在"葡萄架下"见过。

我回到家里感到有点累,换好衣服,就坐到晾台上。我没有给妻子打呼机。她过得很好,这没有什么不对。世界上没有比把梦想变成现实更幸福的事了,她做到了,说明她运气不错。晾台上很舒服,月光朦朦胧胧的,生出一片烟霭,有点像被风吹散的炊烟。城里是没有炊烟的,我记忆中的炊烟在山里。

我决定请假去山里住些日子。今天一上班我就写了请假条。老吴看了,一口就表示同意。但他的权限只能批三天假,逾期需要找孔副厅长。大家听说我要离开,又显出关心的样子,问是不是旧病复发。我说是。我说好像越来越重。老罗就感叹了几句,提出吃一顿,欢送欢送。王林说请假不是调动,谈不上什么欢送,吃一顿无非是叙叙友情。白玉才便准备去订台子。我拦住他,说近来肠胃不好,不想吃。说完,我就去找孔副厅长。沈群跟着我出来,在走廊上很神秘地问我要不要她出面?我看看她,好像一下明白了她为什么要爬梦中那棵树。我谢了沈群,表示自个儿去找就可以了。

孔副厅长的办公室门虚掩着,我轻轻推开一点,看见他正帮小郭鉴定一条项链,说成色很好,分量也足,问是不是定情之物?小郭就扭了一下身子。孔副厅长说小郭的颈项戴这种项链非常合适,既有富贵之气又不失典雅之风。接着老人又感叹一句,说他要是有个儿子,非娶小郭当媳妇不可。小郭就又扭了一下身子。我记得孔副厅长有个儿子,是第一个妻子生的,一直不来往,但这不等于说没有儿子。现在孔副厅长又离婚了,我想他不久又会结婚的。如果是和沈群,我总觉得后者有点亏。至少是睡不好觉,像孔副厅长这种老牌前列腺患者起夜的次数不会是一位数。我没有进去,不想破坏那个乐融融的气氛,打算吃过午饭再来。我回到处里,沈群低声问我:他在吗?我说不在。我不知道为什么要这么对她说。沈群说他这人很好,会准假的。我点点头,开始收拾桌面上的东西。

到了中午,我又去找孔副厅长。门还是虚掩着,他躺在沙发上打盹。可能是喝了点酒,脸色泛着红晕。我站在门口,不知是进是退,就挠挠头。右手挡住右眼的那一霎,我看见了他的梦。我索性捂住右眼,那梦便完全清晰了。他在同一个女子拥抱,手藏在裙子下面。那女子扭了扭身体，不是沈群而是小郭。我放下手，敲了敲门，好像敲得很重。孔副厅长醒了，问我有什么事？我递上请假条。他随便扫了一眼就拿笔批了同意，然后说他中午喝了酒，头晕，想睡一会儿。我就离开了，随手带上门。我感到有点抱歉，不该将他从梦中拽出来。他那样的年纪还能做那样的梦实属难得。不知他能否续上那个梦。

我把批过的假条放在老吴桌上，对室内环视了一下，觉得上下左右大大小小都是平面，没有立体感，也没有曲线。我突然就很向往山里。我安静地吸着烟，想留张条子给沈群。我写下"当心老"三个字，然后在"老"后面用烟蒂烧了一个洞。这样的表达，沈群或许能看明白。我把条子压在沈群的玻璃台板底下，然后就离开了办公室。我的脚步在走廊上拖泥带水地响着。经过文印室，我敲敲门，小郭不在。我又写了张和沈群一样的条子，又同样用烟蒂烧了个洞，塞进门缝里。

我没有回家，直接去了长途汽车站。人很拥挤，空气中夹着狐臭味。我买好票，坐在水泥台阶上吃西红柿，打量城市的天空，似乎在等待着一只鸟飞过。我等了好久，没有鸟。

6

20年前我来山里插队当知青。那时我16岁，矮小的身体挑着一担行李，在雨后的夕阳里于山道间晃动。我穿着一身仿制的军装，戴着一顶真实的军帽，营养不良的脸上浮动着莫名其妙的兴奋。现在我又来了，两手空空，像城里的一名采购员那样东张西望，却没有人认识我。在村口，我拦住一位年轻的媳妇，问从前这里可曾住过一个知青？她说有，准确地说出了知青的姓名。那时我还是一个孩子，她说，我喜欢听他弹琴，在月亮下面。我摸摸下巴，这才觉得时间真的过去了好久。年轻媳妇领我在村里转悠着，询问从前那个知青的长长短短。你和他是好朋友？他现在好吗？他老婆好看吗？他孩子有几个，多大了？他怎么不同你一道来玩？他不是喜欢去岭上看炊烟吗？我含混地作了回答。他现在好吗？我不知道。不久我发现了我住过的那个屋子还在，原先是队屋的披屋，置有农具和氨水坛。最里面隔断一截，给我作房。从窗户往里看，我用过的床、桌子都还在，布满了迷彩服般的青苔。这让我很高兴，涌出了一种类似革命家的激动。我问年轻媳妇,这屋子现在归谁?她说还归公家。我就请她帮我找来公家人,我想住这屋,我说。她就笑了,两眼弯得如眉毛,说这屋子很脏,而且还闹鬼——村里"老人",都在隔壁开会说书。你怕不?我说不怕,并拿出十块钱放在她手上。她看了看我,不再言语,也没要钱,没多会儿领来一个穿海魂衫的男人,说这是村长。我递上香烟,村长边吸边打量着,又作了些简单的盘问。村里好屋多的是,怎么就相中了这间老的?我说这屋位置好,可以看到山岭和河流。你和那个知青是什么关系?我说从小一块长大,一块读书,后来又一块……没等我说完,村长便表态说每晚20块,铺盖得另租。年轻媳妇说她家有。这样就成交了。我预付给村长100元,村长说会计出差了没有收据。我说不要收据。村长就笑着交出钥匙,吩咐年轻媳妇帮我好好打扫一下。

年轻媳妇手脚麻利,不多会儿工夫就将屋子收拾干净。她替我铺上竹席,又拿来一整套生活用品和几盘蚊香。潮湿在这个季节转为阴凉,我用20年前用过的铁锅烧了开水,仍能嗅出锅巴的香味来。我沏好茶,盘腿坐在床上,床板很硬。我想同年轻媳妇多聊上一会儿,但我无法认清她是哪家的闺女。当年我时常在月下抱着一把月琴拨弄着,周围围了一圈孩子。他们叫我"下放学生"。下放学生你想家吗?下放学生你会烧锅吗?城里有蚊子吗下放学生?下放学生,有人找你呢——在那个似乎并不遥远的夏夜,童音之后是一个紫色的身影,是另一个下放学生,女的。于是孩子们鸟一样散去,我赶紧穿上了背心。

我从公社看电影回来,她说,我听见了你的琴声,就……我在你的邻村。

我进屋给她倒水,请她坐到竹床上。她梳着两条齐腰的辫子,穿一件紫罗兰图案的化纤衬衫,可我无法看清她的脸。此刻我努力回忆着,我的眼前仍只有暮霭一片。我想问边上这位年轻媳妇,可曾记得那个月夜来自邻村的女下放学生?但是我没有问。那时她才几岁?我便沉默了,年轻媳妇仍在讲从前的事,又说那下放学生每天黄昏喜欢去岭上看炊烟。炊烟好看吗?我说好看。我说我也喜欢看炊烟,我现在就去岭上。

岭上空气真好。这种空气城里无法吸到,久违了。我从马尾松间走过,去接近两棵形容憔悴的桑树。然后我见到了一块黝黑的石头——那是我坐过的石头么？它像一块煤，不过觉得长大了。我愉快地坐上去。我的手摸着它光滑的表面，石头余下的半边温热，像人的体温。我就有些奇怪：谁刚坐过？望望四周，只有树。不久岭下的炊烟四处升起，袅袅的，先是笔直升高，再散开，彼此融为一体。我很痴迷。在炊烟形成的暮霭中，我看见了群鸟的行姿。但是，我的左眼忽然有些疼了。接着一件不可思议的事再次发生：我看见石头上有一幅图画，笔画简单明了。画着一间房子，房后有树房前是河房顶上升着炊烟。起伏的山脉是背景。天空挂着一弯下弦月。我很喜欢这种朴素的图画，但从痕迹上看，它已有了历史。我不明白雨水和风怎么没有抹去它。或许它被抹去了——我用右眼去看时，它便消失得无影无踪。哦，这是属于梦中的图画，我终于思想开了。

我就这样带着这简单朴素的图画走进了梦境——这真让我激动，我又拥有了做梦的权利。陌生阔别的梦此刻就匍匐在我的枕上。我的梦境虽然没有人物，但已有声音，是一个女声在喊月亮。我听得真切，这是她的声音，那个半夜来访的紫色身影，与3月1日那天我听见的是同一个声音。我被这好听的声音唤醒，月光在20年后重新落到我的床头。我出汗了。我用凉茶漱漱口，走出屋子，便踏进了如霜的月光。村子很安静，不时自岭脚传来水响和狗吠。稻场上有几个男子睡在竹床上乘凉，鼾声错落有致。庄稼人也是有梦的，可我现在已无法看见，因为我自己的梦又回来了。我好轻松，好欣慰。我已经听见了梦的声音，离我那么近，可我还是抓不住它。汽车没有碾碎我的梦境。在这个乡村的夏夜，渐渐填满我胸口的最后是忧伤。

我每天黄昏都去岭上看炊烟。我总觉得，那块煤一样的石头上留有她的体温。她在我身边？一连几日她都在我到来之前匆匆离去？我抚摸这石头，有一瞬，我忽然觉得是在抚摸她的膝盖，我的心跳加快，我的左眼越来越疼，我想喊一声，可我已忘却了她的名字，飘浮于眼前的仅仅是那紫色的身影，我看不清她的脸！或许，我该离开了。时间久了村里人会认出我，我不希望这样。如果明天不下雨我就准备回故乡去看看年迈的父母。今天是最后一个黄昏吧，岭下的炊烟不好，让风吹散了。我放平身体，躺在这块黑石上，不久睡意在凉风中渐渐浓起来。我确实有些累了。

后来一个女孩躺到了我身边。她梳着两根短辫,穿一件碎花的短袖和一条肥大的军裤。她说她18岁,和我同年。我就感到奇怪,我生于1957年,现在是1993年,应该是36岁才对。她说我错了,今年是1975年。见我困惑,她便拿起我的草帽,那是不久前公社发的,上面印着"广阔天地,大有作为"和1975。草帽的边沿有我姓名的拼音缩写,确实是我的笔迹。那么,我这样问她,你又是什么人呢?她没有说,很失望地看着我。就算现在是1975年,是18年前,我们到这块石头上做什么呢?她说看炊烟,我们已看了两年。她进一步强调说:今天的炊烟最好,像梦一样。我说难道现在不是梦吗?她摇摇头,然后小心地抚摸着我的身体。我渐渐地感到,我的身体是结实的,胸肌和腹肌都不错,这显然不是现在的身体。我开始有点相信了,她抚摸的是我18岁的身体,但她的手突然在我腹部停下来。她说,我有点怕。她问我们能这样做吗?我对她说,如果我们想这样做就能这样做。我问她想不想?她犹豫了一会儿,点点头。她说她是第一次。我说如果我真的是18岁,那么就一定是第一次。我们就无师自通地做了。她的血滴在石头上。她说有点痛。我说以后就不痛了。她问我们有以后吗?我说有,以后的时间很长。她便紧贴着我,说我们可以不回城,就在这岭下盖好房子成家。房前有河,她每天在活动的水里洗衣淘米。房后栽树,最好是樟树,风一吹满屋子都香。然后我们生两个孩子,一男一女。我打断她,说两个孩子嫌少。她说那就三个,两男一女,总之女孩只能要一个。我问为什么,她说女孩多了会不金贵。起风了,她说她会扎风筝,以后让我带着孩子去田野上放。我说我一定把它放得很高。我替她盖上我的衬衫。她说我穿这种带条的衬衫很好看,像水的波纹。我说我喜欢水和水做的人。我们就这样躺到月亮爬出山脊。我告诉她,我的乳名就叫月亮。她就乐了,问我生下来的时候是不是没有头发?我说这可能是一个原因,另一个原因是预示着我在18岁这年,会遇上一个像星星一样的女孩,现在我果然遇到了,我相信我今夜是18岁。她便对着我的耳边连唤了三声月亮,天突然白了。

7

　　我在岭上度过了我的初恋之夜，那不是梦，而是重现。那时我18岁，18年后我又享受了18岁的欢乐，那是真正的欢乐。我说不是梦，因为我虚设的左眼能看见石头上的血迹还在，呈现着灿烂的颜色。露水只能打湿我的衣裳，时间也只能改变我的面貌。村里人已认不出我，认识我的是这块石头。现在，我要动身去找那个呼唤月亮的声音了。我相信我能找到。我去乡邮政所给当年的一个知青挂了长途电话，打听她的下落。那人曾是知青干部，我们相处还不错。他说你们后来没联系吗？我说没有。我又说这很可耻。他就叹了一口气，说人生啊人生。然后他说，她在我上大学的第二年去了师范，毕业后大概分在长江下游的一座小城。我谢了他，放下话筒便搭上过路的货车。在一个镇子，我又改乘去那座小城的客车，那时天色已晚。车上的乘客不多，都是去那小城的。司机一路急驶，说这段路很老，解放前就有劫匪。大家便不说话，也都不敢合眼。外面的月光还是很好，我就把手伸出车窗。我的手被月光染得斑斑驳驳。车行大约七小时即到达江边。没有大桥，过江得靠轮渡。乘客纷纷下车，立在甲板上看翻腾的江水。我也在看，突然迸出想跳下去的念头。我不知道在这湍急的江水里将会怎么样。我一定会喝很多水，但这水越来越脏，不能喝。从小我就认为水是自天上来的，无论是雨还是雪。水落下来那么干净透明，怎么一到地上就变得这么脏呢？江面不宽，轮渡半小时便靠岸了。汽车继续行驶，很快空气里就散出了焦糊味。我知道离城近了。

　　我在小城的街道上闲逛了一会儿，天便大亮了。到了上班的时间，我去了市教委人事科。我说明来意，接待我的人就显出若有所思的表情，但还是表示想不起我要找的人，他说全市的女教师很多，问其他人，也都想不起。我于是请他帮助查阅一下教师登记表。他犹豫片刻，说要交50元手续费。我当即就拿出了钱。结果却令我失望，现任教师登记表上没有她的姓名。那人就安慰我说可能是调走了，不在册，我来迟了。我确实来迟了。我茫然回到街上，不知该往哪个方向去，就看了看树梢，风往西南吹，我决定随风而行。城市的模样大致差不多，除了橱窗就是广告，再加上汽车。区别不过是大小多少。我自然会走出城去。我望着天空，看着它慢慢变出一点蓝来。后来我又从这浅浅的蓝色中看见了一只奇异的风筝。

它只是一双翅膀，不与任何形体相连。它是白色的，你可以认为它属于天使或者天鹅，也可以属于海鸥、鸽子和一切白色的飞翔物。但不属于飞机。在那个吹西南风的上午，我不经意地看见了它，突然产生了不祥之感。我觉得一件事可能已经发生了。这是她的风筝，我离开山里进城上大学的那天，是它送我翻过了那座岭，那天也吹西南风。

顺着线找过去，放风筝的是个女孩，大约十来岁。我对她说，你的风筝很漂亮。她就偏了一下头，说这风筝是老师替她做的，做了好久，一直没有时间放。女孩说城里没有放风筝的地方，现在放暑假了，她可以经常骑车到郊外来。我说这风筝很有意思，就一双翅膀，猜不出长在什么东西身上。女孩说，这是梦的翅膀，老师是这样讲的。我这才觉得自己好愚蠢，然后问女孩，谁是她的老师？女孩报出了一个名字，正是她！但我有点困惑，怎么教师登记表上找不到这个名字呢？我问女孩，可不可以领我云看望她的老师？女孩说不可以。女孩两眼泪汪汪地说：老师死了。我哦了一声，又抬眼去看天上的翅膀。我听见女孩说，月亮升起来的时候，老师便合上了眼。女孩说那天下着雨，并没有月亮，可老师说她看见了，还喊了一声月亮。我问女孩，那天是哪一天？女孩说：3月1日。

一颗眼泪自我左眼渗出。然后我对自己说：我慢了一步。3月1日。

1996 年 6 月　合肥—郑州
（原载《收获》1997 年第 3 期）

潘军文集

第贰卷

短篇小说

悬　念

我和《作家天地》

  我给《作家天地》第一次写稿。作为朋友，他们每期给我寄刊。去年的11月号里面夹了一张很好看的蓝衣少女贺年片（我记得她嘴里含着一根什么草）。在这个画面上方印了一行小字：愿您喜爱《作家天地》。我觉得很有意思，好像作家的天地就应该是女人什么的。我这么说有点心术不正，不过这么好看的姑娘我想任何作家都会喜爱的，包括女作家。凡当作家的女人至少是谈不上好看。我的话题显然是扯远了，我知道这么淌下来会导致怎样的后果。调整一下叙述方法自然是必要的。

悬念的设置

  很长一个时期以来，我在考虑悬念的设置。我有这个优势。我老婆在省检察院一处供职。一处是对内的称呼。对外叫刑事检察处。我经常偷翻她的业务资料，这些东西和老弗洛伊德的书一样勾人魂魄。有很多精彩的细节。当然也有悬念。
  我决定写这篇东西后，首先想到的是我的老婆，我就往家里走了。我没有骑车，脚下的雪嘎嘎乱响。合肥这地方季节看来是浓缩了，只有冬夏没有春秋：三月底大雪飘飘，这在南方是不多见的。雪是昨天黄昏时下的，现在又开始融了。我的窗外是一个极大的雪人儿，热汗淋淋。几个小孩正拼命维护雪人的肚脐眼。我女儿伏在窗台上喊雪人叫宝宝。我女儿自己是宝宝，所以在她眼里凡是圆脸蛋的白净净的都是宝宝。不久我老婆回来了。她的神情暗示着她正在受理一桩倒霉的案件。她常常败诉，不是败给律师就是败给了法官。检察官总扮演极尴尬的角儿。我告诉她我在考虑写篇小说。她没当回事。吃过饭，她情绪好起来就问我写什么。我说只是想写。我便动手翻她的羊皮挎包，里面只有一副手套和一张月票卡。我失望地缩回手。我于是海阔天空地同她吹起张艺谋的《红高粱》，我的目的是转移她的视线，将邀请她在我小说里扮演角色。我现在已经稳操胜券了，因为悬念正奔我楚楚而来。

不一会儿听见门铃声。我去开门，接下来是感到莫名的慌乱。我面前立着一个穿黑雪花呢长外套的女人。鹅黄色的羊毛围巾遮掩了她面部的1/3。我之所以慌乱是因为离我顶多十公分的一双眼睛迟疑不决地移动着。

她说话了。她说她是来找我老婆的。

女人的阴谋

以后的半个钟头里我处于戒备状态。两个女人在卧室里密谈，门关得很严实。我仅仅能从门头窗缝中听到几个互不关联的字眼，"如果……"、"肯定是"、"早晚要"、"上帝……"后来抽泣声我却听得十分清楚。但我不能断定是哪个女人制造的。我估计她们要出来了，就坐到沙发上看杂志和抽烟。我发现这件事很蹊跷。那女人见到我老婆后没有一句寒暄和铺垫，就进卧室了。我敢断言她们是第一次见面。那女人抬了一下左臂似乎暗示着什么。

这时候她们出来了。那女人依然是用围巾护着她的面孔，两眼很灼热地盯了我一瞬。我老婆很平淡地看了看我，然后就送客人走了。送得很远。无疑在路上她们又谈了点什么。

等我一支烟吸完后，天色显灰了。屋檐下滴着融雪的水点，像一串漫长的省略号。我很喜欢用省略的方式来叙述我的故事。我有一部中篇就叫《省略》。那篇东西不大好发。我老婆回来后脸色很白。她坐在我边上一语不发。这种喜怒无常往往是漂亮女人的通病，我只当没看见就是了。不过我的心绪已经被搞乱了。我觉得刚才那女人的不期而至与我有关。至少与我这篇小说有关。

"知道她是谁吗？"我老婆问。

"谁？"我说，"有点面熟。"

"面熟？"

"好像在哪见过……是谁？"

"A 的女人。"

"A 的女人？"

"是的。"

"她来干什么？"

"给我看一样东西。"

她说着就亮开手掌，显出一个很普通的过滤嘴烟蒂。不同的是过滤嘴上有一条浅浅的玫瑰红。

"是口红。"我老婆说。

带口红的烟蒂

我是今天早晨在他的卧室里发现的。我刚下火车，赶到家才七点半。我原来准备明天回来，会议提前结束了。我以为他在家。

我们不住在一起。他汗味很重。即使是周末，我也是让他到我屋子里来。那事完了他就离开了。他从不说什么。我们看来是习惯了。

他搞美术这个你知道。他主要是搞油画。最近一个时期他迷上了陶瓷工艺。他和一个瓷厂建立了合作关系，出了许多活，也很有钱。他的人体功夫很好。你看过他的素描吗？他喜欢画女人。他从不要求我当他的模特儿。他说这很别扭。他画女人身体都是在画院进行，和同事一道画，公家出钱。他从不让我看他的人体习作，我也没这个要求。

我们没有孩子。想要只是一时的冲动。事后就害怕了。

我没有发现他的行为有失检点的地方，也没有别的女人上我们家来。所以我感到很突然。我是无意中发现这个烟头的。我本想替他把屋子理一理……

以上可能是那个女人的叙述。我说是可能。我老婆没有对我再说什么。我是作家因此我有权利把一个可能写进我的小说。不过 A 我是熟悉的。我甚至可以说我们是好朋友。我们无话不谈。

关 于 A

  我没有必要用笔墨来交代 A 的面貌。A 可能是大家所熟悉的。A 可能此刻就在读这一期《作家天地》上一篇叫做《悬念》的小说。A 会说潘军是个了不起的作家。因为只有潘军掌握了他的全部材料，包括他和那只带口红的过滤嘴烟蒂的关系。A 并不怯。他知道潘军是个胡思乱想并且记性很坏的作家。但他相信潘军。不相信也没办法。

  我和 A 是经常见面的，在我们拿到一笔不薄的稿费的情况下都显得无比大方。A 爱喝外国酒，比如马丁尼和杜松子。我愿意喝茶和咖啡。我对酒的冷落决定我成不了大作家。马鞍山这地方有个名扬海内的采石矶。采石矶有海内扬名的太白衣冠冢。现在马鞍山产不出一流的酒，于是营养不了一流的作家。我这么大谈马鞍山，除了我业已作为《作家天地》撰稿人所特有的情感外，还在于我到过这里。

  我是和 A 一起来的。最好不谈时间。时间对于我没多大意思。我们来过！就住在雨山湖饭店。雨山湖这名字好典雅也好清高。我们是来出席一个很神秘的会议的，每个晚上都有舞跳。我们很疲倦所以只能在一旁待着去看别人跳。我们都不喜欢劲舞。十七冶的姑娘舞姿和她们脸面一样出奇的迷人。我想这可能是导致我们如下谈话的契机。A 先说了。

  "你有外遇么？"

  "我在恋爱。"

  "恋爱？扯蛋，没有的事。"

  我发现他很失望。我的意思是说 A 希望我有外遇，这样他才会心理平衡。

  "一片空白……" A 说。

  "可能吧。" 我说。

  A 是极坦率的男人。往下他说了许多让我提神的话。他说他的一个女学生对他很好，很痴，他比她大不少。但他从不正眼瞄她。

  "她还是姑娘。我没办法娶她……"

  "她未必想嫁你，她很聪明。"

  "你怎么知道？"

"聪明的女孩子不会乱嫁人。"

"倒是。"

一支烟吸完他又说:"去年我在公共汽车上遇到过一个女人。我发现我们都同时从对方眼睛里看出来内容……"

"然而车一停就分手了。"

"不,我们散步……那截路很长。"

"这感觉不大对头。"

"是的,我们没走完……我他妈总感到她丈夫在灌木丛里监视着我们……"

"她有丈夫么?"

"她臀部很宽。"

"或许她是寡妇也可能是离婚的……"

他眼睛亮了一下,然后叹了口气。现在我们知道了伴奏的歌舞曲来自那台破收录机。

一会儿有人喊 A 去接电话。A 去了这个晚上就没回来。第二天一早他蓬头垢面地回到旅馆。连续抽了三支烟。

"昨晚谁来的电话?"

"一个女人。不是寡妇,也不是离婚的……"

这以后我们就没有再见面了。

一种说法

关于 A 和带口红的过滤嘴烟蒂关系的消息不胫而走,这是桩小小的风流事。可以推测 A 和一个女子有过一夜风流或者几夜。那女子抽烟可能是嗜好也可能把这一举动纳入做爱的氛围。A 烟瘾极大。她不吸那么就不便来一番狂吻。总之,A 的床上不止躺过一个女人。有口红的女人属于惯称的第三者。

另一种说法

A 非常讨厌涂口红的女人。他是画家。画家最恨颜色。A 曾说涂口红的嘴像一道刚切开的伤口。

A 也不喜欢吸烟的女人。

至于这个烟蒂只能看做一次小小的阴谋：A 的老婆制造这个道具无非是体面地敲敲 A 的竹杠，然后带着大把的钱去与别人合欢。

还有一种说法

这是潘军编造的把戏。A 和他老婆一直很不错。潘军这家伙心怀叵测。

潘军的声明

我没料到这篇小说会导致引火烧身。我必须讲清我是在大机关服务的职员。我每天上班得向把门的武警亮工作证。写小说不过是我的业余爱好，其意义和下棋看电视没什么两样。我的私生活很正规。与绝大多数中国公民步调一致。我有老婆有孩子。我家庭关系巩固坚实，经得起调查。

我希望同志们不要误解。如果友好，请继续读这篇小说。

一次私访

我于是对这桩案件进行侦查。我觉得首先应该去看看 A。我就去了他家。我是经过多番打听才找到那地方的，其时天色已晚。电视台正播晚间新闻。A 家在四楼朝东。我揿了门铃。门在一分钟之后开了。探身而出的是 A 的老婆。我不解的还是这个女人怎么在家里也用围巾护着脸孔。她的双目还是那么对我灼热地闪了一瞬。

"我是来……和他聊聊的。"

"他不在家。"

"上哪了？"

"不知道。我想你应该知道的。"

"我？不不……"

"坐下吧。我去给你煮咖啡。"

我便坐下了。这个屋子很排场,体现了其主人的良好教养。我尤其欣赏正墙上那幅挂毯,那是A的手笔。很快,她把咖啡端上来了。

"我知道你不喜欢放糖和对白兰地。"她斟好一杯推到我面前。

她怎么了解我的生活细节呢?我有些张惶了,以至于不敢正视她的侧面。

"你……总算来了……"她说,声音好柔。

我霍地立起来。这是什么意思?我知道我不能再坐下去了。我得赶紧离开。我从来没有见过这么机智的女人。但是她一把拉住了我。

"你忘了!全忘了?"

我挣脱了她的手,冒雨窜了回来。

——这一节是潘军的虚构。潘军认为虚构的意义在于尽快了却这桩莫名其妙的事情或者趁早结束这篇小说。

故事并没有完

第二天我老婆告诉我,A失踪了!警方在方圆几百里的地方进行了搜寻,然而一无所获。

"他会上哪儿呢?"

"你说呢?"

我想他可能是和第三者旅游去了。他有的是钱。他们先去九华山,而后去黄山。接下来再折回歙县往东南去千岛湖,休整的地点是杭州。这完全是顺理成章的事。他顺理成章我就可以敷衍成篇。他沿途会画下许多写生,我现在写得也好顺手。不过这种可能性又很小。A的体力不行。他患有心肌炎和腰脊劳损。

那么,他暂时住到别人家里去了。和他同居的女人是寡妇或者离婚独处的,这似乎毫无疑问。他只能选择这两种型号的女人。他只配和这样的女人共卧一室,再以勤奋画另一种女人的身体作为补充。然而,这又不可能。A曾对我说过:"我是有家有室的人,万一这种事让我老婆知道……唉,还是画画吧。""那么你也可以离婚,如果你觉得和你老婆难处的话。""离婚?这他妈比登天还难。当然,要是她也有外遇的话……"

（我倒希望"一次私访"那一节不是虚构，那么他也就不用时常去喝酒了）

看来，他只能去死了。他不会跳崖也不会悬梁更不会操刀。残酷丑陋壮烈的死绝对与他无缘。他顶多是吞安眠药，这是通向死亡最体面最温柔最省力的途径。他肯定会这么选择。

"他大概是死了。"我对老婆说。

"死了好。"她说。

这个晚上我很不平静。我脑海里总飘游着A的影子，像一片枯叶。后来涌来了一群女人的尸体，这很美很动人。她们都是从A的素描堆里爬出来的。现在她们复活了。A如今也离开了这个世界，从这个意义上讲，A做了一件好事。

一个不大不小的遗憾

我想这篇小说已经到了该收场的时候了。可是偏偏这个时候有人闯了进来——

是A！

他脸色阴沉，仿佛深藏杀机。但我并不惊慌，不过是个抖着笔画画抖着刀宰鸡的男人。我不动声色等待他的表演。他把双手插到裤袋里在我面前转来转去，显然嘴里含着香烟。他长叹一声后说话了：

"你不能把我弄死。这太冤枉了。我不是怕死。我只要求死得明白。问题还没有搞清。关于那只带口红的过滤嘴烟蒂还是个悬念。你解不开就以简单而残暴的方式来结果我，你不够朋友。你那三种说法全他妈胡扯！至少还有第四种可能，那烟蒂是我从咖啡馆拾来的。我制造这个悬念就是让你包括你的读者把我也当做悬念。我不知道这可能是否成立，你也不要问我为什么偏要去拾一只带口红的过滤嘴烟蒂。你说过，悬念永远是悬念。"

这话是我说的。我想A的话有一定的道理。第四种说法的可能性是能够成立的。如果A是个健康的或者比较健康的男人，这么做也是健康的或者比较健康的，比如完成了某种寄托。如果A是个性变态者，那么捡带口红的过滤嘴烟蒂和偷女人短裤胸罩的性质大致不差。不过我已经让自己折腾得够意思了。我不想再去打听第五种第六种如此等等的可能。A又说起来。嗓门陡地窄了一半。

"我还年轻。在美术界总还有点影响吧？这个不谈。让我恐惧的是我的死会引起各种各样的猜忌。我就怕这个。我为什么要死？而且是在我老婆发现带口红的烟蒂之后去死？这意味着什么？是畏罪自杀还是……反正我不能死，你得手下留情！我们是老朋友……"

"那么你想得到怎样的结局？"

"离婚。"

"你不是也怕离婚吗？"

"我自己当然不敢提这个问题。但是我老婆可以向法院投诉。她说她能做到。我当然合作。"

"那就离婚吧。"

"不，你别急，让我最后考虑一下……她主动投诉，别人会不会贬低我的价值和尊严呢？还有，以后我怎么办？我害怕孤独。"

"再结婚吧。你不是喜欢寡妇和离过婚的女人吗？"

"不。这切切不行。我既然离婚了何必还得去找这样的配偶呢？我没有孩子，很自由。我应该有广泛的选择……"

"去你妈的！"

我挥了一下手之后灯便亮了。A也随之消逝了。屋檐下的水还在悠悠滴着，这时分听起来怪瘆人的。

"怎么了你？"我老婆推推我。

"那家伙还在啰嗦……不想死……人家等着要稿子了。"我打了个哈欠。

"你在说谁？"

"A这小子……"

"A是谁？"

"A是虚构。"

于是我靠在床上把这个故事对我老婆叙述了一遍，就像现在对大伙儿聊的一样。我的梦完了，天也白了。

1988年3月 合肥

（原载《作家天地》1988年第2期）

陷　阱

很长一个时期以来我处在被盯梢的境遇里。我曾多次向有关部门反映这个实际问题，遗憾的是没有得到重视。首先，在他们看来，谁也不会主动来找我这种人的麻烦。他们认为历史上被盯梢的对象只有三种：政治家、富豪以及美女。我显然与这三种人没有一点关系，因此我的言辞是荒唐可笑的。其次是我的样子不能够让他们信任。我五官端正，鼻子甚至称得上优美，不幸的是，一副千度眼镜落在它上面，使我在人们心目中的位置发生了倾斜。如今人们的注意力已放到眼镜的框架上。眼镜是现代生活中的饰物，正在拼命地同戒指、项链、耳坠争风吃醋。可我呢？我不过是个写小说的男人，除了受到极个别和我当初一样头脑发昏的文学爱好者的有限度尊敬外，谁也不愿多看我一眼。纵使看了，他们肯定会说：这人多像一只驼背行走的大青蛙！

然而即使是青蛙，也应受到保护的。政府对保护青蛙早已制定了具有法律效果的条文。青蛙是捕虫能手，是丰收的因素之一，这是全球公认的事实。青蛙具有受到保护的条件，我凭什么呢？

"你还是去医院看看吧！"有关领导这样告诫我，真是语重心长。

街上的阳光很好，很白。城市像被人抬着似的晃晃悠悠。一些老人纠集在悬铃木下交流养鸟经验。一个声音说："我手里有只四眼鸟，真他妈逗！"这意思我明白。我从他们背后走过去，他们在我背后笑。我走进一家百货商店，对着迎面的大镜子审视自己。我觉得自己并不可笑。而且我发现，我和别人大致差不多，如果不严格要求，我有希望成为比较标致的男士。我喜爱这面镜子，它帮我恢复了自信。可是它只是假象。它掩盖不了我被盯梢的事实。我已经发觉，在我背后，也就是街那边的小巷口，立着一个穿风衣的男人，戴着一个大口罩。他的右手始终放在裤袋里。我们的目光在镜子里遭遇了。他突然又把目光虚起来，装出若无其事的样子，用小指去抠鼻孔，然后闪到一个邮筒后面去了。我敢保证，这双眼睛我曾经见过。可我已想不起来。他肯定认识我。他现在守着我回家的捷径。（他想在光天化日之下干什么？）

我终于没有胆量从那条小巷走过去。我绕道而行。尽管我无法摆脱盯梢者，但眼下我的安全是能够保证的。我继续走在热闹的大街上。为了避免内心的恐慌流露出来，我点上了一支香烟，做出逍遥自在的样子。这时候，一个约摸十岁上下的男孩从我腋下钻出来，我们互相交换了一下眼光。他突然对我笑笑。这个很聪明很可爱的小家伙仔细看了看我挂在腰上的钥匙串，突然窜到那边去了。（可怜的孩子，你被人收买了。）

我的周围埋伏着无数双可疑的眼睛。太阳目睹了这场酝酿已久的阴谋。我无能为力。我的申诉无形之中被剥夺了，谁也不会相信我的疯言疯语，除非我躺在血泊里。然而这也毫无力量。他们会说这是一场普通事故。一次自负其责自取灭亡的车祸——谁叫这个眼神不好的人横穿马路呢？接着我将被悬挂展览。我的遇难照片将作为最新的交通安全标本洗印成千上万套，张贴在每个角落。然后再用和血一样的颜色在旁边写上：

警惕呀，人们！！！
请记住血的教训！！！

我不能再上街了。
因为一片树叶从我头上飘过，我都本能地往下一蹲。

现在该是冷静地考虑防范的时候了。不管怎么说，我还有一个家。实际是我拥有一个基本上属于我的空间。这可以理解为我生命的最后堡垒。我很庆幸，我有这么一间好房子。这是一间纯粹石头堆砌的房子，它的面貌酷似一座古碉堡。它本来是作为一个什么设施基础的，以后计划修改了，宣布它成为废墟。三年前，我花十分低廉的租金获得了永久居住权。说实话，我并不喜欢这个寓所。我的几位女友皆因先讨厌房子而后讨厌我与我分手的。她们异口同声地责备这个石头家伙像座坟墓。我为此付出了高昂的代价。我后悔了三天三夜。现在想起来，当时我是多么的幼稚啊！石头，这可是日常生活中仅次于钢铁的顽固物质。而且它又很厚实，横截面至少有 50 公分，一颗普通的子弹显然无法将它穿透。在屋子的四面壁上各凿有一扇 10×10 公分的窗户。虽然面积的确小了点，影响日照，但总的来说利多弊少。我每天通过它观察外部情况，视线成扇面展开，东南西北无所不知。每个方向的结合部是重叠的，因此没有空子可钻。从守备的角度看，这种小的窗眼可以给进攻者以心理上的挫折。（谁知那黑洞洞的眼里会突然伸出什么来呢？）我的窗户即使没有铁棂子也不大要紧。一个成熟的人休想从它那儿钻进屋来。况且还有铁棂，直径 20 毫米的钢筋纵横交错。再看看房门吧！它有两层，都是铁的，安装了双保险的锁，还有一个足以引起四邻注意的报警装置。

  这就是我的空间。我多么自在，多么轻松。我实在是太幸福了。感谢真主，阿门。但是，世上的问题都不是简单的。面对世界，我深感自己的无知和浅薄。在一个微雨纷飞的后半夜，一只知更鸟的咳嗽把我惊醒。

  最近一系列迹象表明我的预感是正确的。那天夜里，我听到北边的窗下有移动的脚步声。起先我以为是夜行者，到这儿来撒尿。因为我的住宅在外人眼中永远只是一个废墟，我仍旧睡觉。可是我又听到了低声的交谈，是两个男人，口气有点讨价还价，无疑在交涉一笔见不得人的买卖。我突然觉得，这声音耳熟，甚至还有一些亲切感。可我想不起来。记忆的衰退让我无限悲哀。他们谈了许久，使用的全是过去的语言。我的思维像被钝刀割了一下，我几乎不知道他们在说些什么。我就听懂了一句：

  "干掉算了！"

  接着他们笑了，终于达成了协议。那会儿雨也止了，天上有了一丝惨淡的月光。我估计他们走远了，就紧贴着窗口以最小的角度向外观察。我并没有发现什么。我的视力十分糟糕。月光渐渐明起来，风却把所有的影子都弄乱了。

  如果这算不了什么，就让我们再来看看几天前的夜里发生的另一件事。这事发生在子夜光景。熟悉我的人都清楚，这正是我伏案的时间。我写东西是需要绝对安静的。这种心理状态又使我能把一切细微的声音听得仔细。比如抽水马桶里掉下一滴水，一只耗子在咀嚼垃圾，我都明白。就在这个晚上，我听到了一种奇怪的声响。我冷静分辨了好久，才确信是蝙蝠磨牙声，令人毛骨悚然。我无比厌恶这个既非走兽又不属飞禽的小杂种！我恨不得活剥了它！于是我把所有的灯都拉开，进行搜捕。结果自然是一无所获。我的气恼使一只茶杯变得焦头烂额。过了会儿，我勉强平静下来，重新回到桌前。我本来有一篇东西要赶着写出来，现在思绪全被搅乱了。我点上烟，靠在躺椅上，企图找到丢失的感觉。这时候远方的钟楼又软软地敲了一下。余音未绝，那小杂种又出动了！这回演变成钢锉的声音，而且来自四方！我不禁感到了恐慌。灯依旧亮着，可我没有敢去搜寻。我知道我面临着的将是什么。

第二天似乎比平时来得迟些。等确信门外有人在跑步练拳拿牛奶后，我开了房门。我认真检查每根铁栏，又希望又不希望发现钢锉留下的痕迹或者锯齿般的牙印。我没有见到什么。但我认为昨夜的事不是错觉。我也无须继续向有关部门反映了，因为这是徒劳的。

迫在眉睫的是实行自我保护。我没有自卫的能力，但是我有自我保护的方法。小时候我读过不少西默农和柯南道尔。这几年我又读了克利斯蒂和谢尔顿。我自觉这方面的知识准备够了。在对房间的建筑结构做过精细研究之后，我决定设置机关。

陷阱，这东西听起来是过时了些。它让人联想到游击战麻雀战以及60年代越战期间的热带丛林。但是谁也不会把陷阱引进自己的寓所。这种心理很好，它为我的决策又提供了一条理论依据，增强了可行性。于是我对室内作了合理选择，在每天的后半夜进行掘坑工作。我的工具是一把炒菜用的铲子和一只汤勺。这是为了不惊动四邻。我每夜干两至三个钟头，挖出大约0.2立方米的土。第二天一早，我就用皮包把这些送到郊外去。这样连续工作了若干个不眠之夜，坑总算初具规模了。下一步是坑内布置。我花费了不少脑筋。开始我考虑到越南人惯用的竹签，很快又放弃了。这很残酷，又具有浓重的暴力色彩。我的愿望是，在我的对手没有袭击成功之前，我不能首先伤害他们。我只想有效地制止他们的行为，维护自身安全。我后来采用了一种最新推出的化学溶液。这种东西具有强大的粘合性和较弱的腐蚀性。我曾用一头猪来试验，结果那厮一点也不能动弹而且直打喷嚏。最后一道工序是作表面伪装。这也不是简单的事儿，要做到自然，不露痕迹，天衣无缝。我用的是塑料地板，后来发现这玩意儿不行，由于悬空使它表面呈现出起伏状。我就改用了木块地板砖可这东西又太结实了，普通重量的人很难使它塌陷。我于是借来木工刨子，将所需的地板砖一一刨薄，大约厚度同一枚五分硬币差不多。我略为用力一折，果然就咔嚓一声断裂了。我累得筋疲力尽，但我心里是愉快的。这个工程之于我该是多么重要啊！

与此同时，我加强锻炼。我要使自己的行动变得敏捷。陷阱不过是防身的权宜之计，我的敌人不会永远滞留在那个大坑里。人和猪毕竟不一样。设置陷阱的最终目的是求得一个非同小可的时间差。在对方还没来得及做出反应之际我已脱险在先。长期的盯梢和恫吓固然使我害怕，可也锤炼了我的心理承受能力。即使有一天我面对一个黑洞洞的东西我自信也不至于当场昏倒。我要做出反应。我唯一的反应就是逃。

逃就是跑。我的气质和胆量都决定我成不了那种"来吧，朝这儿打"的硬汉。我只能逃跑。也许这样的选择在有识之士眼中是十分没出息的。我希望他们原谅。我必须逃。逃命。长跑培养耐力，短跑训练速度，我每天晨昏两次长短结合坚持不懈。谁也不会比我更懂得跑的意义了。有一回天下雨了，我正在郊外的河堤上跑动，浑身全部淋湿。可我并不感到沮丧。气候恶劣对一名锻炼者来说是天赐良机。我经过一只小船面前听见有人大声喊："进舱来避避雨吧！"那是位须髯飞霜的艄公，悠然端坐在舱内吸着水烟。我谢了他的好意，继续往前跑。艄公在我身后哈哈大笑：

"前面不还是雨吗？"

经过这番艰苦，我不仅拥有了安全感而且还获得了一份清静的日子。我每天待在家里，上午的时间用来读普鲁斯特和博尔赫斯，下午一般写作。我通过电视来观察外部生活，以通信的形式进行社交。每周我外出一次采购食品，顺便买几份过时的晚报。我的夜生活是枯燥的。我没有情人，也无艳遇，心安理不得。于是我学会了酗酒，常常把自己灌得烂醉。这样几次下来，我悟出了酒实在是个好东西。以后一喝酒，我便觉得身轻若燕。我的历史永远也不会抹煞我度过的这段美妙光景。

很久以后的一个深夜里，天上雷鸣电闪大雨如注，我苏醒了。一道钢蓝色的光从我的鼻尖前掠过，似乎宣布世界末日来临了。我不敢再睡，坐等天明。这场雨不久便结束了，清新的空气潮潮地走进我的屋子。鸡依旧鸣着，曙色渐渐染开。我靠在床上，看看陡然消瘦的手臂，很不理解。这一觉实在是睡得太久了，仿佛睡了一个世纪。我的胃不舒服，咕噜作响，我想下床来找点吃的。就在这时，我突然想到了我曾经布下的陷阱。它在什么位置，我已经完全忘却了。我的脚下，每一寸地面都是那么真实，但每一寸的地下都可能是陷阱。

1992 年 3 月　合肥

（原载《作家》1992 年第 3 期）

那年春天和行吟诗人在一起的经历

自称是行吟诗人的小个子出现时,我正在用大菜刀撬开一只匿名包裹。他头发像鸟窝一样,穿着一件盖过膝的烟灰色风衣,习惯性地把右手斜插在口袋里,目光忧郁。整个给我的感觉是一句笑话。"找你还真不容易,"他扶了扶眼镜说,"我一连问了28个人。"

诗人说很久以前曾与我在一次关于死亡过程的研讨会上相遇。可是我记忆里没有这个奇妙的会议,自然也无法认识这位诗人。我迟疑地站起来,诗人就大大咧咧地握住了我的手,像老朋友之间那样。但我还是说了,我记不起那次会议来。"你当然不会记得,那是一次梦中的会议。"诗人这样解释道。我感到沮丧,把手中的大菜刀扔到木凳上。于是诗人的声音开始变得像鸟雀那般令人想入非非。

"我想在你这儿住些日子。"诗人一边打着费解的手势一边说,"我要写一部大型诗剧,七场,是关于南方梦想的。与之并行的是一个少女和棕熊偷欢的故事。你觉得怎么样?"

很显然,对这样一位不速之客我已经感到疲倦了。我觉得他来自天边而且拄着拐杖。可我不能无视眼下这位天才。我斜靠在诗人对面的书柜上,作出对他的诗剧感兴趣的样子。

"为什么偏要和棕熊偷欢呢?"我这样问道。

"这是全世界男人共同的焦虑。"诗人动情而忧伤地说,"可是谁也无法制止这场世纪的游戏。连上帝也爱莫能助。"

"你能制止。"我说,"你可以不这么写,把熊换掉。"

"换掉?换谁合适?"

"比如一个诗人什么的。"

诗人表现出极大的悲愤,脱口就是:

上帝赐你的武器千万不能乱用，
你要瞄准的只是形而上。

我们的谈话告一段落。我把诗人安置在朝西的那间屋子里——那是我亡妻生前用过的屋子（她一年前死于心肌梗塞），但收拾得挺干净。看来诗人对这个环境还比较满意，认为这是写作诗剧最后一幕的理想之所。"最后一幕无疑是属于死亡的。"诗人兴奋地说。我便有些不安了，在与诗人道别之后，我从月光里看见了亡妻飘忽的身影。

诗人就这样住进了我的屋子。这是那年春天拥有的头一个晚上，檐下的猫开始学习婴儿的啼哭。

在以后的几十天里，诗人几乎每天早出晚归。由于他的不期而至，蓝堡那年的春季快了三周。他不再穿那件风衣了，却爱把它优雅地挽在手臂上，像女皇那样招摇过市，风度绝伦的身影使城市的犯罪率一夜间翻了两倍。这些日子蓝堡已在流传诗人到来的消息，关于他的音容笑貌也不胫而走。纵欲过度的妇人们在黄昏滴水的屋檐下一边背诵诗人著名的诗句一边把羊皮裙子从高耸的臀部努力拉至腰间。因为诗人已在晚报上宣布此举为：翻越世纪之巅。

一天深夜，诗人喝得酩酊大醉回来。据说是一群不上班的女人联合宴请他。诗人以一首《女人颂》作为答谢，并且亲自站到椅子上朗诵，如泣如诉。结果女人们都笑了，爱昵地称他作"小家伙"。于是诗人号啕大哭，说上帝选择他来当诗人是一步妙棋。女人们最后拈阄出钱雇了辆破三轮车送诗人回到住处，诗人的眼镜后面依然闪动着感激的泪花。其时我还在撬着那只匿名包裹——几天来我有空就干这活，可至今无法弄开。我气得把手中的大菜刀使劲掼到地上，这个举动一下让诗人平静下来。

"我想喝一杯凉水。"他说。
"冰箱里有矿泉水。"
他贪婪地一气喝下半瓶，舔舔嘴唇又小心翼翼地问道：

"如果没有水,生命是否还存在?"

"不在。"

"那么灵魂呢?"

"也不在。"

"不是说灵魂是一盏不明的纱灯吗?"

"那大概是你的诗吧。"

"你还记得这句诗?"

"我想该是的。"

我收到匿名包裹是在诗人出现的那个黄昏。我从外面回来,看见这只一尺见方的木匣子置放在门口。我掂了掂,可以说没有分量,拿在手里犹如一片羽毛。包裹的六面都用毛笔写着我的姓名和地址,字体异常娟秀,仿佛出自淑女之手。可是这个时代已经没有淑女了,我便横生了一分疑惑。我想这也许是上个世纪的最后一件包裹了。

但是我却无法将它打开。

由于诗人横陈于我的栖身之所,因此我一夜间失去了九个情人。她们都是些搔首弄姿的小妇人,大胆的做爱方式叫你不寒而栗。你爱她们恨她们死活离不开她们。我的一位朋友曾对我说:爱情是这个世界最后的神话。如果连爱情都救不了这个世界也就整个完了。我想这是对的。你的生命如果交给女人就会像胶姆糖一样无限延长而富有滋味。我现在意识到留下诗人是一个祸害。她们不来了,连电话也不来。我不能就这么束之高阁,我还年轻。看来有必要同诗人谈一次。(我们本来就不相识,梦中的朋友算什么鸟事呢?)于是当晚,我推开了西屋的房门,竟被一股阴气呛得连声咳嗽。

诗人正在进行神秘的写作,我开门见山地说:"你还打算住多久?七场话剧似乎太长了。"

"你没有权利斩断灵感的洪流!"诗人居然严肃地向我提出批评。

"写多少场是你的事,让你住多久是我的事。这个权利我有。"我不客气地说。

"春天一旦消逝,我会悄然离去。"

"问题是今年的春天就他妈一点不想离去的样子,你没见檐下的猫已经有了一个排了吗?"

诗人便陷入了让人受不了的那种沉思。片刻之后又出口成章:

> 春天追逐着我,
> 我追逐着你,
> 你却追逐着她们

我弄不清"她们"是女人还是猫。这时诗人站了起来,有力地伸出双手继续朗诵道——

> 你们来吧!
> 我坐怀不乱。

这话听起来挺别扭。我们这个时代已不是赵匡胤千里送京娘那会儿了。坐怀不乱说明你有毛病,得赶快去看医生。诗人由于小便来了才敛住脸上的庄严,他去了卫生间。我发现他有一个良好习惯:上卫生间喜欢闭门关灯。他的尿声也极尖锐,在结束时,他总是忧愤地吟道:

> 太阳每日都在长大,
> 我可怜的小树还没有发芽……

我决定把那件包裹扔了。直觉告诉我,这是个莫名其妙的东西,留在身边没准儿哪天会招惹麻烦。包裹让我想到诗人,他们是同一天介入我的生活的;也仿佛具有同样的性质。我撵不走诗人,但可以扔掉包裹。到了真扔出手的那一瞬,我又有些后悔。一种难以名状的悲凉感进入到我的体内,开始了循环。

半夜里,我梦见了亡妻。一年前她死的时候医院出具的证明是心肌梗塞。但是一位民间郎中在观察亡妻遗容后对我说:她是被什么东西所压致命的。什么东西?我问郎中。是一种无形的东西,郎中平静地回答道,然后小心地给我留下一句话:

阴阳不可错位

亡妻在梦中对我嘶喊：我要出来！你把我身上的东西搬掉！你能帮我！可我无法看清那个无形的东西。

诗人在一个忧伤的傍晚邂逅了一群不学无术的大学生。他们首先被诗人特殊的仪态所吸引，就把他围到一个专门给人修脚的铺面门口。因为这家小店的老板从前是诗歌爱好者。大学生向老板热情洋溢地介绍了诗人在当今诗坛的神圣地位，建议老板召开一个别开生面的诗歌讲座：一面聆听诗人的高谈阔论，一面享受着修脚的舒适，使精神与物质同步得到满足，这是天下少有的幸福。老板自然微笑，右手插到裤袋里做了简单的计算，最后认为二者的费用不可直接抵消。"但我可以八折优惠。"老板说。这话很让诗人生气，如果不是难舍这种学术气氛，他或许会拂袖而去。大学生们教导老板不要因小失大，要知道此刻站在你面前的小个子将是明天诗坛的巨人。并且断言：明年诺贝尔文学奖得主非我们的诗人莫属！老板差不多给整垮了，点了头说："那就免费修一只脚吧。我这儿可都是些上等的姑娘，不比诺贝尔差。"

于是讲座与修脚一齐开始。诗人再次振作起来，痛苦回忆着自己的成功经历。老板的确没有夸大，修脚的姑娘个个都是国色天香，而且有着宫廷乐师一般优雅娴熟的指法。她们工作起来十分认真，只是埋怨服务的对象以后少穿尼龙袜。大学生们连声称是，结果诗人马上受到了鼓舞，要大家有什么问题不懂就问。大学生们都业已痒丝丝地昏睡过去，倒是老板一直在冷静地进行思考，他提了一个关于人生选择的问题：

"如果你口袋里只有十块钱，是去吃一顿还是去睡一觉？"

诗人回答："吃一顿。"

老板不以为然："我宁愿睡一觉。"

我知道这件事是在夜里。给诗人修脚的姑娘是我的九分之一。她从诗人鸟雀一般的声调里断定此人即是与我同居一屋的那个小男人。她因此恨他，本能地在他脚掌上划了一刀。"可是他似乎没有觉得，"姑娘困惑地说，"我怀疑他的皮肤是假的。"趁诗人同老板的争论相持不下之际，姑娘小鸟归巢般地回到了我的床上。那时分天空中飘动着细雨，猫们都不叫了。我们拼命，死去活来。

这个晚上后来发生的事像诗人皮肤那样的不真实。

我昏昏大睡，把身体不负责任地交了出去，可想而知有人在上面做尽了文章。如果不是后来猫们爬上了屋顶，集体放声啼哭，我大概很难醒来。猫们用锋利的爪牙挠动着碎瓦就像在掏我的五脏六腑。我感觉到痛，满嘴的牙也同时松动了。我吐掉脱落的牙齿，醒了，立即意识到大腿间一片冰凉。接着我大吃一惊——那只被丢弃的匿名包裹竟又回到了我的屋子，大菜刀靠在它边上。

这时诗人从卫生间里出来，对我很妩媚地挤了挤眼："你怎么能把它给扔了？多可惜。"

"是你拾回来的？"

"是。"他坐到我的床沿上，"回来的路上，我让它给绊了一跤。我就拾回来了，而且很轻松地弄开了它。"

"里面有什么东西？"

"我不告诉你，小傻瓜！"

他用翘起的食指按了一下我的脑门。

我越发不安了。我的皮肤突然变得粗糙，每个骨节都铆得太紧以致无法动弹。诗人蛇一般的腰肢让我想起民间郎中的闪烁其词。我意识到今夜什么事件不可避免地将要发生了。

"你刚才也坐在这里？"

"怎么？"

"你想干什么？"

"我没干什么……"

"你肯定干了什么！"

"……"

"你这狗日的！"

行吟诗人离开蓝堡是在那年春天里一个雨后的黎明。给他送行的是那群年轻的猫，一路悲歌而去。过了很久，有人在荒郊的独木桥边拾到了一只一尺见方的木匣子，那里面正好嵌着一个人的头颅。由于时间关系，其面目已腐烂不堪。没有腐烂的是头颅上的一件古代女子的假发，还镶有玉簪绢花之类，因此使头颅显出了三分可爱。

据说那就是诗人。

1993年5月　上海——合肥
（原载《收获》1993年第4期）

白底黑斑蝴蝶

在1990年11月出版的《一个美国人的生平》一书的第48章，罗纳德·里根以阴郁的文字叙述了以下两件事：

"1987年10月19日这一天，"前总统写道，"股市价格暴跌，一天内下跌的幅度是1914年以来最大的，而在这之前，股市价格曾升到创纪录的程度。"

接下来所说的，是白宫医疗班子中的约翰·赫顿博士来到椭圆形办公室。这个男人沉静地向总统宣布了一个事实：南希，第一夫人，在贝塞斯达医院做定期乳腺检查时，被发现左侧乳房有硬块，属于恶性肿瘤，要实施手术。这样，在那年秋季开始的日子，美利坚合众国的第一夫人失去了左乳房，而她丈夫领导的国家股市暴跌。从阅读的角度，罗纳德·里根的叙述，给人的印象是：股市暴跌的原因是南希失去了一只重要的乳房。

但是，前总统的叙述是生动的。在世界接近世纪末的今天，生动，显得多么的重要。我们的生活越来越像一张天天涨价的新闻纸，散发着桂皮的味道。

1987年10月，对于台湾雨林基地的上尉军官司徒建明，也是一个阴郁的季节。这位年轻英俊的俱乐部主任是基地的明星。他能写善画，最枯燥的话从他嘴里说出来都是生动的故事。司徒建明调至雨林的七个月后，做了一件引人注目的事：和护士白小鱼结婚了。白小鱼是基地长官白章参谋长的侄女，是基地最美最白的姑娘。那一年，司徒建明正好30岁。无论从哪个方面看，他都是春风得意无可挑剔。当然，对这桩郎才女貌的婚姻也隐隐传出一点微词，比如说，上尉之所以做这件事，是项庄舞剑意在沛公——为了攀附白参谋长。这实际是说不清的事。几年后，当司徒建明读到《一个美国人的生平》的第48章，内心产生了震动。他认为美国的股市暴跌与南希失去一只乳房没有丝毫关系，但阅读的印象又恰恰相反。这是很无奈的事。上尉希望所有的人改变这种有辱人格的印象，相信他的婚姻与政治无涉。"我可以说是最后一个天真的爱情至上主义者，"他这样写道，"我后来的那些不可理喻的行为，在我这方面是清醒的，完完全全的清醒：为了爱情。"这篇文字写于1992年4月14日，即在他被军事法庭判决为杀人犯并执行死刑的半个月前。

很长一个时期以来，司徒建明沮丧地认为，这个世界基本上没治了。漫天的战争与瘟疫、谋杀与抢劫、走私与贩毒、卖淫与强奸，使这个结论变得无可辩驳。司徒建明私下做过一件事，即把他视为丑恶的录影带片断汇成一盘。那都是些广为人知但鲜为人见的真实影像。但是，随着这项工作的展开，上尉很快意识到，一盘120分钟的带子是远远不够的。内容太多，只能分门别类地进行整理。比如第一辑，是关于政治谋杀的——

1973年12月20日，西班牙首相卡雷罗·布兰科被炸弹炸死；

1975年8月15日，孟加拉总统穆吉布·拉赫曼在政变中被击毙；

1979年10月25日，韩国总统朴正熙被他的情报局长打死；

1981年8月30日，伊朗总统穆罕默德·阿里·拉贾伊和总理贾瓦德·巴霍纳尔在总统府被炸弹炸死；

1981年10月6日，埃及总统萨达特在举行阅兵式时被伊斯兰军官所杀；

1982年9月14日，黎巴嫩新当选总统杰马耶勒中弹身亡；

1983年8月21日，菲律宾反对派领袖阿基诺从美国返抵马尼拉机场时遇害；

1984年10月31日，印度总理英·甘地在新德里官邸遭保镖枪杀；

1986年2月28日，瑞典首相奥洛夫·帕尔梅在大街上遇刺身亡；

遗漏的自然不少，从1948年1月30日印度民族主义领袖圣雄甘地被枪杀到1963年美国总统约翰·肯尼迪在德克萨斯州的达拉斯遇刺，再到1968年4月4日，美国黑人领袖巴丁·路德·金在孟菲斯被暗杀，再到 1975 年 3 月 25 日沙特阿拉伯国王费萨尔被其侄子开枪打死，都苦于资料的缺乏而不能编入。但司徒建明认为，发展的应该更多。在上尉调往雨林基地之后，他又收入了几条：

1988 年 8 月 17 日，黎巴嫩总统勒内·穆阿瓦德因汽车爆炸身亡；

1989 年 11 月 22 日，巴基斯坦总统齐亚·哈克因座机爆炸身亡；

1991 年 1 月 4 日，巴解执委会副主席阿布·伊亚德在突尼斯郊外被打死；

1991 年 5 月 21 日，印度总理拉吉夫·甘地在泰米尔纳邦进行竞选演说时被炸弹炸碎。

司徒建明给这部录影资料命名为《白与黑》。

1981 年 3 月 30 日，星期一，阳光灿烂。为了在建筑业工会会议上发表讲话，罗纳德·里根总统穿上了一套崭新的蓝色西装。"然而不知道由于什么原因，"前总统回忆道，"我在离开白宫以前脱下了我的最好的手表，戴上了南希送给我的一块旧手表。我通常只是在离开白宫到牧场干活的时候才戴它。"

这是一次成功的演讲，总统赢得了频频而礼貌的掌声。总统早年在好莱坞的演艺生涯是演讲成功的原因之一。另一个原因可能是听众大多数是民主党人——他们已不同程度地喜欢上了这位共和党的老头儿，他的风度与幽默感。

总统完成了演讲，微笑着从侧门走出希尔顿饭店，自一排摄影记者和电视摄像机前走过，正准备上车，忽然听见左边很轻地响了三声：啪、啪、啪。

总统转过身说："真见鬼，这是怎么回事？"

这便是著名的里根总统遇刺的情形。但是很遗憾，它没有进入上尉司徒建明的《白与黑》。原因很简单：罗纳德·里根虽挨了三枪但没有丧命。再就是，这起刺杀性质的非政治色彩——刺客小约翰·欣克利不过是以此举向著名影星朱迪·福斯特表白爱情。"这显然是一个错误，"司徒建明评价说，"但不丑恶。"1992 年春，当司徒建明读完中国译本的《一个美国人的生平》后，仍然坚持对这一事件的态度。但是上尉被另一件事所牵动：在罗纳德·里根遇刺的一周前，他去了福特剧院，于不经意中抬头看了看一个"装饰着旗子的包厢",那正是1865年林肯总统的遇害点。几天后,上尉因"谋杀基地长官"被处以极刑。上尉在最后的时间里回想到以上这个细节,觉得一切都是那么自然而简单地发生了,一切都在所难免。上帝在馈赠他一份无限幸福的同时也搭配给他一份彻底的灾难。

美丽的白小鱼是那个雨后的傍晚开始游入上尉的生活的。他们的认识,据后来白小鱼介绍说,是因为一只口罩。雨林基地设在一个新型的海滨城市边缘,夏日漫长,除了医院,大街上是无法发现一只口罩的。上尉司徒建明血管里流淌着诗人的血液,但他不像他的父亲,能对着一场大雪写出一百行诗。他从九岁起就只喜欢一只雪白的口罩。十岁,开始喜欢女孩子戴口罩的样子,迷恋那种删繁就简、隐秘而含蓄的效果。那个雨后的傍晚,当年轻的上尉出差返回基地时,首先看见了一只漂亮的白底黑斑蝴蝶,他的视线随之飞舞,然后就看见了一只口罩。他下意识地煞住脚,原地整理着行李,余光则被口罩牵了去。一直牵到公共厕所边上。司徒建明记住了这个女孩子的发式:梳一根短辫。

后来白小鱼对这件事的解释一点也不浪漫。医院的供水系统出了毛病,卫生间太脏,她只能出来方便,有意没摘下口罩。她当然不会想到一只用于防臭的口罩还具有那么重要的审美价值以及由此产生的美妙爱情。

半年后,他们结婚了。这个由当事人双方都有点意外的决定是由基地长官白章参谋长作出的。白参谋长在第一次家宴行将结束之前,一边剔牙齿一边说出一句话:把事办了吧。

"当我躺在轮床上处于半昏迷状态的时候,我觉得有人握住我的手。这是一只女性的柔软的手。我感觉它在我的手上滑动,我就紧紧握住它,这使我产生一种非常美好的感觉。甚至在现在我都觉得很难用言语来形容这只手使我得到多大的安慰。"(《一个美国人的生平》第49页,新华出版社1991年版)

1992年4月14日,上尉司徒建明在致妻子(实际这时已是前妻)白小鱼的最后一封信中,援引了以上这段美国前总统的叙述。他欣赏这个细节。接下来上尉写道：

"这个世界已完全堕落了，能拯救它的唯一手段是爱。"

类似的意思司徒建明早就表述过。但白小鱼还是感动了。她想再同这个曾经是自己丈夫的男人见上一面，然而时间已来不及了。差不多是在白小鱼读完信的当天，上尉被绑赴刑场。

那一天，据白小鱼回忆说，基地的气温突然降低了好几度。她去关窗户，看见一只白底黑斑蝴蝶停在晾台的红玫瑰上。"等我走近，它便碰了一下我的手，就飞去了。"那一刻的白小鱼非常辛酸。她在这辛酸中缅怀与上尉在一起的甜蜜岁月，那些刻骨的细节。婚后的白小鱼对丈夫的评价很简约：你好棒。上尉说是吗？我很荣幸。

正如早晨每一片叶子都有露珠一样，每一个人都有隐私。作为男人，司徒建明长期渴望的是同一个女人进行一对一地相爱。他不喜欢那些拈花惹草的事，讨厌在几个女人之间跳来跳去的生活方式。他是个军人，战争让他兴奋，和平时期一切都显得平淡乏味。结婚对于他是一个男人向一个女人的宣战，是一个男人对一个女人的战争，是持久战，也是疲劳战，他并没有打赢，尽管他频频受到褒奖。除了爱情，司徒建明的兴趣几乎全转移到编辑《白与黑》上。这是他的隐私。他没有把这件事告诉妻子白小鱼。"我不希望一个漂亮的女人面对一堆丑恶。"他说。在雨林基地，知道这件事的只有中士上官云海。复姓使这两个男人成为朋友。上官云海对枪械的权威言论又使司徒建明迫不及待地交出了《白与黑》。他们逾越了军衔的障碍，无所不谈。在一个夜晚，当俩人第七次共同看完那盘带子后，中士突然说："我想当一名杀手。"上尉经过几秒钟的迟疑，用一句粗话打断了中士不可思议的念头。这天晚上上尉问妻子："你喜欢一个杀手吗？"妻子立即答道："我喜欢周润发演的那种杀手。"司徒建明笑着把衣服脱了："好，我现在就来当一名杀手。"白小鱼说你来呀，朝这儿打，你杀不死我。

那一次司徒建明变得近乎粗暴，先行的种种铺垫全免除了。他像一名狙击手那样死死咬定目标，正待击发，腹部却受到了意外的一击。白小鱼一下坐起来叫道："你弄痛了我！"

司徒建明仿佛大梦初醒，一身的汗瞬间全收。过一会儿他才轻轻地说:"我好像不行了。"

在以后的日子里,那个晚上的情景多次重现。那时的上尉就像一名统帅,面对死一般沉寂的战场,看看硝烟一点一点地散去。战争结束了。战争似乎过早地结束了。

过失酿成大错的白小鱼最初有些慌张。她劝丈夫用点药,但遭到了上尉的拒绝。没过多久,白小鱼感到事态其实并不是很严重。他们在一起的时候还是很好,只是司徒建明身上不出汗了。司徒建明仍是说我好像不行了。白小鱼说你行。她没有说你好棒。

像往常一样,每逢周日,司徒建明夫妇都要去白章参谋长那里。白章是一个颇具儒将风采的男人,能写一手好字。但他不轻易给人写。基地想索字的人,大都通过他的侄女白小鱼。司徒建明对此不以为然。他认为这不过是附庸风雅,而那所谓的书法,看不出任何师承关系与功底,是典型的那种"外行看是内行,内行看是外行"的货色。所以只要是请白章写字,上尉都借故不去。这次就是。白小鱼要请叔叔给一家小药店题匾,曰:回春堂。上尉问是不是一家春药店?白小鱼生气地说:"你这人现在怎么变得这么粗?"上尉就笑了,说要去编片子,就不奉陪了。白小鱼一边化妆一边说:"你不去更好。"

但上尉后来还是去了。他把钥匙忘在家里。上尉买了两瓶酒往参谋长住处赶,临近那幢米色红顶的别墅,突然打了一个寒战:参谋长鳏居在家已近半年——他太太不幸死于车祸。参谋长是一个有魅力并且也是一个精力旺盛的男人。司徒建明在门口停歇片刻,敲门。门虚掩着,他走进去,客厅里没有动静。一只白底黑斑蝴蝶在飞舞,他的视线随它向楼上移去,这时候他听见了妻子的声音:你好棒!上尉脑门一阵凉,立即转身就走。他一边走着一边问自己:我为什么要走?我为什么要走?没走多远,上尉遇见了一位长官,忙把两瓶酒换到左手,行礼。长官好像刚用完午餐,脸上红扑扑的:"去看参谋长了?"上尉说刚从那儿来。他又说:"他让我带两瓶酒回来。"长官看看酒标,说:"你怎么总收他的垃圾?"说完就挺着肚子走了。上尉还站在原地:这话他妈的是什么意思?

这天晚上,司徒建明没有回家。他找到中士上官云海,俩人先看了

《白与黑》，然后去一家小酒店把那两瓶酒给喝了。上尉问："这酒……是垃圾……吗，你说！"中士说："是……垃圾……"上尉说："哦，难怪……"

他们都躺下了。

1865年4月14日，林肯总统在福特剧院包厢遇刺。这一天，正是耶稣的受难日。1992年4月14日，上尉司徒建明接受了最后的审判。当法官问：被告，你还有什么陈述的吗？司徒建明想了很久，说："我要讲的，你们都不会相信。我自己也不相信，可事实的真相就是如此。"

以下是司徒建明的陈述——

当我怀疑白章同我妻子有那种关系时，我决定杀了他。我认为我妻子不会对别的男人说"你好棒"的，当然后来她的解释是夸她叔叔的字，但我不相信。有人说我总收白章的垃圾，这让我想起我第一次去他家时的情形，他让我和他侄女结婚，这种爽快让人觉得可疑，好像是为了摆脱或者转嫁。总之，我相信了我的判断。我开始制定行刺计划，但在动手前，需要一次核实。杀手看我的手势行事——只要我一挠头，他就开枪。

那天我约白章到了预定地点。我开始了试探。我想问题的突然提出一定会使他惊慌失措。我问参谋长，当初为什么那么爽快地同意小鱼嫁给我？他一愣，有点生气地说：你找我来就为这？你们是不是要离婚？参谋长好像有所预感似的抽了口烟，感叹道：小鱼这孩子就是不安分，见一个爱一个。当初让她结婚，是希望婚姻和家庭对她有点约束。她父亲已不在，也算是了却了我的一桩心事。没想到几年下来，又闹事了。你们干吗不要一个孩子？

白章的话与神情让我产生了后悔。我相信他是一个正经人，一个好叔叔。我一下没词了，他倒是还在刨根究底：你们到底发生了什么事？严重吗？我就说没什么，真的没什么，小鱼她挺好。这时，一只蝴蝶——那种白底黑斑蝴蝶，从我额头上擦过，我下意识地挠挠头，手刚落下，就看见白章的胸部一下炸开了……

杀手你们已无法找到，我已安排他去了国外。我是主谋。是我杀了白章。

半个月后，上尉被押赴刑场。据行刑的人后来说，司徒建明上尉临死前的最后一句话是：南希的乳房和美国的股市毫无关系。

1996 年 2 月 29　合肥
（原载《作家》1996 年第 4 期）

蓝堡市的撒谎艺术表演

撒谎艺术作为一项公共性的竞赛，最初出台时马丁市长是谨慎的。怎么可以搞这种竞赛呢？他很气愤，对递交报告的人不想再看一眼。

来人不动声色。在市长怒容消褪后，才说，难道法律不允许吗？

市长显然是给问住了。法律的确没有禁止撒谎的条款。撒谎和诈骗不一样。撒谎……是个什么东西呢？市长踱着步，他的身影在夕阳中变得浑浊不清。可是，他说——好像是为了挽回一点面子：这在道德上也是讲不过去的呀。

撒谎难道就完全不道德吗？来人立即接上，一个人得了肝癌，知情的人对他撒谎说没事，不过是小毛病，劝他放松点，劝他多吃，并且还偷着把药瓶上的标签都换掉，让他以为自己每天服的是些治头痛脑热或者补充营养的东西。阁下，这样的撒谎能说不道德吗？

马丁市长递给来人一支雪茄，审视着面前这张熟悉而陌生的脸：皮特，你真是个天才。市长收下了这份申请报告，然后同叫皮特的男子一路谈笑着走出了市政厅。今天是周末，黄昏将至，市长要去位于城郊的电视塔。

自前年春天就任蓝堡市市长以来，马丁先生就有了任重道远的感觉。这位白净文雅又有点忧郁的男人，对这座于沼泽中建立的城市有着不同寻常的感情。他的祖父是蓝堡的拓荒者，建市的功臣之一，但没有来得及参加竞选就不幸上了14街一个妓女的圈套，欢乐地在她怀里升了天。马丁的父亲原本继承父志力图大业，结果被卷入了"七月旋风"——那是多年前的一宗军政联手的集体受贿案，无辜冤死狱中。然而世事总不是凝固的，在一个晴朗的日子里，上帝的光环终于照到了马丁家族的第三代身上。

现在，马丁市长已登上了电视塔。这是本市的制高点。在过去的执政的日子里，市长不知不觉地养成了周末黄昏登塔鸟瞰全市的习惯。他觉得这样可以增强责任感。高耸的孤立使他意识到市长这一职务的荣誉与分量。那时视野中的城市如同一个沙盘，他便于掌握与调整。他不满意某些街道的过于狭窄与弯曲，看上去很像中世纪的一幅插图。对路灯的忽明忽暗，他不认为是电压不稳所造成的，而觉得似乎是一种民心的象征。是呀，民心。他总这样感叹着。民心是看不见的。那么多窗户都拉上了帘子。天黑了，人们在帘子后面吃饭、看电视、调情、做爱。他们思考吗？有不满现状的么？对本届政府有缺乏信心说三道四的么？这样想下去，他就有些阴郁。民心难测。不是吗？忽然他想起刚才皮特送来的那份报告。撒谎竞赛，就是说让大家赤裸裸地跳出来进行公开撒谎。这难道不是了解民心的一种极好的方式吗？让他们表演吧，表演得越充分越彻底越好。市长似乎有些激动，他将会看到许许多多大吃一惊的事发生，将会看清很多意想不到的面目。皮特，这个流氓！

亲爱的，你这是在说谁呀？

市长被背后这个甜美的声音吓了一跳。他转过身去微笑着说：我在说阿道夫·希特勒。宝贝，你可又来迟了。

皮特的报告说：举办此次大赛，旨在提高全体市民的应变能力。时代的发展要求市民具备这种必备的素质，报告这样阐述道，它关系到大家的切身利益。如果你在计程车中遭到抢劫的时候，如果你路遇歹人强行施暴的时候，如果你出门旅游受到盘剥的时候，如果你在生意中碰见敲诈的时候，如此等等，仅有法律和警察是不够的，还必须依靠你的应变能力，才可以化险为夷，转危为安。

报告又说：举办此次大赛还有着特殊而深远的意义。什么意义，报告又没有详说。

报告提出：为了使本次大赛取得圆满成功，还必须制订如下规则——

1. 参赛者可以不披露自己的真实姓名，实行统一编码；
2. 参赛者表演时可佩戴面具与假发；

3. 未经当事人同意，所有新闻媒体对获奖者不得进行采访报道；

4. 任何机构不得对参赛者进行私下调查；

5. 任何人不得以任何理由对参赛者进行打击报复。

马丁市长连夜审阅了这份报告。他只修改了两个地方：

一是标题，在"撒谎"与"表演"之间加上一个他喜欢的词——艺术。这样可视作一次娱乐性活动，如同办一个民间画展或假面舞会；

二是把报名费每人200元改为300元，注明上缴的80%"用于市政建设与资助慈善事业"。

然后，他愉快地在上面签了字。

三天后，这份由市长签署的"蓝堡市首届撒谎艺术表演大赛"的公告张贴在市政大厅庄严的门口。同时，晚报和电台、电视台都发布了这一消息。大赛组织者皮特原拟花重金组织一支明星演出队，在街头巷尾进行流动宣传，但在报名的第一天结束后，便断然取消了此项开支。

行情比预料的要好，皮特向市长汇报说，截止到下午五点，报名者已超过两千。

有这么多？市长从旋转的皮椅上跳了起来。

看来身怀绝技者大有人在。皮特说着将一杯杜松子酒递给了市长。

市长陷入了兴奋而忧虑的沉思。是什么吸引了参赛者？是"荣誉军团勋章"还是十万元奖金？上帝，这才是报名的第一天！他慢慢坐下又慢慢喝了口酒：皮特，我看报名的时间可以压缩为三天，一周太长了。

阁下，政府的权威岂能动摇？皮特说，公告张贴在市政厅门口，那上面可有您那漂亮的签名。

局面一定要控制住，市长严肃地告诉皮特，你可千万别给我弄砸了。

您放心。皮特轻松地放下酒杯，把腾出来的手放到市长肩上：我们去放松一下？是桑拿，还是……

市长做了一个手势：我晚上的时间一般是留给麦琪的。

一种良好的习惯保持下来并不是件容易的事。自从与麦琪结婚以来，每次进家，马丁都必须先吻一下妻子。他吻得很认真。但是近一年来他有点敷衍，这是因为麦琪身上散发着一种陈腐的韭菜味。这种气味从白皙圆润的身体上散发出来实在是不可思议。麦琪身体健康。又有与生俱来的洁癖，怎么会有这种气味呢？他们几乎不吃韭菜，除非做中国饺子——那也是极少有的。这当然是个问题。麦琪是个自尊而敏感的女人，马丁不能正面反映这一点。他只是提醒妻子平时多用点儿香水。

吻过麦琪，马丁就去了洗澡间。这表明这个晚上他不会再出门了。他将把这个晚上的分分秒秒填满：看电视新闻，检查五个孩子的作业，给乡村的老母挂电话问安，和麦琪讨论下一周的菜谱和家长会上的发言，然后是夫妇俩共同观看叫做"子夜星光"的电视节目，就寝。当然，麦琪还有些突然插进来的内容，比如在四月里头发应该染成什么颜色才与季节协调，吃丰乳片是否影响性快感之类。这些私语本该是放到枕头上去说的，但马丁这些日子非常疲倦，一上床便鼾声依旧。

看了晚报，麦琪递给先生一杯咖啡，皮特这个创意很有趣。这家伙长得越来越像阿兰·德龙了。

晚报上还登了他的照片？有多大？

这个不重要。麦琪说，重要的是你的签名。

这个混蛋，成天无所事事，就知道动这种脑筋。

不过，他还是很帅。麦琪说完在咖啡里加了块方糖，就回厨房去了。

麦琪的眼光很准确。那个皮特还真有点像阿兰·德龙。据说有好几次他被人围着要求签名。市民的素质就是这样糟糕，时代发展到今天居然还会发生崇拜明星的事，何况还是个假明星。皮特这家伙……马丁突然有点紧张，这家伙的声音怎么听起来那么熟悉，像另一个人，那可是个坏小子。

大赛如期举行。

本次大赛分青年组、中年组和老年组。这引起了少年们的极大愤慨，对这种无视他们存在的行为表示抗议。他们联名上书市长，认为这是不公正的。"自古英雄出少年"，他们这样写道，"著名的《狼来了》就是少年的创造。"马丁市长还接待了他们的代表，但无法劝阻他们放弃这种欲望。市长最后耸耸肩说：即使同意你们参加，报名费也解决不了呀。300元，这可不是一个小数。

我们可以对家长说这是订制校服的开支。

可是……校服呢？

我们就说校长携款外逃，警方正在通力追捕。

马丁市长心下一沉，刮目相看。他语重心长地说：还是来日方长吧！

围绕这次大赛的舆论哗然，空前活跃。舆论没有去评判大赛的意义与性质，而是把焦点聚集到"表演"上。频频出现的"绝活"让记者们大开眼界并伴随他们度过了一连几个通宵。晚报的发行量和电视台的收视率都跃至历史最高点。决赛的门票已于三天前全部售罄，人们期待着名次的产生，期待着一睹冠军的风采。据舆论的导向，编号为0576、面具为蒙娜丽莎的选手极有可能夺魁。目前此人已一路过关斩将，总积分居第二位。鉴于决赛的规则中要求表演是"确实发生的并已达到了预期目标的事"，积分位居第一位的选手今天下午宣布弃权。"我不过是想做一次游戏，"那人说，"并不想来真格的。"不来真格的又有什么意思呢？难道是拍电影吗？一枪崩了你，然后你再爬起来洗洗脸回家去和太太睡觉？

你的气色看上去很不错，亲爱的。

春天来了。这个城市春天总是来得早。

我怎么感觉不到呢？你摸摸我的手有多凉。

你没觉得这些日子猫闹得厉害吗？

可是耗子也没见少呀？

亲爱的，猫在这个季节是不逮耗子的。"酣睡，然后醒来，长长地打一个哈欠，叫猫子又出去做爱了。"——老伊萨的诗写得多棒！

你也很棒。咱们下塔吧，我怕风。

让我准备点零钱。那个看塔的老家伙胃口越来越大，今天得多给一点。

你害怕了？

在这个城市我有值得怕的吗？当然，除了你。你是只猫。

皮特有好几天不见了。这让马丁市长多少有点寂寞。虽然大赛正有条不紊地走向尾声，但皮特的突然消失，似乎不是一个好的征兆。天知道这家伙又躲在什么角落里使什么坏呢？这与所谓"特殊而深远的意义"有关系么？市长有些不安，又有些无聊。他打开电视机，屏幕上仍是大赛的专题节目，记者正在对0576号"蒙娜丽莎"进行现场采访——

记者：您对夺魁有信心吗？

蒙娜丽莎：我觉得目前我的状态不错。

记者：对决赛的规则，您有没有顾虑？比方说您的家人和朋友事后会怎么看？

蒙娜丽莎：（笑）他们知道我是谁呢？你看我这面具，是用最先进的乳胶制成的，没准儿我还会用这张脸去勾引帅小伙子呢……

没错。你是谁？我又是谁？只有上帝知道。市长躺到沙发上，慢慢吸着雪茄。他又开始想皮特。想得很遥远，那已是几十年前的事。一个在歌剧院门前卖报兼偷钱包的坏小子，14岁捅破别人肚子16岁让姑娘怀孕的小流氓。他不叫皮特而叫皮克。身上据说有41处刀疤，有一处是在右腿上，伤了一根什么重要的经络，所以日后撒尿便像公狗那样得先支起一条腿。据说这坏小子是死了，死在外省的码头上。马丁见过皮克，那坏小子的声音很怪，爱将一个词的尾音拖长。如果皮特就是从前的皮克，那么一定是将偷来的最后一笔钱送到了整容院，按阿兰·德龙的模子换了一张脸，混入了绅士行列。马丁不禁笑了起来，对自己这种富有创造性的想象感到有几分得意。可是笑容很快就敛住了：这种事在今天做起来简直易如反掌。市长环顾这间圆形的办公室，觉得枝形的吊灯和老式的壁炉都散发着晦气。他还产生了一点恐惧，这种心理使他迫切想回到家中，与麦琪和孩子们待在一起。他把所有的窗幔都拉开，把阳光放进来。然后，他给麦琪拨电话。

电话无人应答。

决赛的日期定在2月14日情人节这一天。地点在皇家歌剧院。

决赛开始的前一小时，久违的皮特出现了，依旧是风度翩翩。他驱车来到市政厅，邀请马丁市长前去为即将产生的冠军颁发"荣誉军团勋章"。

我以为你在一个美人儿怀里醒不来了，皮特。

您说得不错，但我还是醒了。

我还梦见你死了，死在……外省的一个码头。

那不是我。是从前那个叫皮克的坏小子。

皮克？你还记得皮克？

我想差不多每个市民都会记得，就像记得今天是情人节。

由于车在路上突然爆了胎，他们赶到时决赛已临近尾声。0576号"蒙娜丽莎"不负众望，一举夺魁。当主持人将这一结果宣布后，全场观众欢呼雀跃，鼓乐齐鸣。马丁市长被这一宏大的场面吸引住了，后悔自己没有看到决赛的全过程。他仅仅知道冠军是个女的。观众的情绪极为高涨，他们一边鼓掌一边议论：这个女人的确受之无愧，居然不动声色地同不是丈夫的男人生了那么一堆孩子，而且还让做丈夫的深信孩子们连手指头长得都像他。这个结果最后将由公证机关秘密核实后予以确认，倘若有一点弄虚作假，将处以奖金三倍以上的罚款，没收"荣誉军团勋章"。

颁奖仪式开始了。乐队奏响了市歌《春天从不迟到》的旋律，0576号"蒙娜丽莎"带着"永恒的微笑"走上舞台，将从马丁市长手中接过24K金的勋章和政府出具的十万元现金支票。观众们在欢呼，不断向台上投掷鲜花。然后，马丁市长衣冠楚楚容光焕发地出现了，他向观众招手致意，高声说：首先，请允许我代表大家拥抱亲爱的"蒙娜丽莎"！市长信步走过去，正欲拥抱，忽然嗅到了一股陈腐的韭菜味，但他在片刻的迟疑之后完成了这一规定动作。他向她授勋，把绶带套上她的脖子，这时他轻轻地说：我要勒死你。接下来他又在她耳边说了很多。观众被这一类似调情的景象迷住了，他们有节奏地鼓着掌。他们希望能看到市长先生亲吻"蒙娜丽莎"，可是"永恒的微笑"渐渐消失了。

"蒙娜丽莎"，慢慢取下勋章，把它挂上了市长的脖子。

马丁在第二年的竞选中完全失败。选民们永远忘掉那个意味深长的场面。为什么"蒙娜丽莎"要将"荣誉军团勋章"挂上他的脖子？是他更厉害吗？他没有面具，人们便记住了这张脸。人们当然不会同意这样的人统治这座不同凡响的城市，那将会把一切都出卖掉。据来自蓝堡市的人说，现在，市政厅门口的街道上一个卖三明治的老头——可能是化装的，因为他胡子忽多忽少忽黑忽白。人们怀疑此人就是从前的市长马丁。

在这年春天来临之际，新市长走马上任了。那是个有魅力很有干劲的男子，给人以安全感。到目前为止，民意测验显示的结果是：除少数人对新市长撒尿的姿势感到有所不适外，其他一切良好。

1996年3月　合肥—郑州
（原载《花城》1996年第5期）

小姨在天上放羊

那天夜里电话响起来的时候我尿床了。我有好几年不尿床了，妈妈给我吃了许多中药，那些药比尿还难喝，可妈说喝了就不会再尿床。现在我又尿湿了一大片，我不敢对妈妈讲。妈妈从床上跳下来接电话的样子很不好看，她只穿了一只鞋，像袋鼠那样跳到电话跟前，她说，喂，哪位？然后她皱着眉头，看了看墙上的挂钟，已经是深夜两点了。真是怪事！妈有点生气地说，谁吃饱了撑的！我欠起身，还在想刚才的电话铃。我知道是谁的电话。妈妈上了卫生间，她撒尿的声音又响又好听。妈过来给我理被子，这样就发现了尿床的事实。她好像遭到雷击似的往后一仰，说天哪，你都九岁了还尿！妈一边生气一边替我换垫被。我怕妈生气的样子。我说：妈，你别生气。妈说你有权利尿，妈就有权利气。我说我尿尿是听见电话铃声高兴的。妈住手，眼一横说这与电话有什么关系？我说，那是小姨的电话。妈听了就一下坐到床上，一会儿大哭起来。我看见妈的哭声像冰痕一样穿过我家的窗户向天上射去，那时候小姨正在天上放羊。

小姨是50天前死的。小姨也是大学生，长得比我妈妈好看。小姨是医生，专门给孩子看病。可是小姨治不好自己的病。小姨没有自己的孩子是因为她没有结婚。妈说结婚才会有孩子。孩子一个人是生不出来的，要和爸爸一起才会生。妈的话也不完全对，邻居胡阿姨没有结婚可是一个人生了阿宝。妈说阿宝不是生的，是从菜市上捡来的。捡来的阿宝跟胡阿姨长得一模一样，鼻孔一样黑。妈就说这是碰巧。小姨本来应该和方叔叔结婚的，不知为什么没结。大人说，人大了就是为了结婚。

我记得那天早晨妈起得很早。妈收拾东西，催我起床。今天你请一天假，妈说，我们去送小姨。我问把小姨送到哪里去？妈说送到天上。后来我知道小姨死了。我们要把她往火葬场送，妈说等太阳落山的时候，小姨会顺着那个高大的烟囱升上天。小姨躺在担架上，舅舅和方叔叔抬着她。小姨浑身散发着淡香，像睡着了一样。小姨睡着的样子格外好看。大人们一路都在哭，把天都哭暗了。我没有哭。我那时候就觉得小姨在睡觉，留心她会不会像我妈那样大声说梦话。从火葬场出来，小姨缩小了，躺到了一只小黑盒子里面。妈把它交给我，说：这是你小姨，你捧着。我就捧着，走到队伍的最前面。妈说你哭呀你这孩子怎么不哭？我没有哭。在妈的责骂声中我第一次看见了在天上的小姨，像鸟一样停在我头顶上。

这天夜里，小姨就留在我家。妈没有睡，妈到处收收捡捡，不时碰倒一个东西，然后就说好妹妹你可别吓我，你姐夫又不在家。小姨在的时候，和我妈妈最要好。她们不在一个大学念书，但工作都在一个城市里。她们经常走动，一道上街。现在妈这样说，我就很奇怪。后来妈对着小盒子说：好妹妹，过两天我就送你回老家。

我老家在山里。我不喜欢那地方，因为冬天很冷。那里没有电视也没有电话。我就对妈说，不要把小姨送回去，小姨怕冷。小姨喜欢看电视，喜欢打电话。妈不听我的，妈说小孩子懂什么去把垃圾倒掉。我下楼去倒垃圾，看见天上的星星在走，但没有原来多。我把垃圾倒掉，听见一个金属的响声。我弯腰在垃圾里寻找，一眼就看见一个东西在闪光，我拾起那东西，是一粒纽扣，这是小姨大衣上的。妈早就说把它钉上，可是忘了。妈的记性越来越不好了。我把纽扣擦干净，收到袋里。

第三天大人们就送小姨回老家了。我临时住到邻居胡阿姨家。妈妈对胡阿姨说了很多好话，还背着我在厨房里说了些什么。我知道，她肯定是说我尿床的事。我听见胡阿姨说没什么小孩子嘛。妈把我的被子抱到阿宝床上，低声叫我注意点，要争气。那时候我就特别想小姨。当医生的小姨并不让我多吃药，而是让妈每天夜里叫我起来撒尿。至少叫一次，小姨这样说。妈这样做了一个月，累了，妈就买了个闹钟，让我定时起床，小姨说不行，说必须让我"有意识地去尿"。小姨就在自己的住处安了电话，每天半夜打过来，让我醒。小姨在电话里先同我说一会儿话，等我想尿了，她才把电话挂掉。小姨坚持了一年，我长到了六岁，不再尿床了。小姨的死与我有关，我总这样想。

我在阿宝的床上睡了五天。我没有尿床。其实我已经几年不尿床了，但在妈眼里，我一直就是个尿床的孩子。要不，我的被单和垫被之间怎么还放着一块塑料布呢？

妈回来的时候右脚已不灵便，走起路来有点跛。我不吃惊。昨天夜里我梦见了一个白胡须老爷爷，在天上对妈的右腿指了一下，妈就跌倒了。妈说是送小姨上山的时候不小心扭的，我不相信。我还在想妈不该把小姨送进山里。

小姨后来把电话剪了。这是她死前三个月的事。她和所有人都不通电话，一个人待在那么高的楼上。我怀念那个电话。以前我给她打电话时总占线。我知道那时候电话的线路被方叔叔占去了。方叔叔想和小姨结婚，当然就要多打电话。方叔叔也常到我们家来和妈谈小姨，谈得眼泪花花的。妈说红颜命薄这是很无奈的事。方叔叔只是重复一句话：才24岁。可他不知道，这是永远的24岁。小姨是不会老的，就像月亮不会老。我的小姨现在就飘在天上，我不知道她那儿有没有电话。

有一天，舅舅和方叔叔都到了我家。这一天是小姨死后的第49天。妈说是小姨的"满七"，想给小姨烧点纸。据说这些纸随烟升上天就会变成钱。我不知道小姨缺不缺钱，她活着的时候是不缺的，不像妈，每个月底都在电话里对爸爸发脾气，说再不寄钱就把我送走。爸爸那时在南方，每次回来都要留很多钱，妈总说不够。妈喜欢买化妆品和服装。小姨不买化妆品，但买过一瓶很贵的香水交给妈，小姨说：姐，等我到走的那天，把这个给我用。那个盛香水的纸盒子保存在我的抽屉里。小姨死后，我把它放到枕边。那上面还有余香。大人们烧纸回来，眼睛都发红。他们肯定又哭过了。妈跛着脚倒茶。方叔叔说给小姨也倒一杯。然后妈开始叹息，说很奇怪，过去这些天了，一次也没梦见小姨。舅舅说他也没有梦到，问方叔叔：你呢？方叔叔双手支着额头，说：她是不会见我的。

我靠在门边听他们说。我知道为什么他们不能梦见小姨。

后来妈和他们一块走了,说是去看外公。

我用小姨留下的香水盒子做了一个电话。那天夜里,我一个人去了小姨从前住过的那座高楼。小姨住在第24层,这正是她永远的年纪。电梯坏了,我慢慢往上爬。我像燕子一样轻轻松松,仿佛有一只手在托着我向上举。小姨的房门紧关着,里面没有灯光。我在门口跪下来,说:小姨,我给你送电话来了。我就拿出打火机将这个淡淡香味的电话点燃,在那里面,我放进了那粒大衣纽扣。

你真的梦见小姨了?妈给我换好被子,搂着我问道,什么样子?我说和以前一样,小姨是不会变的。穿什么衣服?妈又问。穿着那件大衣,我说。哪件?妈睁大眼睛看着我。就是弄掉一粒纽扣的那件,我说,现在纽扣已经钉好了。妈其实不明白,但还是很高兴的样子,问道:你小姨在干什么呢?我说:小姨在天上放羊,手里拿着一根大羽毛。妈沉思自语:怎么是一根羽毛呢?

第二天,妈的脚突然好了,换上了一双新皮鞋,一早就高高兴兴地去赶班车。她的大嗓门开始重新谈论时装和物价。我把床上的那块垫了九年的塑料布扔到了垃圾桶里。太阳照在我手背上,天上的白云从窗前飘过,我知道那是小姨的羊群。

1996年5月　郑州
(原载《山花》1996年第8期)

纪念少女斯

关于我和少女斯的故事至今无人知晓。我一直不想讲这个晦气的故事，原因之一是我想维护我作为好男人的名声。另一个原因是怕玷污我神圣家族的荣誉。在今天这个时代，荣誉和名声还多少显得有点重要。我父亲总以贵族自居，脸上永远挂着"从前阔过"的笑容。现在他完全老了，除了喂养五只猫什么也参与不了。而且他又患了白内障，晴朗的日子彻底背离了他。晴朗的日子属于我和少女斯。这个故事就发生在晴朗的日子里，虽然散发着晦气。

少女这个概念，辞典上说的与我认为的不是一码事。少女与年纪无关，我总这么想。有的妇女到了更年期仍幻想着在悬铃木后面与小伙子来点小动作，证明她还是少女。我所认识的少女斯就属于这种女人。她的年龄像四季一样变幻莫测，她的情怀又如四季的花朵，无论怎么开都令人愉快。她天真无邪的样子让我屡屡受骗上当，但仍不失为天真无邪。她爱哭，尽管80%是装的，但100%的有泪水。可以说她整个的是一个错误，唯独那特有的情怀不是。我多次在心里恨她，在梦中杀死她，又他妈的忘不掉她。少女斯渗透在我的每一根神经里、每一滴血里，就连呼吸也带有她口中奇怪的青苔气。她说来就来，一闭眼即伸手可触——她的皮肤像鱼一样。梳着齐耳短发，明眸皓齿，穿工装裤，斜挎着一只棕色羊皮大包（里面装着钱夹、化妆盒、BP机和一本埃里蒂斯的诗集），走起来晃晃悠悠的样子，嘴里永远嚼着零食的少女斯向我走来了，时间是1992年5月的一天下午。那个时刻，我在南方一座城市的一棵奇异的树下，回味着前一个晚上梦境里闪过的几个细节。

什么是女人？有一回她这么问我，是不是同男人"在一起"了就是？这就是少女斯的做派，她挑逗你还不用挑逗的字眼，一副文文静静、知书达理的样子。我们这种狗男人总爱讲点情趣，一听这话就想"在一起"。到了真在一起的时候，你发现她丝毫不文静，一招一式都超出了你的想象。她问：你和几个女人在一起过？我当然不会回答，我说这个问题不要搞得太明显，我现在是和你在一起。可她一口咬定：我可只是和你在一起。这话让我觉悟。我想这肯定是谎话，但我又不想去驳斥她。我上去了就下不来，而且产生了强烈的责任感（有什么办法呢？人家硬说是第一次和男人在一起）。

我们这个年纪的男人没有多少好货。我们憧憬最纯洁的爱情又恪守着最无耻的肉欲。我们也时而反省，结果事到临头就乱了方寸，这真叫可悲。知道可悲而为是可耻，再为是可恶，如果不承认便是可笑了。可是，我们这个年纪又据说是最具魅力的，我们要赶潮。现在生活条件好了，营养品保健品比狗还多，连50来岁的男人也跟着沾光。现在对一个女孩子说我已经50了，几乎是一种炫耀。时代真是眼睁睁地看着往上窜，像物价一样。

少女斯对我说：你这人很可笑。我说是吗？你说得真对。一边说着一边把袜子翻过来。那些日子我的生活跟这袜子一模一样肮脏，扔掉又舍不得。穿好袜子我叹息不止。少女斯便偎过来，用爱怜的目光抚摸我全身。为了安慰我，她在我眼前一丝不挂地走来走去，还做了一套健美操。这一幕至今很鲜活，可当时我并不知道这个形体语言意味着什么。很多天过去后，我才明白：她要从我这棵树上飞走——最后的收式就是"飞"。

那年夏天的一个雨夜，少女斯陷入了伤悲。忧伤使她看上去像一位失足青年。这让我焦虑，我知道将有严肃的问题，比如"我想有个家"提出来。我于是像父亲那样拍拍她的后背摸摸她的脑勺，关心地问：是不是不舒服？结果她叹道：我怕是不能怀孕了。这真让我胆寒。这年头收获什么都好就是不能收获孩子。少女斯一直申明她有避孕的措施，现在又自己戳穿了自己。我弄糊涂了，我说不能怀孕这样很受罪。她抬眼看着我：要是我愿意呢？

我的悲观主义倾向由此产生。那一夜我翻来覆去抽掉了一盒烟。我不希望少女斯怀孕,这样事情会复杂。其实最初的一切十分简单,我们在南方这座具有移民性质的城市邂逅,同属于揣着身份证和钱满世界晃悠的人物,谈着谈着就"在一起"了。这不是很简单么?天渐渐发亮,少女斯碰碰我说:睡吧,我不怀孕。

第二天我醒得很迟。阳光打到床的另一侧,那地方暖烘烘的。我习惯在睁眼前朝边上摸摸,这回是狗日的太阳把我骗了——少女斯不在床上,不在屋里。我环顾四周,屋子收拾得体面而整洁。少女斯走了,我们之间这一幕匆匆落下。接着我发现,我们家族的精神也走了。

我有一个小金佛,这是我家的祖传。我爷爷年轻时候在家扛长工,活干得不怎么的,却和东家的二丫头勾搭上了,水都泼不开。生米煮成熟饭,地主婆只好把自己的陪嫁小金佛给了闺女,在一个黑夜把他们打发出门。地主婆说儿呀这东西你带着也好日后应急。那是个稀罕的小东西,有二两的分量,精雕细刻的活儿。我爷爷当即扑通一跪,发誓要守着这宝贝不典不当。结果不出几年,我爷爷混成了江南的豆腐大王。50年代我那念过大学的父亲心血来潮,把这个真实的故事编成了虚假的戏文四处上演。戏据说还可以,但结尾十分可笑——让我奶奶把小金佛捐给了高级社。这完全是胡扯,小金佛一直在我父亲的皮箱里睡着。我到南边来,父亲在看过摸过后把它郑重传给了我。带着吧,父亲说,留着应急。其实我接下了一个包袱。父亲明知我是孝子贤孙,不会亏待小金佛又让我随身带着。以后每次电话末尾总要挂上一句:东西还在吧?我说当然。我说我现在小发了想把小金佛寄回去。父亲说不可,那是我们家族的精神,你每天看一眼会想起爷爷当年的创业史。可是,我的小金佛刚刚让一个少女拿走了。我真倒霉。为了少女我输掉了我们伟大家族的精神,使爷爷高大屹立的豆腐大王形象顷刻崩溃,露出了可爱的肚脐眼儿。

南方的天不久就阴了。报纸上天天打的广告仍是牛皮烘烘,都说自己的房产是他妈的皇家花园但愿意放血售出,好像大伙不是来做买卖的而是搞慈善事业。满大街都是讨债的孙子却找不到欠债务的爹。好看的小姐都失踪了,剩在发廊的货色还照样张着伤口一样的大嘴。我每天都在街上闲逛,我要找到少女斯,追回我的家族精神。我的形象比意大利电影里那个偷自行车的人要悲惨数倍。小金佛丢了再也偷不到，不像自行车可以随便捡。我蹲在街头吃快餐盒饭，行人都视我作流浪艺术家，但他们不知道这个吃盒饭的流浪汉正做着一个贵族的梦——多少年后，等我做了爷爷，我会胡子一捋地告诉孩子们：怎么样，爷爷年轻时是不是很骑士风度？虽说蹲在街头吃盒饭但可以掏二两金子给爱情。

不管怎么说，小金佛的归宿比我父亲的剧本安排得好。

肮脏的爱情也叫爱情，那时我这么想。不叫爱情叫什么呢？

爱情来去匆匆是我们这个时代的特征之一。爱情来的都是时候去的都不是时候。现在很难找到饿死街头的艺术家了但到处都是寻爱的艺术家，年龄从18岁到81岁。我其实不是艺术家，很艺术的是我天生这双眼睛，能轻易发现少女。我这辈子就注定要栽在这上面。两个多月后的一个傍晚，失踪的少女斯背着我们的爱情突然又回来了。那时我正在朗诵一首令人沮丧的著名诗篇。她胆怯地看着我，像是等着挨揍。我的确扬起了手，却如燕子一样落下。我摸摸她的脸颊，你瘦了，我这样说。然后我们就在一起了。我在这前后20分钟里背叛了我的家族精神，我真是不肖子孙。天色黑下来，我看见肮脏的爱情像蝙蝠一样在空间里飞翔。

你恨我吧，她说，你肯定说过要宰了我。她用手梳理我汗涔涔的头发，两眼柔情似水。我这才发现偷我小金佛的少女依然还是少女。我怎么好意思对一个少女实施暴力呢？我伸出双臂凌空舒展了一下，就势把她搂到怀里。少女斯突然大哭起来。

你知道我为什么回来吗？我怀孕了。我例假超过了七八天。我去医院做了尿检是阳性是怀孕。

我坐起来。我被例假尿检阳性弄傻了。可怀孕这个词听起来又特别美好。我把手放在她腹部上，我问：是这儿吗？她说现在摸不出来我现在很苦恼。我问：你苦恼什么？你不是担心不能怀孕吗？她说这个孩子不能留下来，你这人根本就靠不住我不能留你的孩子。她这样哭哭啼啼弄得我也苦恼了。我最后表态说：流吧。怎么个流法？去医院还是买药打？她说我不吃药我想去医院，我做检查时对医生说我爱人出差了我得同他商量。你真是这样说的？我就是这样说的，我不能委屈这个孩子虽然他还没有五官。你是想让我当这孩子的爹?你本来就是他爹。

流产的日子阳光灿烂。我一副风尘仆仆从外地赶回来的样子,手里离不开香烟。医生说这儿禁止吸烟。医生说你们男同志今后可要注意不能由着性子来。医生就像善良的外婆,安慰我说不要紧这种小手术我们一天要做上百例我们是三八模范医院。我点头哈腰地交出少女斯。我说去吧不要紧张。这口气听起来像电影上的指导员。据说很痛,她说,据说还不能打麻药。我沉思着看看外面的天空。我说痛可能会有一点,不过很快就会过去。她点点头。她说你再抱抱我,随便抱一下也行。我们就在走廊上随便抱了一下。少女斯把头发撩到耳后,掀开那道不怎么干净的白门帘进去了。时至今日,这个画面还是那么大义凛然深深感动着我。那时候我就像出卖组织的叛徒一样在走廊上走来走去。我仔细听着帘子里面的声响,可我没有听到一个少女的哭声。

一会儿医生大咧咧走出来交给我一张处方:去交费取药。我问做好了吗?医生说好了,现在你爱人在休息。医生说你爱人子宫后位一般不容易怀孕,怀上了也不容易弄掉。我问能进去看看吗?医生说再等一会儿,她需要打一针,帮助子宫收缩。

子宫。书上说子宫像一个倒挂的梨,精子和卵子就在那里拥抱这便是生命之初。现在这个生命没有了,丢到了垃圾桶里。

面容惨白的少女斯弯着腰向我走来。我扶着她,问她:你怎么不哭呢?她说我哭了,我没有力气所以哭不出声。医生说东西很大要换大号的吸头。她们吸我。一吸我就觉得在把我内脏往外掏。我看见挂着的那只大瓶子里面尽是血沫。我把少女斯背上出租车,我说:我要把你好好补一补。她满意地把头靠到我肩上,她说:我现在完全是"过来人"了,你不能再拿我当少女。我说你还是少女这个不会改变。她说不是了,慢慢你就觉得了。这时候司机撇撇喇叭,说二位不要在车上恩爱免得我分心出交通事故。司机感叹说他妈的这年头好夫妻真是不多。出租车驶进闹市区,我们都不再说话。

那一年我38岁,谁看我都顺眼。但自从和少女斯在一起,我发现自己整个的就完了。少女斯是把杀人不痛不见血的刀子。她来去自由,充分利用了我全部的弱点。现在我背着她回来,爬七层楼,我累得像只老狗。我想我真有点老了，连撒尿都像糟老头那样软绵绵的没有劲儿。我就对她说：我发现我老了。我以为她会来点安慰，可她没有。她说你是爹了还不该老？我说我才 38 岁。她说你的心老了。我感到悲伤，坐到沙发上去想刚刚扔到垃圾桶里的孩子。据说是一块肉，据说是一个儿子。我想他要是不弄掉将来一定会杀了我。少女斯在床上对我招招手，让我过去。她说：我一下觉得自己好空，就剩了五官。我亲亲她，我说你什么都在，好好的一样不少。她坚持说：我空了。然后她又开始流泪。少女的眼泪总是特别多。她捧着我的脸说：要是那孩子不是你的，你还会陪我去医院吗？我把她的手拿下来，我说：你别吓我。她又捧起我的脸：你说，会不会？我什么也没说。她放下手说：谢谢你。

　　我和少女斯的故事到这里就该完了。这个故事很糟糕我没有办法，因为故事本来就是这个样子。那些日子属于一个皇帝和一个乞丐，而我则扮演了上述两个角色。生活中人们习惯叫我艺术家，这完全是一个误会。我多愁善感，郁郁寡欢，偏偏胆小而妄为。我后来又有不少女朋友，但她们一望便知个个都不是少女。真正的少女已离我远去。那时候我兴高采烈地从菜市回来，发现屋子里又变得干干净净，我断定少女斯走了。屋子里还留着她的汗味，我想她一定是刚刚出门没有走远。我们没有走在一条道上，失之交臂。我跑到晾台上向另一条路上看，果然就看见了齐耳短发斜挎大包的背影。我没有喊。我望着少女斯晃晃悠悠的背影在心里数数，如果数到 8 她回过头往这边看，我立即就冲下去把她扛回来，对她说：我们做好夫妻。可是她终于没有回头。我咽下口水，回到屋里，手中的老母鸡嗷嗷乱叫，然后从逆光中看见了我们的家族精神。

1996 年 5 月　合肥
（原载《作家》1996 年第 10 期）

寻找子谦先生

1993年4月17日早晨,何光被门铃声吵醒,然后就见到了自称是子谦先生女友的余佩小姐。何光知道余佩这个名字,是这年春天开始的时候,他听说子谦先生因为一个叫余佩的女人同妻子闹离婚,还听说这个女人比子谦小22岁。除此之外,何光别无所知。

子谦出走了。余佩说,他是不辞而别。

这个消息并没有使何光感到惊讶,但余佩以泪洗面的情状让何光不安起来,很快也意识到这件事的非同小可。

余佩说,自从与子谦相识,后者就不曾离开过自己。就是出差,他们也是形影不离的。

你很担心?何光这么插了一句。

余佩停止了抽泣,说:你应该知道他去哪儿了。我和他在一起这些日子,他只对我提起过一个人,就是你何光。

何光内心很感谢子谦先生对自己的厚爱。一个男人对枕边的女人谈论另一个男人,是需要勇气的。但是何光还是有些为难,因为他确实不知道子谦先生的去向。

何光把余佩引进客厅,扔给她一本画报,说你别着急,我收拾一下,咱们再作商量。然后何光就去卫生间洗脸刷牙了。他关紧了门,解了一次漫长的小便。何光找了一个不出声的角度,尿液顺马桶的左壁缓缓而下,果然没有发出一点声音,以致后来余佩认为这段时间何光是在吃早点什么的。

何光回到客厅时,余佩已镇静了许多,脸上的泪痕也用粉纸擦尽了。何光这才觉出,余佩真的算得上一位小美人儿。何光的妻子出国做访问学者已近三年,这个家几乎找不到一点异性的气息,所以余佩的不期而至，倒使蓬荜增辉了。

你吃好了？余佩问。

何光说，我没有用早餐的习惯。以前老婆在家时……

你离婚了？

没有。王小宁出国了，何光说，王小宁是我老婆。你喝茶。

王小宁出去几年了？

有三年了吧。

三年？余佩笑了一下，你这三年可不容易。

何光有些后悔，不该在同余佩的谈话中暗示自己独处的事实。自己和子谦先生是忘年之交，况且后者眼下至少是失踪了。

我们怎么办？何光点上烟问道。

你说呢？余佩说，你同他是好朋友，你应该对他更了解一些，我听你的。

何光想了想，说，首先，他不可能去死。子谦先生是个爱惜生命的人，这种人是不会死的。

余佩说，我想也是。他年纪虽奔50了，但是……我们过得一直很好。

那么，何光说，他的突然失踪极有可能是一种方式……

余佩看着何光，可能听不懂这种表达。

何光接着说，这种方式对他解决问题很有用，比如说给司法机关造成一种压力，便于裁决他同妻子的离婚书。

你觉得子谦这样做是为了离婚吗？

应该是。何光对自己的这种分析持有信心。再说，不为这个，又为什么呢？

当天中午，何光同余佩一起匆匆吃了份快餐，就登上了犁城去蓝堡方向的火车。他们先是办了硬卧，何光睡上铺，余佩在下铺。他们坐在下铺交谈。车行40分钟，在三十铺站上了一批去南边贩面料的小贩。这些人一上车就支起箱子打扑克，边玩牌边喝酒。何光很不习惯在这种氛围里去讨论一位朋友的生死攸关问题，便去找了车长，加了些钱，同余佩双双移到了软卧车厢。余佩说，早知这样还不如乘飞机。何光说，飞机太快了。余佩就问，快有什么不好？何光解释说，他想沿这一线寻找子谦先生。如果蓝堡找不到，还可以回头去军埠，而军埠是不通飞机的。何光也觉得自己这些解释与速度没有关系，他私下埋怨自己的嘴太快了。

软卧车厢就他们两个，布置得很干净。何光慢条斯理地沏上茶。他想给余佩也沏一杯，可余佩说不渴，要渴了就喝他的。你不在意吧？余佩说，我没病的。

然后他们接着交谈。

何光提出去蓝堡，理由有两点。其一，蓝堡是子谦先生的出生地。蓝堡近半个世纪的历史，就出了子谦这么一位文化名人。这种故土之情是难以割舍的。其二，据何光所知，子谦先生17岁那年的初恋也开始于蓝堡。恋爱的另一方姓莫，莫小姐其时15岁，发育已是很好了。由此推测莫小姐应出身于大户名门，因为那个年月，不是这样的家境，15岁的女孩连乳房都未必能长高。男人，何光说，尤其是进入中年的男人，对初恋总是看得很重的。这种总结的口吻让余佩很有几分兴奋。

他们那时候，余佩笑着说，会做爱吗？我想象不出子谦17岁的身体是个什么样子。

何光没有回答。余佩这个女人有些轻浮，可是并不令人讨厌。他看了余佩一眼，却在想这个女人和子谦先生在一起的情形。子谦是个瘦高个，穿西装还算挺拔，颇有几分风度。文化人中，像子谦先生这种注重仪表的人确实不多。当然，脱光了的子谦肯定是另一个样子了，大约形同仙鹤吧。不过这种体格的男人在床上一般是见功夫的。

子谦可真是风流了一辈子。余佩说完，便躺下了。

所以我首先排除了自杀的可能性。何光说，当然，凡事都不是绝对的。要不，我们还出来干什么？

何光发现后两句话余佩可能没有听见，她戴上了耳机，听起音乐了。何光看着窗外掠过的田野和村庄。他想这回出门多少有点不可思议，寻找子谦的下落似乎显得不重要了。他不明白，早晨见到余佩时，她那些眼泪是从哪儿来的。何光后来就去了车厢连接处吸烟。他总结了这半天来的经历，觉得自己也很荒唐，言谈中勾引的意味处处可见。眼前掠过的是一行行吐出新绿的杨柳枝。四月在中国是春意正浓的季节。很长时间过去后，何光才真正感到，选择四月出门怎么看都是一个错误。

软卧车厢与餐车相通。不到六点的光景，何光就叫了余佩去用餐。余佩已经睡了一觉，醒来后眼睛稍有些肿。何光注意到余佩睡着时两眼合得并不是很拢，有点似睡非睡的意思。如果不知道她是睡着了，这种眼神是绝对迷人的。何光断定女人入睡的依据是女人异常丰满的胸脯，起落得很均匀。何光对此没有自责，因为余佩当时的睡姿与光线构成了一种特殊的角度，最亮的部位便是那两点。亮的、动的，最不济的视线也会被它们牵走。

子谦肯定是在蓝堡吗？余佩喝了口西红柿鸡蛋汤后这么问道。

我说过，凡事都不是绝对的。何光说。

如果子谦不在蓝堡，我们这趟算什么呢？余佩看着窗外说。

何光没再接话。是呀，算什么呢？

他们返回时，车厢里已多了一位老干部身份模样的人。那人是下铺，何光便坐到余佩这一边。何光主动同老者搭腔，问了一些很琐碎的话。余佩还是听歌，她把鞋脱了，两条腿就放在何光的背后。

你们去哪？老者问。

去蓝堡。何光说，去看一位朋友。

你爱人是搞文艺工作的吧？老者问。

何光笑了笑。他没有说，这不是我爱人。不是爱人又是什么？情人？恋人？怎么看都不像是同事，一般熟人又干吗要结伴而行呢？何光想这是不容易说清的，倒不如不说。

不说就是默认。而且何光为了证实这种被认定的关系，必须要拿出相应的行动来。所以后来何光要为余佩拉拉被子，把杯子递到她手中，把她的鞋放放整齐，何光还为她削了一个苹果。何光每做一样，余佩都说一声"谢谢"。她戴着耳塞，声音吐出来比平时大。

你们结婚没多久吧？老者又问。

何光这回是含混地点了点头。

老者笑着说，我一看就知道。只有新婚夫妻才会这么情到礼周。

火车上这一夜让何光心烦意乱。他想这事开始变复杂了。他对余佩所做的一切，在对方眼里无疑是献殷勤。余佩会怎么想？会认为他是一个缺德少义乘虚而入的小人吗？何光一夜都为此烦恼。他越想越觉得窝囊，事情的性质莫名其妙地被改变了，作为当事人，他却难以申辩。

翁日上午，火车抵达蓝堡。那位老干部模样的人下车前分别同何光和余佩握手，说，祝你们永远恩爱、相敬如宾。余佩听了这话不禁笑了，看看面红耳赤的何光，用胳膊碰碰他，他拿我们当夫妻了？何光说随他瞎说吧。余佩说，也难怪，你一路上对我那么体贴。何光难以解释清楚，便一笑付之。

他们先住下，各包了一间房。何光计划在蓝堡逗留两日。第一天去文联、文化局和文史办，第二天通过公安局查询姓莫的女人。从地域上看，莫姓在这个地区虽是大户却是小姓，查询工作不会太难。鉴于目前子谦先生的状况不明，两人商定对外的口径是追踪采访，为子谦先生筹拍一部电视片。何光是编导，余佩为电视台的主持人。余佩说这成了冒充，万一惊动了当地的头头脑脑，就露馅了。何光觉得有道理，便将余佩改作自己的助手。

第一天，他们受到了很好的礼遇，几家文化单位听说是因为家乡名人的事，十分热情。但从他们的谈话中，何光觉得子谦先生至少有十年没有光顾过故里。文联的一位副秘书长也是位小说作者，何光这个名字对他而言比作如雷贯耳毫不过分。这是何光始料不及的。余佩说，你的名气也不小呀，千里之外还有人知道你。何光淡笑道，我们这些人，也就剩下这么点东西了。话一出口，连他自己也觉得莫名其妙。副秘书长领他们去看了子谦先生读过书的中学，并说校图书馆专门辟出一柜，陈列子谦先生的作品及研究他作品的资料。何光对此有些不同看法，子谦先生的成就主要反映在文学批评上，他是靠研究别人来造就自己的。子谦先生的批评文章有其风格，属明修栈道暗渡陈仓那一路，借他人作品之像塑自我之形。不过何光仍是要感谢子谦先生。当年若不是子谦先生连续三篇大块文章，何光在小说界的知名度绝对不会有今天这个样子，至少不会扩大到千里之外。

在中学转悠了很久。副秘书长接到传呼，便去回电话。趁这工夫，余佩对何光说，她刚才看到池塘边那个小亭子，能想象出子谦初恋时的情形。他喜欢在亭子里动手动脚，余佩说，我们第一次，也是在公园亭子里。何光听了这话，心里陡然有些不舒服。他觉得余佩不该把事情说得太具体。太具体就是形象了。

第二天的工作情况很糟糕。他们在一位户籍警的引领下，一共走访了八户莫姓人家。其中七户均不知世上尚有子谦其人。唯有一位裱字画的中年男子表示，子谦这个名字略有耳闻，是他堂姐的一位旧时同窗。

那么你堂姐呢？何光问道。

在美国。裱匠说，她一家都在美国。

余佩看了看何光，意思是：难道我们还要找到美国吗？

何光递给裱匠一支烟，希望他尽可能回忆起一些关于他堂姐和子谦先生之间的往事。裱匠就问：你们是来查案子的？何光说，我们想搜集一点有关子谦先生过去的资料。何光这么做，是想让余佩相信，子谦先生当年确实同一位莫家小姐恋爱，否则他不会选择来蓝堡。何光一路上担心的，是自己的安排会引起余佩小姐的误解，把寻找子谦先生的行动当做一个圈套。

裱匠在何光再三要求下，谈起了一件事。子谦这人缺乏教养，他说，学生时代就偷看女生上厕所。我堂姐为这事差点投河哩！

你认为那个裱匠讲的是真事吗？在由蓝堡往军埠的途中，余佩这么问了何光。后者没有及时作出回答是因为不好回答，说是说非都不合适。蓝堡与军埠相距不足两百公里，所以他们是乘大巴前往的。车上的人不多，他们却坐到最后一排，便于交谈。

我认为是真的。余佩说。

也许是瞎说。何光说，30多年前的事了，谁还能记得那么清楚？况且还隔了一个堂姐。

不，余佩说，我相信是真的，这才像子谦。

你怎么能这么看呢？何光有些不悦了。

余佩说你别误会，我不是在中伤子谦。人生有许多事，做的人和看的人想得完全不一样。也许在子谦记忆里，那就是他的初恋。

何光不禁看了看余佩，忽然从她刚才一番话里听出了这个女人的分量。他觉得自己过于小看余佩了。余佩显然还有姿色以外的东西。她敢于去和一个比自己大22岁的男人相爱，这不是一般女人能够做到的。而且在这个男人生死未卜的时间里，她能以局外人的眼光来看待正发生着的事，这也不是一般女人能具有的素质。

子谦这个人生命力很旺盛，余佩接着说，兴许正是这一点，让我看重了。何光没有吱声,心里却是紧了一下。他便去看窗外,居然发现了一对掠过的燕子。何光印象中有许多年没有见到燕子这种东西了,就说,看见了吗?燕子呢!余佩说我比你先看见,远远的两个黑点,我就知道是燕子。只有燕子才成双成对地飞。何光这才笑了,说你这是信口开河吧,从前我们家屋檐下有燕子窝,总是三只燕子一块飞。余佩说真若是三只的话,其中肯定有两只是公的。何光问,何以见得?为什么就不能是两只母的呢?余佩往何光身上靠了一下,说,你这人还挺爱较真儿的,我说你听不就行了?接着就哈哈笑开了,前面的几位乘客都回头看他俩。何光不禁有点耳热。这个余佩!可他弄不清女人究竟想说什么。燕子分雄雌,我偏说成公母,再说就可能成男女了。两个男人围绕着一个女人,这便成了一个故事。何光想起临行前在他家客厅里对子谦先生的那些近似慷慨陈词的分析与判断,觉得真是太多余了。他想女人对男人的了解远比男人对男人的了解更准确。现在他的担忧完全颠倒了。他开始替自己担忧,好像自己落进了别人的圈套,还是自动落进的。至于这个别人是谁,是子谦先生还是余佩小姐,或者是他们,他怎么也想不好。

何光甚至想中断这次寻找。

所以一出车站,何光就提出来,他预感在军埠也将一无所获,子谦先生不会在军埠。余佩说,既然来了,当然还是要找的。找得到和找不到是另一回事。你不是说,军埠这个地方对于子谦有着特殊的意义吗?

何光说,现在看来,意义未必特殊。子谦不过是在这里让一个女人怀过孕而已,其实他可能使不少女人怀过孕。

也包括我吗?余佩居然这么问了。

何光说那是你的事。你没怀孕说明你掌握得很不错。

为什么这个女人怀孕就显得特殊呢?余佩跟着又问。

何光说,子谦只同我提及过军埠的女人,姓翟,叫翟南南,当时是县政府招待所的服务员,现在可能当科长了吧。子谦的妻子不曾怀孕,所以翟南南就很特殊了。

那么,余佩问道,子谦来军埠的目的何在?是想让那个至少不能称作小翟的女人再怀一次孕吗?

何光说那倒未必。何光说男人对为自己怀过孕流过产的女人一般是内疚的,因为那个女人为他吃过苦,他会时常怀念她。

你这是说子谦呢还是在说你？余佩说，你妻子肯定怀过孕。

何光说你错了，她还真没怀过孕呢。

那么就是别的女人，你别介意，我们是随便聊聊。余佩说完，把刚买来的瓜子匀出一半倒在何光手上。何光没有回答这个问题。太阳已开始西斜了，还是得先住下。他们打听到原先的县政府招待所已改成了一家酒店，价格不比市里便宜。何光这回出门带的钱不多，就想换一家。这时候余佩说，我看就到此为止吧。

你是说不找了？何光明知故问。

我觉得意思已经到了，你说呢？余佩正视着何光。

1993年4月21日下午五点一刻，何光和余佩又乘上了往犁城方向的火车。这回他们直接找车长争取到了软卧。这列火车的终点站不是犁城，在犁城停车的时间仅十分钟。但是他们在犁城没有下车，而是补足了票，去了南方的一座大都市。不久，这两个人的消息全都没有了。何光所在的单位因涉及到一项知识产权的分配，曾四处打听何光的下落。他们也找到了那列火车的车长。后者表示实在记不清楚有何光这个人同自己打过交道，只说凡通过他搞软卧的人，一般送他一条烟而已。倒是一位负责给软卧车厢送水的乘务员提供了一点线索。她准确地描述了何光的形象特征，包括前额上有几点麻子都没有疏忽。她还说自己收了车厢里那个女人的一瓶牌子还很硬的中法合资香水。我知道她不希望我对外说什么，乘务员说，其实也没什么大不了的事。乘务员始终不说自己的所见，而是重复了那个女人的一句话：

你能让一个女人怀孕吗？

1997年4月11日，一位自称是何光先生女友的女人来到了作家潘军的寓所。她说，何光出走了，是不辞而别。见作家未有及时的反应，女人又补充道：

你应该知道他去哪了。我和他在一起的这些日子，他只对我提起过一个人潘军，就是你。

1998年1月25日　合肥

（原载《时代文学》1998年第3期）

九十年代的获奖作品

1993年2月，33岁的摄影师凯文·卡特搭乘YD-13直升机去南非北部边界的苏丹，拍摄大量饥民的生活情况。作为出色的现场报道摄影师，卡特和肯·奥斯特布鲁克、莫尼诺维奇、西尔瓦三年前组织了一个被称作"平平俱乐部"的工作班子。那时，曼德拉的"非国大"与祖鲁人支持的英卡萨自由党正打着仗，一夜间白人倒失去了安全感，因此卡特他们需要结伴而行，这样多少会使胆壮一些。但是这一次，四个人分成了两班，卡特和西尔瓦一早就出发了。

不久直升机降落在伊阿德村，这里正有一个联合国救援组织向灾民发放食品。他们走下飞机便听到零落的枪响。西尔瓦哆嗦了一下。他不禁想起自己第一张照片的拍摄情形。那是在一次葬礼上，几个悲痛的黑人发现了一个白人小伙子，就开车追赶并打死了他。西尔瓦侥幸在一片腾腾杀气里对准了焦距。后来他告诉卡特：我真是死里逃生了！卡特说没错，咱们干的就是他妈玩命的活。西尔瓦判断着枪声的方向，还是有些紧张。可是很快，他们被眼下那些快要饿死的人的惨相怔住了。那些人活像一堆焦炭。于是两人开始工作。两个胶卷拍完，卡特就感到胸口堵得难受，一种窒息的感觉使他转移了视线，去看村里难得的那几棵树，可怜的一点绿色。他从几具尸体边迈过去，正想点支烟，忽然，他听到了微弱的呻吟声。卡特看见一个赤裸的皮包骨头的小女孩正艰难地从灌木丛中爬出，而此时一只兀鹰落在了这行将饿毙的女孩身后，瞪大了眼。卡特及时捕捉了这个让人震颤的瞬间，然后他将兀鹰赶走，抱起了女孩。他哭喊着上帝的名字，在那个阴霾四伏的上午，凯文·卡特几乎是疯了。

1996年7月，吴越读到关于凯文·卡特的事迹时，他正在长江大堤上的一顶蓝色帐篷里。吴越原名吴启正，是K市宣传部的一名科员，因为常给报纸投通讯稿，就取了吴越这么一个笔名。但是从来没有人喊，认识他的人全都叫他小吴。吴越原是部里的打字员，兼管图书资料室。1987年，他考取了电大，之后身份就变了，进了新闻报道科。那时这个科有四个人，吴越实际干的也还是打杂。科长老王对他不错，总是在发表的稿子上把他名字带上，当然不会带他分稿费。日子一久，吴越就想自己动笔写了。他写了许多好人好事的稿子，从中央到市级报刊都寄，不过一篇也没见报。这样他就有了压力，觉得面子过不去。而且那时他正同一个护士恋爱，总是提前预报成果。护士就问：报纸呢？稿费呢？吴越支吾不开，这才觉得要笔杆子比打字的确要难一些。有一天，吴越发现中央一个部门报纸上有篇署名吴越的文章，谈的是环保与污染，就想以此搪塞对象。为了表明属实，他去邮局填了一张汇款单，给自己开了60元的稿费，汇款人自然是那家中央的报社。但是邮戳是个不好解决的问题。吴越就想自己每天到机关门口去等邮递员，一拿到汇款单立刻用墨水将邮戳弄模糊，再同护士一道去邮局把钱取了。设计似乎很严密。可是三天后的这个上午，部长要吴越随自己下乡搞调查，顺便拍几张照片。于是这张汇款单便落到了他人之手。一周后，吴越出差回来，差点把这事忘了。他隐约觉得，部里的人看他的眼光有点异样，却不知因为什么。后来等到下班，科长老王把他留下来。老王拿出那张汇款单，吴越的头一下就大了。老王说：你怎么这么傻呢？文章千古事，得失寸心知。要是容易，还有人去做工种地么？吴越的眼泪大颗落下，一句话也说不出。老王拍拍他，说你的出发点是好的，人也聪明，我看你今后专职搞摄影吧。老王说摄影是个死东西，只要人勤快，肯吃苦，把有新闻价值的画面一框，再动一根手指，就成了。那时吴越的感觉，科长的话就像黑夜里拨亮了一盏灯。

这以后吴越就从事摄影报道了。K市的大报小报每月都能见到他的作品，因为领导在他的作品里，只要他的照相机框到了领导，就等于提前发表了。吴越当然也不满足，深知这种沾光的事不能长久，便暗下了决心，想凭个人的能耐打出一方天下。他把所得的稿费转化为小商品的形式，平分给了大家。那段时间，通讯报道科的人每月都能领到小吴发放的香烟、啤酒、水果以及瓜子。吴越又变得可爱了。

K市位于长江中下游地区。防汛是每年都有的事。1996年的汛情不算严重，但K市的江防却差点出了大问题。长江第三次洪峰通过时，K市的水情刚刚接近保证水位。其时天气恶劣，普降暴雨，江堤的某一段同时出现了四处管涌，情况告急。市长闻讯赶到现场指挥军民联手抢险，他本人也跳到了水中。就在他跃入水中的那一瞬，吴越按动了快门。

1994年5月23日，凯文·卡特走上了美国哥伦比亚大学图书馆的讲台，接受了普利策新闻摄影奖。这份以美国资深报纸出版人约瑟夫·普利策姓氏命名的奖项，代表着美国乃至世界新闻摄影界成就的顶峰，与世界新闻摄影比赛（WPP）即"荷赛"具有相提并论的权威性。凯文·卡特一夜间成为世界新闻摄影界一颗璀璨耀眼的新星，受到了广泛而殷勤的拥戴。他一举成名，巨大的热情使这个看上去有几分忧郁的南非青年显得不知所措。他出入在纽约最繁华的场合，整天被签名与采访所困扰。但他是激动的。"我无法拒绝热情，"他这样告诉朋友，"再说，我太需要钱了。"

当《时代》周刊的朋友打电话通知卡特，他的那幅《饥饿的女孩》获奖了，卡特几乎不相信自己的耳朵，甚至怀疑是恶作剧。那个时期，凯文·卡特正处于一生中最为阴郁的日子。他辞去了约翰内斯堡《星期天报》周末版体育摄影记者的职位，没有薪金和健康保险，也没有死亡福利。但他从事的又是一个诱人而危险的职业。而且，他的爱情生活也弄得一团糟。他的情人脾气极坏，喜怒无常，把他撵出了家门。卡特带着私生女，连住的地方都找不到。

4月18日，"平平俱乐部"的这伙人又奔赴托可扎，计划拍摄一次暴力事件。连日来的晦气使卡特沮丧而神情恍惚，居然忘了带胶卷。于是他中途返回了城里。阳光极强，卡特装上胶卷却不想再动了。他对强光下的拍摄历来显得信心不足，就沏了杯咖啡，想陪女儿玩一会儿。突然，西尔瓦惊恐地闯了进来，气喘吁吁地说：奥斯特布鲁克被枪杀了！莫尼诺维奇也负了重伤！西尔瓦吓得连哭都哭不出声，浑身战栗着。卡特把嘴唇都咬出了血，吼叫道：为什么不让我死？为什么不让我去替肯挨枪子！

死亡的阴影像鸟翅一样总是不断在凯文·卡特的心头掠过。卡特的父母是虔诚的天主教徒，却又是种族隔离制度的拥护者。卡特20岁那年，因为帮助一位黑人，曾受到父亲的指责。他一气之下吞了20多片安眠药和一包老鼠药，结果没死成。现在，肯·奥斯特布鲁克的遇难使卡特又一次萌生了死念。但是几天后，他听到了自己获得普利策奖的消息。

题名为《身先士卒》的照片不久相继发表在市、省、中央三级报刊并被多次转载。1996年底，这幅照片参加了全国性的影展并获得评委会特别奖。突然的荣誉使作者吴越恍然若梦，他的形象完全得到改变，成为拥有国家级奖项的摄影家。不久，他被提拔为通讯报道科的副科长，坐上了科长老王对面的那把椅子。这个科分享着吴越的殊荣，但分享吴越稿费的日子一去不复返了。随着《身先士卒》的获奖，吴越的身价也高了。他的作品频频发表，而且稿费的标准也越来越往上走，每月的数目远远大于工资。于是事情就来了。有人提出，吴越用的相机、胶卷以及暗房，全是公家的，而稿费都归了个人，这不合理。摄影和文字通讯不一样，稿纸墨水才值几个钱呢？科长老王觉得这似乎也是个问题，便提出了一个折衷方案：相机和暗房设备仍可以无偿使用，但胶卷由实报实销改作公家报销一半，另一半由吴越自理。不料，这个方案被吴越拒绝了。为什么？吴越质问道，我干的全是公家的事，为什么还要私人掏腰包？电视台的人用的设备更值钱，谁见到克扣他们稿费片酬了？回答得振振有词。老王感到下不了台，感到吴越已不再把他这个恩师放在眼里，就把桌子一拍：你狂什么？你那张片子不就是瞎猫碰死老鼠吗？他以为这下会把小吴震住。吴越冷笑道：我是瞎猫不错，可你能认为市长是死老鼠吗？这一说，老王傻眼了。当时边上有很多人，老王自知是出言不逊，后悔莫及。在这个周末的支部生活会上，老王首先作了检讨。几个月后，老王调到市地方志办公室当副主任，看上去是升了一级，却远没有在通讯报道科实惠。他脱离了政界最有利的位置，摺在了一堆线装书中。

1997年4月，吴越被任命为通讯报道科科长。他上任的第一件事，就是把老王坐了七年之久的那把旧藤椅扔了。这年春天结束的时候，K

市市长被新一届人民代表大会选为副省长。据说他的得票率很高，投票者早已从那幅著名的照片上认识了他。大家觉得，那无疑是张感人的照片。当然也有几句微词。有人说，作为一市之长，关键是运筹帷幄、指挥若定，而不是跳到洪水里参加搭人墙。像这种"身先士卒"，容易让人想起多少年前的学大寨，书记一到基层，首先便裤脚一卷，下田插秧了。领导就是指挥，指挥是不需要摸爬滚打的。可是我们中国人又最讲感情，面对溃堤危险，面对水中搏击的军民，你能西装革履地立在安全地带指而挥之吗？

　　普利策新闻摄影奖评委会对《饥饿的女孩》的评语是：它以显著的方式表明了人性的倾覆，揭示了整个非洲大陆的绝望。凯文·卡特在一次记者访谈中介绍说，当时他在现场等了20分钟，希望那只兀鹰能展开翅膀。"这样会具有更强烈的视觉冲击力，"他说，"作品则更为完美。"但是这次采访给他造成的麻烦却让他始料未及。有人立刻在道义上对他进行谴责，说他本身就是个捕猎者，是在场的另一只兀鹰。那个小女孩随时都会饿死，而这个可以做她父亲的男人却冷眼旁观了20分钟！连卡特的一些朋友也为之叹息：是呀，卡特，你当时为什么不去帮那可怜的孩子一把？卡特为此痛苦也为此恼怒。他说：当我给一个受伤者拍摄时，你难道要我先替伤者揩尽血迹再按动快门吗？作为一个新闻摄影记者，我只能从视觉的角度思考问题。我不得不这样做！

　　从纽约回到约翰内斯堡，卡特的精神已濒临崩溃的边缘。他在笔记中写道："心情恶劣，没有电话，没有付房租的钱……钱！！！我被鲜明的杀人、尸体、愤怒、痛苦、饥饿、受伤的儿童、快乐的疯子的记忆纠缠不休，总是警察，总是屠夫……"钱的入不敷出一直是卡特心中搬不开的一块石头。那时"平平俱乐部"已溃不成军，肯·奥斯特布鲁克的被枪杀如同一团驱之不散的阴云盘旋在大家的头顶上。莫尼诺维奇还躺在病榻上呻吟着，西尔瓦整天待在家里修剪那棵衰败的葡萄，一边听着关于南非大选的广播。为了钱，凯文·卡特接受了一份去莫桑比克采访的活儿。长期的神经衰弱使他在出发的前一个晚上定了三个闹钟，可第二天他还是误了早班飞机。更为糟糕的是，他艰难地完成了这次采访任务，却把一包未经冲洗的胶卷落在了返程的飞机上。等他发现并驱车赶到机场时，那架飞机刚刚升空。卡特在巨大的引擎轰鸣声中吼叫着，痛不欲生。他两手空空地回到自己的寓所，当晚就发起了高烧。噩梦再次袭击了这个日渐虚弱的青年。

卡特最后梦见的是照片上的那只兀鹰。他清晰地看见，兀鹰向他展开了双翅。

1997年对青年摄影家吴越来说是意味深长的一年。虽然他当上了通讯报道科科长，但因为K市市长晋职离任，留下的阴影便更为广泛地包围了这个青年人。人们公开地把吴越的提拔和市长的晋升扣到了一块，说是相得益彰。甚至有人出来为前任科长老王鸣不平。人们指责吴越的忘恩负义，说这个侥幸交上好运的人心怀叵测，去市长那儿放了老王的坏水。吴越陷入到孤立无援的境地。天渐渐暖了，吴越度过了一个漫长而烦躁的春季，想一心投入到防汛的采访摄影中。他已做好了充分的准备，并把跟随领导的任务安排给了他的助手。他决定扎到历史上最著名的险段，拍出完全属于自己的作品来。"我需要为自己平反"，他在笔记中这样写道，"我要以新的作品来证明自己的实力，拒绝沾光，拒绝施舍。"但是非常奇怪，这一年的长江风平浪静，雨水也降到了另外的地方，报纸上称这是厄尔尼诺现象。那时K市和全国各地一样，正以巨大的热情和资金，投入到迎接香港回归的喜庆中。

吴越在江堤上逛了两天，心情沮丧。引而不发使这个青年人对城市失去了激情，他决定去山里过上几日。通讯报道科干了十年，每回下乡，吴越都是由县里、乡里的人陪同着。他觉得很不自在，像提线木偶那样受人牵制，自己不过是相机的操作者。所以这回他事先没有打一个电话，独立行动了。

五月，山清水秀。杜鹃花在山崖上怒放着，山脚的村落炊烟袅袅。吴越骑着一辆旧自行车，想沿这条砂石公路进入到山的腹地。这时，他突然发现了一只白色的大鸟。后来吴越告诉别人，如果这天不是见到这只神奇的鸟，他或许不会拐上右边的一条黄泥小路。这路是陌生的，从雨天留下的痕迹看，几乎找不到一条自行车的车辙。吴越走了近一个钟头，才看见一个肮脏的身影。那是个大约十岁的男孩，却长着老气的脸，衣衫褴褛，像电影里的乞丐。吴越问这孩子，前面是什么村？男孩不语，只是对吴越傻笑着,有节奏地抽着鼻涕。吴越正琢磨,这时从边上的树丛里又跳出了四个儿童,近似的面孔和一样的笑容令吴越心下一沉。他隐约想起以前听老王说过,这山里有一个傻子村,全是近亲结婚的恶果。吴越拿出尼康相机,退到一棵马尾松后面。这些孩子直盯着相机,怪异的表情中透露出一丝灿烂的天真。吴越很快拍完了一个卷,然后推着自行车跟在这几个弱智儿童后面,向不远处的村落走去。我就像在赶一群刚从泥沼里爬出来的羊,吴越后来这样说道,可我没有牧人的好心情,我想哭!

在进村的路上,吴越想到了凯文·卡特。

1994年7月27日,约翰内斯堡天空晴朗。黎明前的一场小雨使干燥炎热的气候略显得凉爽,空气中也有了几分清新。凯文·卡特在大病一场后心情突然好了起来。他出外转了一圈,破例拍了一张风光片。似乎第一次有这种感觉,灾难深重的非洲却有世界上最为动人的原始风景。卡特急于想看到这张片子,想让西尔瓦帮助冲洗制作——他的暗房已好些日子不用了。他给西尔瓦去了电话,谈得兴致勃勃。但是西尔瓦却建议他最好尽快去看精神医生。

无所事事的卡特后来就去冲洗自己的那辆红色货车了。其实这车淋过一场小雨很干净。卡特细致地擦洗,他的身影在红色油漆中晃动着,像一幅加滤色镜的片子。忽然他犹豫了一下,仿佛从这片红色中又一次看见了那只兀鹰的影子。这时,有人在喊他。卡特转过身,看见一位身着黑裙的女人正向自己走来,这是肯·奥斯特布鲁克的遗孀莫尼卡。

你好点了吗,卡特?莫尼卡说,你的气色看起来还不错。

我挺好,卡特说,我想我很快就全好了。

卡特说家里太乱了,于是两人就站在车边交谈着。卡特谈论着天气、女儿和童年经常玩的一条河,最后又谈到了那只无法摆脱的兀鹰。"那家伙其实一直也在盯着我。"卡特这样说道。那时莫尼卡还没有完全从丧夫的悲痛中恢复过来,卡特的话如同醉言呓语,她只是耐心地听着,却没有察觉到此刻面前这个男人距死亡只有一步之遥。夕阳西下,他们分手了。卡特上了红色货车,微笑着告诉莫尼卡:我们不同路,我走了。如果运气好,我会见到肯。莫尼卡后来告诉西尔瓦和莫尼诺维奇,当时她以为卡特是想去公墓看望长眠的奥斯特布鲁克,而她上午刚从丈夫那儿回来。

凯文·卡特这个晚上开着红色货车,几乎转遍了约翰内斯堡的大街小巷。夜九时许,这辆车停在了布莱姆方特恩斯普洛特河边。这是条优美的河,卡特在这儿度过了难忘的童年。这也是他第一次目击死亡的地点。他清晰地记得,一个黑人侍者被白人警察射杀,尸体浮在河中。那时他才六岁,父亲用粗糙的大手捂着他的双眼,但无法挥去血腥之气。卡特在河边静立了一会儿,希望能看到月光在水面的倒影。可是这个晚上没有月亮。然后,他找出了一截花园里常用的那种绿色软管,用胶带把它固定在汽车的排气管上,再通过车窗送入车内。他重新回到车上,检查了一下手刹,发动了汽车。大量的二氧化碳废气很快充满了驾驶室。卡特戴着随身听,放倒了座椅,顺手拿起一只平时装胶卷的袋子枕在头下。他随着那支忧伤的曲子慢慢闭上了双眼。

第二天,人们发现了凯文·卡特的尸体,并在座位上找到了一张条子:

"真的,真的对不起大家,生活的痛苦远远超过了欢乐的程度。"

吴越在山里住了四天,于第五天傍晚返回了K市。他没有回家,而是直接去了暗房开始冲洗胶卷。这无疑是一次特殊的采访。作为摄影家,吴越始才体验到什么是真正的创作冲动。他在笔记中是这样描述这种异乎寻常的心情的:

当我把镜头对准这些弱智的孩子时,我的心在颤栗。我在内心深处哭泣,我呼喊着我的母亲,期盼她用手拍我的肩,理我的头发。我被孩子们揪心的笑容折磨着,喘不过气,夜夜都从噩梦中惊醒……

我诅咒贫穷,这是万恶之源!

第六天,吴越从上百张小样中挑选了五张进行了加工制作,并对这组照片命名为《以笑的方式呼喊》。

吴越很快把作品投给了北京的一家报纸。几天后,他接到了编辑的电话。对方说他个人喜欢这组照片,但确实不好发。对方没有更多的解释,只是讲了许多客套话。吴越说:那你退回来吧。后来吴越又将照片寄给了一家专业性杂志,得到的回答是:近期难以安排。吴越大为困惑,觉得这些报刊像彼此通了气似的，对待作品的态度都是礼貌的拒绝。可这是他最满意最有信心的作品，怎么就这么难发表呢？到了这年六月的一天，吴越在街上意外地碰见了一个熟人。这人是香港某报的记者，吴越去北京领奖时曾和他有过一面之交。K 市的重逢让他们高兴，吴越自然要尽地主之谊。两人去了江边一座叫"心潮逐浪"的酒楼，一夜的话题都是香港回归。这记者原也是内地人，80 年代末去了美国，混不开了又转到了香港，干起过去的营生，不过年薪尚有 20 万港币。记者这回来 K 市，是为了寻觅一位文化名人的踪迹。名人业已作古，但于 30 年代在 K 市留下的一段生死恋情，至今传为佳话。

吴越陪香港记者在 K 市寻觅了三天，也帮他搜集了一些资料，拍了一些故居遗址之类的照片。末了，吴越把《以笑的方式呼喊》一组照片交给了这人。记者一看就很惊讶，说这组照片具有穿透力，太精彩了。记者说要建议老板以显著位置推出，并表示在吴越提供的背景材料基础上撰文一篇，向全世界呼喊中国的贫穷，山区缺碘、近亲结婚、计划生育国策在农村面临困境、愚昧在蔓延，总之，大有文章可做。吴越的情绪也被煽动起来，眼前又浮现了一个月前在山中的那一幕幕，不禁流出了眼泪。送走记者的那天晚上，他独自坐在办公室，忽然想到了凯文·卡特的死。那个年纪和自己相仿的南非同行真正的死因并不是受到非难和对钱的焦虑，而是为他的获奖作品所折磨。隐形杀手或许就是该死的普利策奖。

这时，有人敲门。进来的是老王，吴越很觉意外，他们已有好几个月没见过面了。老王一眼就注意到从前自己坐过的那把旧藤椅换掉了，就轻叹了声。吴越给老王沏茶，老王摆摆手，说：别忙了，我顺道来看看，就两句话。于是老王问起那组照片，问是不是交给香港记者带走了？吴越说：你消息可真灵通啊。老王说那个记者去地方志办公室查阅名人材料，谈起过。老王说：你赶快发份电传，把照片追回来，别发了。吴越有些吃惊：为什么？老王说：马上香港就回归了，这是百年的庆典，你弄出那种照片，合适吗？再说又是境外投稿，还有个新闻纪律问题，你不懂？这一说，吴越心里便一顿，神色也凝重了。老王说：小吴，你还年轻。以前我说过，照片是个死东西，何必要往活里拍呢？说完这话，老王就走了。吴越送老科长出门，觉得这个人的背影很像自己去世多年的父亲。

  月光透过梧桐树的缝隙泻到地上，像落了一层薄霜。对面的楼上，传来理查德·克莱德曼演奏的钢琴曲《秋日的私语》，听起来令人伤感。吴越倚在门框上，觉得自己的那把椅子怎么看都有些别扭。他想，当初急着把老王坐的旧藤椅扔掉，或许是一个错误。

1998年8月22日 北京
（原载《花城》1998年第6期）

注：文中关于凯文·卡特的情景材料出自黄利编译的《黑镜头》（中国文史出版社）

去茂名的路上幻想一顶帽子

1996年12月我应邀去广东茂名出席一个小说笔会。通常这样的会，事先我都要问清楚，是哪些人去？倘若与会者中有一些很难坐到一块的，我自然就放弃。我这些年东奔西走，除了笔会，任何会我必定是拒绝。笔会最大的快乐就是以文会友，我相信在这次的会上肯定会遇见许多老友的。果然，组织者一说就让我高兴，眼前立刻出现了那几张老脸，却也一如既往的生动。

笔会报到的时间是12月20日，而19日这一天我人还在成都。那时我正在为将要开拍的一部长篇电视剧物色演员，一个月内飞了五个城市。因为忙乱，我迟到了一天，就是说我要在21日才能飞到广州。其他的人已在前一天乘火车先行了一步。编辑部只留下一位编辑在广州等我。后来我知道，迟到的还有另一位北方的作家。

12月21日这一天成都是个阴天，寒意浓重。这天早上我不知因为什么做了一件可笑的事，就是去宾馆的发廊理了发。这个举动与一把造型别致的椅子有关。那是一把很漂亮的椅子，黑羊皮上镶着仿紫檀木的扶手。我路过发廊，脚下便迟疑了，盯着那椅子看。这时服务小姐迎过来，问：先生，洗头吗？

我不想洗头，但我觉得事情突然变得不好解释——不洗头你停下来看什么？我当然也可以说"我不过是想看看那把椅子"，然而我却没有这么说，而是很礼貌地告诉她：我不洗头，只理发。以后的事可想而知，我满足了对椅子的欲望，躺在它身上，手在仿紫檀木上尽情地抚摸，而我本来就不多的头发又短去了一些。从那一刻起，我便想买一顶帽子。我就是带着这个幻想登上由成都飞往广州的飞机的。

不知是理发的缘故还是这一天广州的气候骤然变冷，两个半小时后，我出现在了白云机场，立刻就感到我是多么需要一顶帽子。那时我的朋友正在出口处远远地向我招手，我却一边摸着脑袋向他走去。我说我来晚了不好意思我想买一顶帽子。朋友欣赏着我的新头，开心地笑着，说你这家伙像个新郎官似的。这显然是在挖苦我。任何男人包括美男子只要是刚理发，那份尴尬不言自明。我说我是真想买一顶帽子的。于是朋友就陪着我去了机场商店，可是我没有看见我所需要的那种帽子。商店里只有夏天遮阳的凉帽或者草帽。我落空了，幻想还是幻想。我想托朋友去市里的正规商场看看，朋友说恐怕来不及了，因为我们还要在机场等那位北方的作家，他的飞机在40分钟之后就会降落。这样时间差不多就到了下午五点，我们得去随便吃一点，朋友说，然后去赶七点一刻的火车。看来也只好如此了。但我的头很不舒服，后脑勺一带总觉得凉风飕飕。我实在太需要一顶帽子了。我告诉朋友，我再去周围转转，让他原地等候北方的作家。一会儿我再回来。他提醒我记着经常看表。

我和朋友分手后便去了另个一方向，接连转了几个私人小铺面，还是找不到这季节能戴的帽子。我便有些沮丧。机场相当嘈杂，又一班飞机进港了。广播上说这是北京来的，我挤在出站的人流中，像个便衣似的左顾右盼，接着就看见了一顶漂亮的帽子。

那是一顶大盖帽，压在一条独辫之上。那应该是一个女兵，准确地说是一名军事院校的学生，肩章上没有衔。军装的魅力在于穿在任何女人身上都好看，那一刻我这么想着，况且这个姑娘穿任何衣服都好看，她有着"衣服架子"的身材和不亚于明星的长相。她的军帽压得很低，像电影里见到的德军味道，背着北京街头流行的那种双肩包，十分诱人。我薄弱的视线追随着她，后脑勺更是觉得凉了。一个女人倘若走到街上发现眼前有许多的大肚子蹒跚而过，其结论只有一个，就是这个女人自己也怀孕了。事后我曾这样想，假如这一天我不幻想一顶帽子的话，我的视线或许也就不会让一顶帽子牵了去，哪怕是这世界上最美丽的帽子。这个解释似乎还没有力量，也通俗，而另外的解释则更通俗，但却是有力的。如果那顶军帽戴在一个爷们儿头上，我还会转过身来看吗？

不过，我也就稍稍侧了侧身。那未来女军官的俏丽身影很快就被后面的人流遮住，淹没了。这时已是4点20分，我还可以转悠一会儿，或许我能买到我希望的帽子。

我有点怅然。我惦着那顶帽子而不觉放弃了幻想，或者说我已有了新的幻想。几分钟后，奇妙的事情发生了，帽檐压得很低的她又转了回来，这次她给我的是一个正面。就是一个叫人想入非非的女人。她是个丹凤眼，鼻梁挺拔，她的手像男人那样随便地插在裤袋里，步态有些吊儿郎当，神情却很从容。她好像是在等人。她一定是在等人。当她又一次从我面前走过时，我突然叫住了她。我说，哎，丫头，你是演员吗？（我习惯喊剧组里的姑娘叫丫头，她们也很喜欢我这么称呼。）

她用略带诧异的眼光看着我，并向我走近，回答道：也算是吧。我是学表演的。

我看你就像个演员。

那，那你是干什么的？

我？我想了想，我说：这个我以后再告诉你行吗？

她笑了一下，点点头。

我又问：你在等人？

她说是，她说：我等我朋友，说好了来接我，怎么就见不着了？你也是等人吗？

我想买一顶帽子。这种答非所问使我有了一瞬的局促，我想我的精力显然是分散了。她的朋友？那无疑就是男朋友了。我看了看表，我的时间已经不多了。于是我接着说：我可能下个月去北京，我能再见到你吗？

她稍加思索，就写下了她的姓名和呼机号。她写得十分工整。她叫郎乔。

这时候，来接她的朋友出现了，是个和她年纪相仿也很漂亮的姑娘。她说：嗨，小乔！真不好意思，路上塞车，整整憋了一个钟头——这位是你——

郎乔没作解释，我急忙说：我们才认识。

然后我就把我的姓名和手机号留给了她。我说：我们会再见的。

在我身后不远处，那位北方的作家已经和接站的编辑朋友站到一块了，他们在望着我笑。我走过去，和北方的作家握手。他摔开我的手便调侃道：好家伙，这么快就泡上了一名女军官！

我说：我其实是在找一顶帽子。

去茂名的火车正点驶出广州站。这是我有史以来所坐的最为豪华的一趟车。我所在的是一个软卧单人包厢，一张双人床显得大而无当，还配有抽水马桶。听那位编辑说，这次笔会的赞助商是一个大老板，没有别的目的，只想见见几个作家的样子，一块喝喝酒什么的。广东能有这样的老板实在是文学的幸事，这样的人应该到作协来当官。（既然霍英东先生能做国家政协的副主席，这位老板为什么就不能当作协的副头儿呢？）1996 年 12 月 21 日是我在这一年里最快乐的一天。我是个俗人，意外的享受和结识美女都会叫我欢喜。此刻我睡在这张大床上，依然在幻想着一顶帽子。我在想，如果我早上不在成都理发，我肯定就不会在广州惦着要买一顶帽子；如果我不打算买帽子，我肯定就不会对戴帽子的人感兴趣；如果我不在筹备一部电视剧，我也不会贸然去和一个姑娘说话的。既然我现在做导演了，我似乎就拥有了随便叫住一个姑娘的权力，堂而皇之。还有，如果我们不在机场等候北方的作家，自然就离开了白云机场。如果来接那位小乔的朋友路上不塞车，她也就不会第二次从我眼前通过。最后，也是最重要的，如果小乔的朋友是个男人，我想此刻关于帽子的念头肯定就彻底地打消了。可是这一切都已不是"如果"，所以我对一顶帽子的幻想还会继续。

茂名笔会为期一周。这一周的印象转眼就变得很模糊，只记得吃了许多极不愿意吃的海鲜，通宵达旦地打牌。这本来就是出钱者的初衷，人家对文学不感兴趣，但后来人家对搞文学的人也烦了，觉得这些家伙和他在街上见到的人没有一点差别，却每天都有新鲜的要求。我们住在山上，那环境称得上山林精舍，但无法接收到来自中央电视台的信号，而那时正进行着世界杯的预选赛，我们自然不想错过，于是就向东家嚷：派车送我们下山看球吧！东家就派了车，等我们回来，会议组织者下达通知说，我们的会得提前两天结束了。

在回广州的路上，我们被弄到了硬卧，原先说好的红包也被拦腰一砍。这一路上我们的精神支柱就全仗一位军旅作家"高科技含量很重"

的荤段子了。于是一到广州,人便作了鸟兽散。

　　临走前的那天晚上,我忽然想起郎乔留给我的呼机号有可能在洗衣时给弄坏了。一检查,衬衣口袋里果然就只剩了个小纸球。费了很大劲将它张开,还是看不清字迹。我便有些沮丧,心想这下算是全泡汤了,那一连串的"如果"被我一时的粗心化为乌有。隔壁的人喊我去打牌,不到一个钟头就输了八张。我努力想着那女孩的呼机号,怎么也想不起来。这时负责报销的会务人员来了,让大家填单子,把来时的机票什么的掏出来。一见我的机票上注明着12月21日,忽然就轻松了下来——郎乔的呼机号就是12021。我立刻辞了牌局,回房间给北京打了呼机。接下来便是激动不安的等待了。我觉得这件事与普通的艳遇有着本质的不同,带有一点命中注定的意味。但是,近两个钟头过去了,没有回答。我在这漫长的时间里作出了乱七八糟的猜测,突出的只有一个:呼机号是假的。如今这种事简直多如牛毛,连作家在小说里也不断重复。不过我遇见的还是他妈的头一回呢。

　　我便自嘲地对着镜子笑笑。我想镜子里的那个男人本来就属于有贼心无贼胆的家伙,被丫头耍一把应属正常,就打着口哨进卫生间洗澡了。我想使自己迅速平静下来,把这件带有戏剧性的事忘掉。我产生了这样的感觉:到目前为止什么也没有发生,却又像发生了许多。突然电话响了。我裹上浴巾水淋淋地跑出去,果然就是郎乔的回机。

　　是你吗?她说,你还在广州?

　　我说还在,去北京大约要到明年的一月中下旬。

　　那时我们快放寒假了。

　　我肯定在这之前到。我说:我呼了你这么久,怎么现在才回呀?

　　我们刚下表演课呢,在排小品。

　　是这样。你好吗?

　　挺好的。喂,你到底是干什么工作的?能告诉我吗?

　　等到北京时再说行吗?反正我不是个坏人。

　　我觉得也不像。

　　然后我们就都笑了起来。放下电话,我眼前再次出现了一周前在白云机场见到的那个漂亮的女军官的形象,那顶帽子实在是神气而动人。我们老家有支民谣里唱道:歪戴帽子斜插花,养个老婆不在家。就是对这种女人的赞美。漂亮的女人一般都是不在家的。

1997年1月16日我去了北京。这次还是为了找演员，尤其缺女的。我自然要给郎乔一个机会。其实从第一眼起，我就认为这丫头可以来试剧中的一个角色，形象气质都比较贴。于是住下的当天，我就在她呼机上留言相告，让她速来剧组面试。

她很快就回话了，问道：你是导演还是制片人？

我说是导演。

她说：我的运气怎么这样好呀！

我说：现在还不能定，等试了镜再说吧。没准儿还得做小品呢。

做呗，她很自信地说，我肯定能过关的。

你赶快来吧。

放下电话，我就对剧组的其他人简单地介绍了这个郎乔。我着重渲染了白云机场的那一幕，我说：一个年轻漂亮的女军官，大盖帽压得低低的，稍有点歪，双手插在裤袋里在你面前晃来晃去，你会产生什么感觉？

有人接过话头说：泡她！

大家哄堂大笑。但从他们的表情上看，我的这番话产生了明显的作用。虽然我是导演，可是在选择演员这件事上，我还是想多听听大家的意见。这个下午陆续有演员来剧组洽谈面试，不过让我一眼相中的几乎没有。谈到近五点，郎乔还是没赶到，外面的天已开始转黑了。制片主任问我：那姑娘怎么还没来呢？我说谁知是怎么回事，早该到了。这话刚说完，副导演进来说：导演，有人找你。

制片主任问：是那女军官吗？

副导演说：我看不像。

我有点纳闷，因为我还没有来得及约其他人，来剧组面试的全是副导演联系的，我便随副导演走到会客室，一个打扮很时髦的姑娘礼貌地从沙发上站起身，对我笑。我心里咯噔一响，因为我面对的这个姑娘就是郎乔，我竟差点没认出来。我不知道我的表情里是否流露出了这一点，而我已经在竭力地掩饰了，居然把香烟递给了她。她没接，却很麻利地从时装口袋里拿出了别致的打火机，替我点上，说：导演，你好像瘦了。

我下意识地摸了摸下巴，问：怎么来得这么迟呢？

她说：我去做美容了，见导演嘛。

你以前见导演都要做美容？

我是第一回见导演，忙了一下午呢。

说到这，外面在喊吃饭了。

我自然要留住她，她却说：我们去外面吃吧，我请你。我说，你还是个学生，免了吧。你最好别把我当导演。她说：你本来就是导演嘛。在餐厅吃饭的过程中，我感到剧组的其他人话变得少了。这天她晚上还有课，那个小品排了一个月，她都烦了。我送她出门，路上的雪冻得结实而光滑。我就问，你今天来怎么不穿军装呢？你戴帽子很好看的。她说：我几乎天天穿那身衣服，我周围的人也都是那种衣服，看了眼就发晕。我难得穿一回我喜欢的。突然，她停下来说：我穿这身不好吗？

我笑了一下，含糊地点了一下头。但我的心情在这个瞬间变得复杂起来。郎乔后来好像又说了很多，但现在我实在回忆不起来了。我能记得清晰的还是白云机场的那顶军帽。时值今日，我对一顶帽子的幻想还是幻想，没有人会知道，我是多么向往那顶帽子。

1999 年 10 月 20 日
北京天坛之侧
（原载《作家》2000 年第 1 期）

花　袭

　　这个故事发生的年代暂时无法讲清楚，但是从故事那些值得关注的东西，譬如一件雨衣，你们不妨把它看做距离我们近一点的事情。故事本身其实并不复杂。

　　在一个叫做"河头"的镇子，六月里的一天来了两个外省人，是男人，高大修长的身材使他们很容易与当地的土著区分开。他们来的那一天是个阴雨的天气，但是他们没有携带雨具。无边的大雨使他们滞留在镇子西边的那个破旧不堪的城门楼子下面。两个男人似乎并不感到沮丧，他们一边专注地看着雨中老镇的景色，一边作着随意性的交谈。其中一个这时候卸下肩上沉重的包袱行囊，抽上了香烟，说：看来我们这回是来对了地方。

　　另一个几乎两手空空、戴着眼镜的男人说：事先我没有预料到"河头"会是这个样子。

　　显然，两个男人对这次旅行——姑且认为是旅行吧，是十分满意的。在逐渐变得淅沥的雨声中，他们彼此用带有欣赏意味的目光看着对方，继续交谈。抽烟的男人说：这里的老房子很漂亮。奇怪的是，我们到现在还没有看见一个人。

　　戴眼镜的男人说：我倒觉得现在这个样子挺好。我就喜欢像一幅画这样的地方。

　　抽烟的男人说：即使是风景画，人也应该在其中作为一个点缀才有意思嘛。

　　戴眼镜的男人说：鸟不也可以点缀吗？

　　抽烟的男人说：问题是这片天空里似乎连鸟也没有。

　　戴眼镜的男人说：怎么没有？你看那棵枯槐的梢上立着的是什么？

抽烟的男人说：我看见了。那是几只乌鸦。乌鸦不应该算鸟。

戴眼镜的男人冷笑着说：这是歧视。

正说着，抽烟的男人看见远方出现了一个人影，向这边走来了。抽烟的男人用胳膊肘碰碰自己的旅伴，说：你看，我看见人了。

戴眼镜的男人说：我也看见了。其实我比你先看见呢。

抽烟的男人说：那么，你觉得那个正向我们走来的人是男还是女？

戴眼镜的男人说：我看不出。但这重要吗？

那个向这边走来的人影由于穿着一件黑色的橡胶雨衣，而且雨帽整个遮住了脸，所以实在一时无法作出性别上的判断。但是抽烟的男人还是断然作了结论：是个女人。

戴眼镜的男人说：这只是你内心的希望吧。

抽烟的男人笑了笑。

戴眼镜的男人扶了扶眼镜，神情很快就显出了严肃，他说：问题是那个影子离我们越近，我们越发地不能把他看清楚。

抽烟的男人把烟蒂扔到面前一摊泥水里，发出"吱"的一响。他沉默了，因为他的朋友说的是事实。大雨最后似乎是将那个穿雨衣的影子完全溶化了。

大雨在黄昏前停歇了。两个外省人进了镇子，随着一条不规则的青石板小路的指引，来到了一家叫做"花袭"的客栈。这个名号让人想入非非的客栈实际的经营者只有一个老板兼伙计的驼背男人。他有着一副衰老的长相和天真的表情。对于外省人的不期造访，驼背男人显得格外热情，他拿出自己保留的上等山茶招待客人，还配以自制的茶点，然后用生涩的普通话与他们进行亲切的交谈。

驼背问：二位先生是初次到河头镇来吗？

驼背见过世面的问话使两个外省人有了瞬间的局促。爱抽烟的男人说：是的，我们是第一次到这里。

驼背问：那么，你们对这个镇子第一眼的印象如何呢？

爱抽烟的男人这时与戴眼镜的男人交换了一下眼色：可别小瞧这罗锅呀！

戴眼镜的男人有些腼腆地说：还不错，画一样的风景。

驼背老气横秋的脸颊上露出了不协调的微笑。他殷勤地给他的客人们沏好了茶,声音突然降低说:既然这样,那二位可得多住些日子啊!

当晚,两个外省男人就睡在了楼上。驼背男人敏捷地忙上忙下,使他们产生了一种隐约的不安。他们感觉到这间屋子里似乎不止是一个驼背,因为时常会有一些动静传出来,譬如说碰杯的声音和嗑瓜子的声音。但是疲劳使他们放弃了这点好奇心,很快就睡着了。

第二天,他们差不多同时醒来。戴眼镜的男人刚把眼镜戴上,就看见爱抽烟的男人的左腮帮边上有一团红晕。他说:你照照镜子,你脸上有一块红印,好像是昨天晚上被人亲过似的呢。

可是这家客栈里找不到一面镜子,连玻璃也见不到。于是,爱抽烟的男人说:是吗?那么看来我的艳福不浅了。

戴眼镜的男人说:我可不是在逗你乐。一会儿我们去河边洗脸,你会照见的。

后来,他们到了河边。河水意外地清碧,他们的影子清晰地映在宁静的水里。爱抽烟的男人这才注意到自己的左腮上果真有一团玫瑰色的红晕。他心里立刻紧了一下,但是嘴上却说:可能是被什么东西叮了一下吧,奇怪的是既不痛也不痒。

爱抽烟的男人后来采纳了驼背提供的偏方,用切开的蒜头在红晕处反复拭擦着。红晕倒是很快褪去了,但是他觉得从这个下午开始,抽烟仿佛失去了味道。

这两个外省男人一到河头镇,便引起了注意。他们行动诡秘,使当地的土著弄不清他们到河头来的真实目的。白天,他们一同出门,各自戴着一顶式样奇怪的帽子。然后他们就去了真正的河边。那是一条长年清碧的活水,据说算得上长江的一条不起眼的支脉。这两个人也不怎么说话,即使是他们之间的交流,也采用低微的声音。他们去河边也没有做出什么十分正经的事儿,只是一味地沿着这条河往西走。等他们走出镇子人的视野,他们过程中的经历就只能成为土著们的想象了。

"会不会是贩卖烟土的?"

"难道他们在躲避一次追捕?"

"要不就是私奔,那个戴眼镜的可能就是女人扮的。"

这样的猜测在所难免。等到黄昏，这两个人又由西边回来了。一天的劳顿明显地刻在脸上。他们其中的一个，这时候总把一支烟叼在嘴角上。而另一个，则喜欢沿路随手摘下几朵野花。有时候他们会一起跳进河里洗澡。等天差不多完全黑下来，他们才一路哼着流行曲子回到"花袭"。驼背便会突然从某个不起眼的角落闪现而出，立即和他们敲定当晚的食谱。两个男人就这样在河头镇住了半个月。那些天都是阴天。

还是一个雨后的黄昏，爱抽烟的男人独自来到河边洗澡。他的神情比往日显得有些焦虑。人们猜测可能是他的那个戴眼镜的同伴病了，而像河头这样的古镇子，是无法找到郎中和药品的。镇子原先有一个中药铺，却在这两个人到来的前天关张撤走了。

爱抽烟的男人在这个黄昏里并没有再抽烟。他也没有往深处游，而是站在离埠头不远的地方看着西边的那片明澈如洗的天空，似乎在期待着最后可能出现的晚霞。但是晚霞并没有出现。就在这个男人决定离开时，一个女人的声音从他后面响起来。方言的隔阂使男人无法领会声音包含的语意，但他却被这个不知所云的声音所吸引。男人转过身去，看见在青石埠头上蹲着一个年轻媳妇，正做洗衣前的准备。她穿着自家染织的那种青花布做成的大襟衣服，图案奇异，像落满了一身的树叶，也像披挂着一身的眼睛。年轻媳妇头发梳理得很光洁，散发而出的是已经灭绝的桂花油的香气，却让外省男人感到了几分陶醉。他喜欢这样的香型与气味，以至于在后来的那些日子里无端被它吸引。

年轻媳妇看着男人投过来的目光，用手指了指河里。男人这才发现，她的棒槌于不经意中落到了水里，正随波逐流。男人很快就扑到了水里，向前游了几把，就把那把柿木棒槌给捞了上来。他把棒槌递到了女人手里，同时开始了微笑。

外省男人在递交棒槌的那个片刻，其中是想趁机抚摸一下女人白如葱秆的手指。然而女人早带有戒备，机警而从容地把手藏到了棒槌的下面。女人的视线在这一瞬落在了男人的裆上，因为湿的缘故，男人的下体轮廓刻画得十分明显。而且更为糟糕的是，男人的这个部位不知什么时候勃起了，所以它的体积比安静时大了三倍。难堪使男人将身侧到了一边，但他还是很礼貌地对女人说：你的棒槌拿去吧。

那女人也略显羞涩地把头埋下了，这时，男人发现女人的发髻上扎着一圈白头绳。

　　抽烟的男人从河边回到那座简陋的客栈，天色已经完全地黑了。驼背坐在天井下面，借着微弱的天光擦拭着一盏煤油灯。他撅起嘴对着玻璃灯罩哈了一口气。然后才对正以轻快的脚步上楼的男人说道：一方水土养一方人，你现在觉得河头镇的女人不一般了吧？

　　爱抽烟的男人脚步立刻出现了迟疑，他转过身质问驼背：你在监视我？

　　驼背轻松地咧了咧嘴，那表情里却仿佛暗藏着一分阴险。他没有躲避外省男人尖锐的目光，从容地说，监视你的不是我。

　　外省男人心里陡然感到了不安。这个时候，他的同伴正在收拾房间。这个人今天没有戴眼镜，却能在黑暗里把那束采集来的野花败叶仔仔细细摘干净。屋子里也没有掌灯，男人清癯的面容仍然反映出了微弱的青光。他转过身来，对刚刚迈进门槛的朋友说了一句十分蹊跷的话——

　　你看见一只鞋在飞吗？

　　爱抽烟的男人被这玄妙的话语弄得不知所措，但他没有做出什么抗议性的反应。在他看来，朋友的举动应该还是一种病灶的外延。看来真是病得不轻了。他只是说：该点灯了吧。

　　你觉得黑吗？

　　是的。难道你不觉得？

　　我好像已经习惯在黑暗中观察事物了。

　　这个晚上后来发生的事情没有人知道。据很长时间以后驼背对外的宣传说，他只看见外省人住的窗户很迟才露出灯光。而在那些黑暗的时分里，他听到唯一明确的话语，是戴眼镜的男人一句明确的疑问："那个女人的棒槌怎么没有声响？"

　　除此之外就是不断低微的呻吟。但驼背不能肯定是谁发出的。

　　一连几天，爱抽烟的男人总是在河边出现。显然他在等待那个头扎白毛线的小寡妇。他们的见面还是和第一次那样的腼腆。渐渐地，他们之间似乎已经可以沟通了。但是没有人知道他们在以怎样的方式沟通。即使是交谈，人们也不会知道谈话的内容。到了第四天的黄昏，男人在河边就没有见到那个女人了。他感到十分沮丧，悲愁的情绪无法遮掩地写在长满胡子的脸上。

天色渐晚，男人觉得再等下去已经没有必要也没有意义。他还必须回到那座楼上。他的朋友的病情开始加重，他想要是明天是个晴天，他就雇上一辆牛车赶到山那边的一个热闹的镇子去。那里不乏乡间的郎中和中草药。男人就在水里随便游了游，他突然感到水的温度一下子降得很低，简直就是冰冷彻骨了。这个季节的水是不应该这么凉的，男人这么想着，急忙上了岸。在他快要接近岸边的那座熟悉的埠头时，他的脚下踩到了一件滑溜溜的东西。凭直觉，他就知道这就是小寡妇使用的那只棒槌。但是他还是惊异不已，既然是木头做的东西，怎么会沉到水里呢？在男人有限的知识领域里，只有上了年岁的紫檀木的自身比重是大于水的。柿木难道也可以下沉吗？

这个男人便是在这样的困惑与凄惶里回到了花袭客栈。他推开门，一眼就看见煤油灯下那束野花已经彻底地衰败了。接着他又明白了一个事实：他的伙伴已经离开了这座苍老的镇子。但这个人是怎样离开的，现在已经无从想象。而且，客栈的老板也作不出任何的解释。这个驼背只是对自己的房客重复着一句话：我以为他在，我看见灯亮着。

对朋友的不辞而别，男人没有怎么多想。他的心思还是在小寡妇身上。他在想那根沉到河底的棒槌。他也开始琢磨几天前同行朋友的忠告，为什么这个女人的棒槌之下没有发出捣衣之声？然而，他最后做出的决定却与他的沉思默想大相径庭——他要找遍这座并不大的镇子，一定要打听到小寡妇的下落。于是男人连晚饭也没有吃就出门了。他把朋友留下的那束衰败的野花轻松地扔到了天井里。

事情比男人以为的要困难。男人一连问了十几户人家，重复地向他们描绘小寡妇的形象和衣着。但是他所得到的却是一个惊人一致的回答：河头镇没有这个人。

怎么可能呢？男人有些急躁地说，她每天黄昏都下到河沿去洗衣呢！

这里的人早就不下河沿洗衣了，我们都是从自家的井里打水。

最后，他推开了一个低矮的门扉，穿过狭长的过道和天井，见到了一个久病床榻、几乎是奄奄一息的老太太，这个屋子里似乎没有第三个人。奇怪的是，这个皮包骨头的老太太对他的到来感到意外地惊喜。在昏暗的煤油灯下，他看见老人蜡黄的肤色正在逐渐转为红晕。她居然支撑起了身体，并且指示外省人给她倒了杯热开水。

你来了？老太太喝口水说，你是来……找人的吧？

外省人也顾不得吃惊了，就说：对，是的。

你要寻的人……我晓得……

那请您告诉我，她在哪呢？

你真的……要……见她？

我一定要找到她。

老太太把外省人叫到床前，说：你到西边老城门楼子那里去看看吧，镇子里的人进出都要经过那儿。

现在，她的口齿越发清楚了。

男人就按照老太太的指引去了老城门楼子，一个月前，他和他的朋友进来，就是从这里经过的。现在，他的朋友逃走了。

男人从老太太那里出来的时候，时间应该是在子夜时分了。天上下着淅沥的小雨，可是月亮却始终没有隐去。没有多少时候，男人就到了。他的衣服已经被小雨淋湿，他感到有些寒冷，觉得自己的睾丸已经变得松软，似乎马上也要生病了。男人唯一对自己的鼓励方式就是不断抽烟，仿佛香烟微弱的火光可以温暖身体。男人等了很久，却没有等到一个人出现。他的意志开始出现崩溃。他在努力想象着小寡妇的面容，可是越是这样，女人的形象就越不清楚。男人的香烟只剩下一支了，他想要是再等不到人的话，他就离开。在男人点燃最后那支香烟的时候，果然一个黑色的身影向男人走来了。男人一下就激动起来了，以至于拿烟的那只手在哆嗦。他看见黑影突然停了下来。觉得好奇怪。但是他也没有好意思咋呼，而是把最后的烟抽完，并且把烟头用脚用力地踏灭。这时，他看见月光下那个距离自己不远的身影又往这边走来了。男人心里一阵欢喜，他已经把将要说的话预备好了。但是等那个身影走近时，他却什么也说不出来。他发现向他走来的人穿着一件雨衣，而且还戴着雨帽，以致他分不清这个人是男还是女。情形和第一次进来时完全一致。眼看穿雨衣的身影就要从身边溜开，男人出其不意地抓住了那人的胳膊，但实际上他握住的是一只衣袖。他没有放手,用含糊不清的口齿把这个晚上已经说了好多遍的话再次重复了一遍。穿雨衣的身影却答非所问地叹了口气:你不该抚摸我。

这是个女人的声音。

第二天,驼背老板一早出来倒尿壶,就看见河边围着一群人。驼背似乎预感到什么事情终于已经发生了。但他还是好奇地向从河边回来的人打听。然后他得知,那个爱抽烟的男人昨天夜里淹死在河里了。大家不明白的是,这个死人的怀里紧紧搂着一根柿木的棒槌。

很多年后,作家潘军在一个已经有电灯电话的镇子里亲眼看见过这根棒槌,那上面用火烙着一行小篆汉字:康熙十八年夏月,柳氏。

2001年11月26日,追记夏天里的一个梦。北京和平里

(原载《山花》2002年第1期)